# Die Sprachfehler des Kindes und ihre Beseitigung

von
Dr. Maximilian Führing,
Otto Lettmayer
und
Walter Elstner

5. Auflage

Österreichischer Bundesverlag
für Unterricht, Wissenschaft und Kunst, Wien

Wien 1973
Alle Rechte vorbehalten
© Österreichischer Bundesverlag, Wien 1951
Printed in Austria
Druck: Eugen Ketterl, Wien XVIII
Verlagsnummer: 915-4 (5,0)
ISBN: 3-215-30500-3

# VORWORT

Im Zuge der österreichischen Schulerneuerung nimmt auch das Sonderschulwesen neuen Aufschwung. In Verbindung damit wendet sich das Interesse immer mehr jenen Kindern und Jugendlichen zu, die bei normaler Intelligenz infolge von psychischen oder physischen Fehlentwicklungen an Sprachstörungen leiden. In Ambulatorien, Sprachheilkursen, Sonderklassen und Sonderkindergärten nehmen sich Ärzte, Sprachheillehrer und Sonderkindergärtnerinnen der Sprachgestörten an und bemühen sich, ihnen zu normaler Sprache zu verhelfen.
Die Bedeutung der Sprache für die seelische Entwicklung kann heute nicht mehr unterschätzt werden. Die Forschungsergebnisse der Entwicklungspsychologie und der pädagogischen Psychologie haben gezeigt, daß für die geistige Entwicklung neben dem *Aufnehmen* geistiger Güter und dem geistigen *Verarbeitungsprozeß* auch das Sich-*Äußern* (das Darstellen des Innenlebens) von gleicher Wichtigkeit ist. Die Heilpädagogik vor allem wies darauf hin, daß die intellektuelle Entwicklung zurückbleibt, wenn die Ausdrucksfähigkeit gestört ist. Aber auch die soziale Einordnung und damit die Gefühls- und Willenserziehung sind bei Sprachgestörten schwer bedroht, denn die Lautsprache ist das wichtigste Mittel, um den sozialen Kontakt herzustellen. Viele Sprachgestörte wurden in die Isolierung getrieben und verfielen der Vereinsamung mit allen ihren psychischen Schäden, weil es nicht gelungen war, sie von ihrem Leiden zu befreien.
Die Zahl der Mitarbeiter auf dem Gebiet der Sprachheilkunde wächst ständig, die Literatur ist aber schwer zugänglich. Deshalb haben sich die Verfasser gern bereit erklärt, die vorliegende, für weitere Kreise bestimmte Schrift, die hauptsächlich aus Vorlesungen und Vorträgen hervorgegangen ist, der Öffentlichkeit zu übergeben. Die Verfasser bemühten sich, trotz der Knappheit der Darstellung, die durch den Umfang geboten wurde, jenen Lesern verständlich zu bleiben, die sich zum erstenmal mit dem Gegenstand befassen, sie wollten aber durch die Einführung der wichtigsten Fachbezeichnungen auch einen Zugang zu den größeren Fachwerken öffnen.
Die folgenden Ausführungen stützen sich vorwiegend auf die Arbeiten der Wiener Schule in der Sprachheilkunde. Die Verfasser statten damit gleichzeitig ihren Dank ab ihren verstorbenen Lehrern, Herrn Univ.-Prof. Dr. Emil *Froeschels* (gest. 1972 in New York), und dem im Jahre 1932 verstorbenen Begründer der Sprachheilklassen und -kurse in Wien, Direktor Karl Cornelius *Rothe*.

Die Verfasser

## VORWORT ZUR ZWEITEN AUFLAGE

Der Umfang und die Art der Darstellung wurden im wesentlichen beibehalten. Wir führten jedoch einige Ergänzungen und Verbesserungen im Text durch. Auch die Literaturangaben wurden auf den neuesten Stand gebracht. Den Rezensenten danken wir für eine Reihe wertvoller Anregungen.

Die Verfasser

## VORWORT ZUR DRITTEN AUFLAGE

Eine Neuauflage des Buches war längst notwendig. Aber es mußten die letzten Forschungsergebnisse, niedergelegt in vielen Monographien und in zahllosen Aufsätzen, berücksichtigt werden, wenn das Buch seinen Wert als praktischer Behelf zur Einführung in die Sprachheilkunde und als Zugang zu den größeren Fachwerken behalten sollte. Insbesondere mußten die reichen Ergebnisse des XIII. Internationalen Kongresses für Logopädie und Phoniatrie in Wien 1965 verwertet werden. So konnten vor allem in das Kapitel über das Stottern die letztgewonnenen Erkenntnisse und in das Literaturverzeichnis die neuesten Erscheinungen aufgenommen werden.
Den wohlmeinenden Freunden und Beratern danken

Die Verfasser

## VORWORT ZUR VIERTEN AUFLAGE

In die vierte Auflage mußte, entsprechend dem letzten Stand der Forschung und Erfahrung, eine Reihe von Ergänzungen und Erweiterungen aufgenommen werden. Neu ist ein umfangreiches Literaturverzeichnis mit besonderer Berücksichtigung der Zeitschriften. Es soll dem Studierenden die Möglichkeit geben, sich über den Rahmen des Buches hinaus mit einzelnen Themen eingehender zu befassen.

Die Verfasser

## VORWORT ZUR FÜNFTEN AUFLAGE

Die fünfte Auflage blieb im wesentlichen unverändert, doch bringen das Verzeichnis über Arbeitsbehelfe, Literatur- und Namenverzeichnis wichtige Ergänzungen.

Die Verfasser

# INHALTSVERZEICHNIS

**STAMMELN** .................................................. 11
  I. Begriff und Einteilung ................................. 11
  II. Die Ursachen des Stammelns ............................ 12
  III. Die Behandlung des Stammelns im allgemeinen ........... 14
  IV. Die Korrektur der Laute ............................... 18
    1. Die Vokale ........................................ 18
    2. Die Konsonanten ................................... 20
      a) Das erste Artikulationsgebiet .................. 22
      b) Das dritte Artikulationsgebiet ................. 22
      c) Die Laute des zweiten Artikulationsgebietes mit Ausnahme von s, sch und r ................................ 24
  V. Die Sigmatismen ....................................... 25
    A. Der S-Laut ......................................... 25
      1. Die Bildung des richtigen S-Lautes .............. 25
      2. Die fehlerhaften Formen des S-Lautes ............ 26
      3. Untersuchungsmethoden ........................... 29
      4. Die Behandlung der Sigmatismen .................. 31
        a) Die passiven Methoden ....................... 32
        b) Die Ableitungsmethoden ...................... 33
        c) Der weitere Gang der Behandlung ............. 37
        d) Gruppentherapie ............................. 38
        e) Die physiologische Methode zur Behandlung der Sigmatismen ................................ 39
        f) Die Gewinnung des Z-, des X- und des stimmhaften S-Lautes .................................... 40
        g) Vorbereitende Übungen ....................... 40
        h) Hörübungen ................................. 41
        i) Feinkorrektur ............................... 42
      5. Fehlerhafte Zahnstellungen als Ursache von Sigmatismen .. 44
    B. Der Sch-Laut ....................................... 47
      1. Die Bildung des richtigen Sch-Lautes ............ 47
      2. Die fehlerhaften Formen des Sch-Lautes .......... 47
      3. Untersuchungsmethoden ........................... 48
      4. Passive Methoden zur Korrektur des Sch-Lautes ... 48
      5. Die Ableitungsmethoden .......................... 49
      6. Abschließende Bemerkungen ....................... 51
  VI. Der Rhotazismus ...................................... 51
    1. Die Bildung des richtigen R-Lautes ................ 51
      a) Das Zungenspitzen-R .......................... 52
      b) Das Gaumen-(Zäpfchen-)R ..................... 52
    2. Die fehlerhaften Formen des R-Lautes .............. 53

## 3. Die Behandlung des Rhotazismus ... 54
### a) Die Erlernung des Zungenspitzen-R ... 54
### b) Die Entwicklung des Gaumen-(Zäpfchen-)R ... 59

## NÄSELN ... 60
### I. Offenes Näseln ... 61
1. Die Arten des offenen Näselns ... 61
2. Zur Diagnose des offenen Näselns ... 62
3. Die operative und die prothetische Behandlung von Gaumenspalten ... 63
4. Die Behandlung der Sprache bei offenem Näseln ... 64
   a) Vorbereitende Übungen ... 64
   b) Bewußtmachen der Luftwege ... 68
   c) Die eigentliche Sprachbehandlung ... 69

### II. Geschlossenes Näseln ... 71
### III. Gemischtes Näseln ... 73

## STOTTERN ... 74
### I. Geschichtlicher Überblick ... 74
### II. Beschreibung ... 75
### III. Das Wesen des Stotterns ... 78
### IV. Die Arten des Stotterns ... 80
### V. Entwicklung und Verlauf des Stotterleidens ... 82
### VI. Die Behandlung des Stotterns ... 88
1. Gutzmanns Therapie ... 89
2. Die Methode Liebmanns ... 91
3. Die Therapie Emil Froeschels' ... 92
4. Karl C. Rothe: Die Umerziehung ... 95
5. Das Stottern in tiefenpsychologischer Sicht ... 97
6. Grundzüge der tiefenpsychologischen Behandlung ... 104
   a) Die Herstellung des Kontaktes ... 104
   b) Die Entlastung ... 105
   c) Die Analyse ... 105
   d) Die Belastung ... 106
7. Die Methode Seemans ... 107
8. Die Therapie nach Helene Fernau-Horn ... 109
9. Die integrierte Psycho- und Übungstherapie nach Gerhard Heese ... 113
10. Schillings Ansicht über die Behandlung des Stotterns ... 115
11. Bildung, Erziehung und Therapie stotternder Kinder (Klaus – Peter Becker) ... 120
12. Spiel, Bewegung, Musik und Rhythmik als heilpädagogische Faktoren ... 123
13. Der „Logopädische Rhythmus" als neuer Sachverhalt in der Therapie (Franz Maschka) ... 125
14. Die sprachheilpädagogische Spielserie (Arno Schulze) ... 129
15. Die sensorische Rückkopplung und ihre Auswirkungen ... 131

## POLTERN ... 135
### I. Beschreibung ... 135
### II. Unterscheidung von Poltern und Stottern ... 136
### III. Die Behandlung des Polterns ... 138

AGRAMMATISMUS . . . . . . . . . . . . . . . . . . . . . . . . . . . 141
   I. Die normale Entwicklung der Kindersprache vom ersten bis zum dritten Lebensjahr . . . . . . . . . . . . . . . . . . . . . . . . . 141
  II. Beschreibung des Agrammatismus . . . . . . . . . . . . . . . . 143
 III. Ursachen der agrammatischen Störungen . . . . . . . . . . . . . 145
 IV. Die Stufen des Agrammatismus . . . . . . . . . . . . . . . . . 146
  V. Die Behandlung des Agrammatismus . . . . . . . . . . . . . . . 147
 VI. Agrammatismus in Verbindung mit Stammeln . . . . . . . . . . . 152

*Arbeitsbehelfe* . . . . . . . . . . . . . . . . . . . . . . . . . . . . . . 155
*Literaturverzeichnis* . . . . . . . . . . . . . . . . . . . . . . . . . . . 158
*Namenverzeichnis* . . . . . . . . . . . . . . . . . . . . . . . . . . . . 175

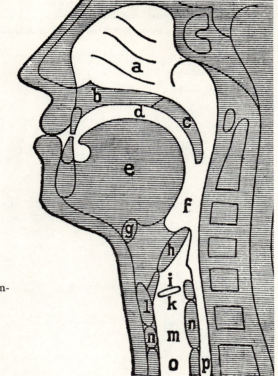

a = Nasenhöhle
b = harter Gaumen
c = weicher Gaumen
d = Mundhöhle
e = Zunge
f = Rachenhöhle
g = Zungenbein
h = Kehldeckel (offen)
i = Stimmritze
k = Stimmbänder (Stimmlippen)
l = Schildknorpel
m = Kehlkopf
nn = Ringknorpel
o = Luftröhre
p = Speiseröhre

# STAMMELN

## I. BEGRIFF UND EINTEILUNG

Unter Stammeln verstehen wir entweder das vollständige Fehlen eines Lautes (z. B. Gabel = abel) oder den Ersatz durch einen anderen Laut. Dieser Ersatzlaut kann an sich ein richtig gebildeter Laut sein, der aber an dieser Stelle fehl am Platz ist. So sprechen z. B. manche Kleinkinder anstatt eines g oder sch ein d. Sie sagen anstatt Gabel – Dabel, anstatt Schule – Dule. Der Ersatz kann aber auch durch einen falschen Laut erfolgen, durch einen Laut also, der sonst in der Umgangssprache nicht vorkommt. Das letztere ist häufig bei den Sigmatismen[1] der Fall, bei denen das richtige s durch die verschiedensten Geräusche ersetzt wird. Diese Geräusche tragen einen s-ähnlichen Charakter, unterscheiden sich aber durch ihren stumpfen Klang deutlich von dem richtigen, scharf klingenden s.

Das Stammeln kann sich auf einzelne Laute erstrecken, wie z. B. auf das g, das k, auf die S-Laute oder den R-Laut, um nur einige aufzuzählen, oder es kann sich auf eine größere Zahl von Lauten ausdehnen. Fehlen nur wenige Laute oder fehlt gar nur ein einziger Laut, so spricht man von *partiellem* Stammeln[2]. Ist aber die Sprache infolge der großen Zahl fehlender oder falsch gesprochener Laute schwer verständlich, so bezeichnen wir diesen Zustand als *multiples* Stammeln[3]. Bei völlig unverständlicher Sprache, wenn sich der vorhandene Lautbestand nur auf wenige Laute erstreckt, sprechen wir von *universellem* Stammeln[4].

Das Stammeln steht mit der Entwicklung der menschlichen Sprachlaute in einem bestimmten Zusammenhang. Darüber äußert sich Universitätsprofessor Felix Trojan folgendermaßen:

„Um das Wesen des Stammelns zu verstehen, muß man wissen, daß sich die menschlichen Sprachlaute, wie R. Jakobson[5] aufgezeigt hat, in einer im ganzen feststehenden Reihenfolge entwickeln, sodaß die späteren Laute gewissermaßen auf den früheren aufbauen (in ihnen, wie sich Jakobson ausdrückt, ‚fundiert' sind). Zu den frühesten Lauten gehören a, m, p und t, zu den spätesten dagegen k, g, f, w, ch und besonders s und sch; spät wird auch zwischen r und l unterschieden.

---

[1] Sigmatismus = fehlerhafte Aussprache des S-Lautes.
[2] partiell = teilweise.
[3] multiples Stammeln = mehrfaches oder vielfaches Stammeln.
[4] universell = allgemein.
[5] R. Jakobson, Kindersprache, Aphasie und allgemeine Lautgesetze, Uppsala Universitets Arrskrift, Uppsala und Leipzig, 1942.

Aus diesen Feststellungen Jakobsons lassen sich nun für das Verständnis des Stammelns interessante Folgerungen ziehen. Der Lautbestand der Stammler ist nicht voll entwickelt, und es fehlen gerade die späten Laute; sie haben sich von den sie ‚fundierenden' Lauten noch nicht völlig abgelöst oder sind durch anderweitige störende Einflüsse zu einer Fehlentwicklung gelangt. Aus diesem Grund kommen S-Fehler so häufig vor, während p oder m nahezu niemals unrichtig gebildet werden. Von Wichtigkeit ist es auch, daß die spätesten Laute — wie Jakobson auf Grund umfassender Literaturkenntnisse festgestellt hat — bei bestimmten Aphasien (d. h. Schädigungen der Sprache, besonders nach Schlaganfällen) am frühesten verlorengehen. Man kann daher bei Aphatikern und Stammlern zuweilen gleichartige Erscheinungen beobachten. Beides — die Entwicklung der kindlichen Sprache und der Abbau der Laute bei Aphasien — wirft dann wieder ein Licht auf die Entstehung der menschlichen Sprachlaute überhaupt."

## II. DIE URSACHEN DES STAMMELNS

Die Sprachstörung, die wir mit Stammeln bezeichnen, kann verschiedene Ursachen haben. Hochgradige *Schwerhörigkeit* kann dazu führen, daß ein Kind die Vielzahl der Laute der menschlichen Sprache auditiv[1] nicht richtig erfaßt und daher einzelne Laute entweder wegläßt oder fehlerhaft bildet.

Es kann aber auch vorkommen, daß bei relativ gutem Gehör die Erfassung des Gesprochenen nicht richtig erfolgt, weil das *Hörzentrum* im Gehirn nicht genügend leistungsfähig ist. Man muß bedenken, „welche ausschlaggebende Bedeutung das rein passive ‚Geladenwerden' des zentralen Hörhirnes für die motorische Sprache hat[2]".

Eine weitere Form des Stammelns ist das *Unaufmerksamkeitsstammeln*, das, wie Froeschels betont, auch zur sensorischen[3] Gruppe gehört. Solche Kinder nehmen es mit der Aussprache nicht sehr genau: sie sprechen einen Laut einmal richtig, einmal falsch aus. Oft wird der richtige Laut am Anfang des Wortes durch einen anderen Laut ersetzt als in der Mitte des Wortes. Ein Kind spricht z. B. anstatt „Seife" — „Deife", aber anstatt „Wiese" — nicht (wie zu erwarten wäre) „Wiede", sondern „Wieche".

„Die häufigste Ursache eines schweren und lang dauernden Stammelns

---

[1] aud*i*re (lat.) = hören.
[2] Emil Froeschels, Lehrbuch der Sprachheilkunde, 3. Auflage, Leipzig und Wien, 1931, S. 306 und 307.
[3] sens*o*risch (lat.) = auf die Sinne bezüglich (hier: auf den Gehörsinn bezüglich).

## Die Ursachen des Stammelns

sind Intelligenzdefekte. Eine psychische Debilität[1] muß an und für sich nicht die Ursache einer verzögerten Sprachentwicklung und des Stammelns sein. Es gibt aber Formen der Debilität, bei denen die Sprache schwer geschädigt ist. Die davon betroffenen Kinder fangen spät zu sprechen an, und ihre Artikulation ist sehr ungeschickt[2]."
Mangelnde Aufmerksamkeit, rasch eintretende Ermüdung und Mängel im Erkennen der Zusammenhänge erschweren dem debilen Kind das Erfassen der Sprache.
„Ein hartnäckiges und lang bestehendes Stammeln finden wir aber auch bei Kindern, deren Intellekt nicht beeinträchtigt ist. In der Anamnese[3] stellen wir fest, daß das Kind spät zu sprechen anfing, und wir erfahren auch, daß eine verzögerte Sprachentwicklung in der Familie vorkommt, und dies häufiger beim Vater als bei der Mutter. Außer der Sprachstörung stellen wir auch statische Störungen fest, verspätetes Sitzen und Gehen, motorische Ungeschicklichkeit und oft eine Minderwertigkeit der vestibularen[4] Funktion[5]."
Als weitere Ursachen des Stammelns kommen noch in Betracht: *mangelhafte Geschicklichkeit der Sprechwerkzeuge* und *organische Erkrankungen innerhalb des motorischen Nervensystems*. Lähmungen im Bereich des verlängerten Marks[6] können zu schweren Ausfällen in der Sprache führen, die sich neben anderen Erscheinungen auch im Stammeln äußern, ebenso wie Erkrankungen im Bereich der zur Peripherie führenden motorischen Nerven.
Es gibt aber auch psychische Ursachen des Stammelns. Manche Kinder haben eine derartige Willensschwäche, daß ihnen das Sprechen sehr schwierig erscheint. Solche Kinder zeigen nicht nur für die Menschen ihrer Umgebung und deren sprachliche Äußerungen geringes Interesse, sondern sie empfinden auch die eigenen Sprachäußerungen so mühevoll und anstrengend, daß sie diese so weit wie möglich einschränken. Auch beim sogenannten *asozialen Stammeln* sind psychische Ursachen maßgebend. Solche Kinder beschäftigen sich nur mit sich selbst. Die Umgebung erscheint ihnen wenig wichtig, sie fliehen die Gemeinschaft, und es ist dann nicht wunderzunehmen, daß bei diesen Kindern die Sprache noch nicht so entwickelt ist, wie wir es zu erwarten hätten.
Zu den Ursachen des Stammelns müssen auch die *organischen Defekte an den peripheren Sprachorganen* gerechnet werden. Defekte an den

---

[1] debilis (lat.) = schwach; Debilität = leichtester Grad des Schwachsinns.
[2] Miloslav Seeman, Sprachstörungen bei Kindern, 2. Auflage, Berlin – Jena, 1965, S. 101.
[3] Anamnese (gr.-lat.) = Vorgeschichte.
[4] Vestibularapparat = Teil des inneren Ohres, Gleichgewichtsorgan.
[5] M. Seeman, Sprachstörungen bei Kindern, Berlin – Jena, 1965, S. 101.
[6] Verlängertes Mark = Teil des Zentralnervensystems zwischen Gehirn und Rückenmark.

Lippen führen nur selten zum Stammeln, dagegen spielen die Zähne eine größere Rolle bei der Entstehung falscher Laute. Anomalien in der Zahnstellung sowie in der Bißform können Störungen bei der Bildung der Zischlaute verursachen.

„Von allergrößter Bedeutung für das Zustandekommen einer richtigen Sprache ist jedoch die normale Entwicklung des Gaumens[1]." Desgleichen können Mißbildungen des Kehlkopfes (neben Stimmstörungen) auch Stammeln verursachen. Dagegen ist die „angewachsene" Zunge (Zungenbändchen) meist ohne Bedeutung für die Sprache.

Über die *Zahnstellungsanomalien* sowie über die *Lippen-* und *Gaumendefekte* soll in einem späteren Kapitel noch ausführlich gesprochen werden.

## III. DIE BEHANDLUNG DES STAMMELNS IM ALLGEMEINEN

Die Behandlung des Stammelns beginnt mit der *Gewinnung des richtigen Lautes*. Hiebei muß sehr gewissenhaft vorgegangen werden, da der Klang des neuen Lautes für immer festgelegt wird.

„*Schwerhörige Stammler* zeigen, vor allem bei den Zischlauten, häufig Fehler, deren Ursache auf psychischem Gebiet, nämlich dem der Wahrnehmung, liegt... Die Schwerhörigen befinden sich zwar im besten Glauben, richtig zu artikulieren. Aber die Bewegungsreize, die von ihrem Innenohr aus an die Sprechmuskulatur gelangen, entsprechen den fehlerhaften akustischen Wahrnehmungen, und so bilden sie den Grund der mangelhaften Artikulation[2]."

„*Bei Stammlern, die normal hören,* liegen die Verhältnisse ganz anders als bei den Gehörgeschädigten. Wenn sie fehlerhafte Laute bilden, so hat das seine Gründe in der Ungeschicklichkeit der Sprechwerkzeuge, in Störungen der Innervation, Lähmungen usw., oder in mangelhafter Unterscheidungsfähigkeit auf akustischem Gebiet, in mangelhafter Konzentration, Gedächtnisschwäche u. a. Bei ihnen kann man ebenfalls die Einzellautübung zur Verbesserung von Sprachfehlern heranziehen, aber nicht im Sinne eines mechanischen Trainings, sondern indem man ‚Ausdrucksäußerungen, Tierlaute, Lallrhythmen' vormacht oder den Laut in Reimspielen vielfältig wiederholt (Wulff)[3]."

„*Bei schwachsinnigen hörenden Stammlern* hängt der Erfolg zwar in erster Linie davon ab, ob die geistige Reifung genügend gefördert

---

[1] E. Froeschels, Lehrbuch der Sprachheilkunde, Leipzig und Wien, 1931, S. 310.
[2] Herbert Weinert, Die Bekämpfung von Sprechfehlern, 5. Auflage, Berlin, 1966, S. 46.
[3] Ebenda, S. 6.

werden kann, doch kann diese selbst durch eine zweckmäßige und lange genug betriebene Therapie der Sprechfehler bis zu einem gewissen Grad unterstützt werden. Beides ist also bei diesen Kindern gleichzeitig vorzunehmen. Der Erfolg ist aber wohl mehr von der Reifung als von der Übung abhängig[1]."

Seeman faßt die Grundsätze der Übungsbehandlung beim Stammeln in vier Gesichtspunkten zusammen: 1. Der Grundsatz oft wiederholter kurzer Übungen: „Durch die wiederholten Übungen bilden und festigen sich die bedingten Reflexe zwischen dem richtigen Klang des Lautes und den Artikulationsbewegungen[2]." 2. Der Grundsatz der Verwendung der eigenen Hörkontrolle: „Bei hörenden Kindern besteht das Einüben neuer Laute oder die Beseitigung fehlerhafter Laute hauptsächlich in der Übung des phonematischen[3] Gehörs[4]." 3. Der Grundsatz der Anwendung von Hilfslauten. 4. Der Grundsatz der minimalen Aktion: „Bei einigen Lauten, besonders den Zischlauten, üben wir die Aussprache so leise, daß sie kaum hörbar sind[5]."

Der 3. Grundsatz des Seemanschen Systems (die Anwendung von Hilfslauten) ist fast identisch mit den Normen der Wiener logopädischen Schule über die Ableitungsmethoden.

„Die Umerziehung zur Bildung neuer, richtiger Laute beruht also auf der Zerstörung der alten Artikulationsverbindungen und auf dem Einüben neuer Bewegungsverbindungen, wobei gut gebildete Hilfslaute ähnlicher Art verwendet werden[6]." Mit diesem Satz gibt Seeman gleichzeitig auch die wissenschaftliche Erklärung sowohl für die Anwendung von „Hilfslauten" als auch für die Anwendung der „Ableitungsmethoden". Letztere werden von den Wiener Sprachheilpädagogen seit etwa 30 Jahren mit Erfolg verwendet. Sie unterscheiden sich von den Methoden „der Anwendung von Hilfslauten" nur in einigen unbedeutenden Kleinigkeiten.

Dank der raschen und sicheren Anwendbarkeit der modernen Methoden zur Gewinnung der einzelnen Laute ist die Entwicklung des „isolierten Lautes" im Vergleich zu dem weiteren Weg über Wort und Satz zur Spontansprache ungemein leicht und einfach geworden. Der Verzicht auf jedes mechanische Hilfsmittel legt die gesamte Methodik der Behandlung des Stammelns von Anfang an in die Hand des Pädagogen. Vom pädagogischen Geschick des Therapeuten und seiner Fähigkeit, das Kind zur willigen, ja freudigen Mitarbeit zu gewinnen, hängt es ab, ob die korrekte Sprache in kürzerer oder längerer Zeit erreicht wird.

---

[1] Ebenda, S. 46.
[2] M. Seeman, Sprachstörungen bei Kindern, Berlin – Jena, 1965, S. 110.
[3] Phonem (gr.) = Laut; Phonematik = Lehre von den Lauten.
[4] M. Seeman, Sprachstörungen bei Kindern, Berlin – Jena, 1965, S. 111.
[5] Ebenda, S. 114.
[6] Ebenda, S. 113.

Seeman meint, daß eine bewußte Kontrolle der Zungenstellung und der Artikulationsbewegungen bei vielen Kindern (besonders aber bei neuropathischen Kindern) zu unnatürlichen, ja oft sogar zu verkrampften Bewegungen der Sprechwerkzeuge führt. Dasselbe gilt in verstärktem Maß bei der Anwendung von Sonden und anderen mechanischen Hilfsmitteln. Dabei darf das Kind unsere Absicht nicht merken, wenn wir vermeiden wollen, daß es sofort wieder „die alten falschen Artikulationsstereotypen" einschaltet.

Die Art und Weise, wie man zum gewünschten richtigen Laut kommt, wird in dem folgenden Kapitel (nach den einzelnen Lauten getrennt) ausführlich beschrieben. Beherrscht der Schüler den isolierten Laut, dann werden *Silbenreihen* geübt, und zwar sowohl Konsonant + Vokal als auch umgekehrt: z. B. sa, se, si usw. bzw. as, es, is usw. Anschließend folgen Silben mit dem neugewonnenen Laut in der Mitte: z. B. assa, esse, issi usw. Die Verbindung zwischen dem Konsonanten und dem Vokal wird durch ein eingeschobenes h begünstigt: z. B. fha, fhe, fhi usw. oder sha, she, shi usw. oder sch-ha, sch-he, sch-hi usw. Ein wichtiges Hilfsmittel zur Verbesserung von Sprechfehlern ist der Spiegel. „Der Spiegel ermöglicht dem Kind, die eigenen Sprechbewegungen zu sehen und macht ihm mitunter erst seinen Fehler bewußt. Nur im Spiegel kann es die richtige mit der falschen Sprechbewegung vergleichen[1]."

Bei Konsonanten, die häufig mit anderen Konsonanten Verbindungen eingehen, wie f, b, p, sch, g, k einerseits und l und r anderseits, sind auch diese Lautverbindungen zu üben: z. B. fla, bla, pla, schla, gla und kla usw. ebenso wie fra, bra, pra, schra, gra, kra usw. Sollte die Verbindung Konsonant + Konsonant Schwierigkeiten bereiten, dann empfiehlt es sich, zwischen beide ein schwach tönendes e einzuschieben: z. B. fela, bela, schela; fera, bera, schera usw. Bei diesen Silben liegt die Betonung immer auf dem zweiten Vokal, und das schwach tönende e fällt im Verlauf der rascher werdenden Übungen von selbst weg.

An die Silben schließen sich *Wortübungen* nach Gruppen geordnet, also Wörter mit dem neuen Laut am Anfang, am Ende oder in der Mitte. Bei aufgeweckten und leicht lernenden Kindern kann man versuchen, nach der Gewinnung des isolierten Lautes gleich zu Wortübungen überzugehen. Die Anwendung von vorbereiteten Wortreihen ist von großem Nutzen. Kinder, die noch nicht lesen können, führen die Sprechübungen mit Hilfe von Bildreihen durch[2].

Sehr zweckmäßig erweist sich die Anwendung der Flüstersprache[3], namentlich am Anfang der Behandlung, weil beim Wegfall der tönen-

---

[1] H. Weinert, Die Bekämpfung von Sprechfehlern, Berlin, 1966, S. 23.
[2] Vgl. Kapitel „Arbeitsbehelfe".
[3] Josef Peschl, Die Anwendung der Flüstersprache in der Therapie der Sigmatismen, in: Zeitschrift für Heilpädagogik, 27. Jg., 3. Heft, 1936.

den Stimme die Konsonanten schärfer hervortreten, was besonders bei der Einübung der Zischlaute s, z, x und sch stark ins Gewicht fällt. Wenn die Schüler die Wörter geläufig sprechen, gehe man zum Üben *kurzer Sätze* über, die am besten von den Kindern selbst aus den Worttabellen zusammengestellt werden. *Lesen mit Unterstreichen* derjenigen Buchstaben, die den neuen Laut symbolisieren, das Erzählen kurzer Geschichten und *freie Konversation* vollenden dann die Übungsbehandlung. Ein Kind gilt erst dann als geheilt, wenn es den neuerlernten Laut ohne nachzudenken (automatisch) richtig verwendet und wenn die Spontansprache völlig fehlerfrei ist. Wir dürfen nicht vergessen, den Laut auch in der Mundart des Kindes einzuüben, da diese in vielen Fällen die Haus- und Umgangssprache des Kindes ist. Bei der Behandlung des Stammelns wird man die Ursachen berücksichtigen müssen. Haben wir ein schlecht hörendes Kind vor uns, müssen vor allem wir selbst laut, langsam und deutlich sprechen. Kinder mit schwacher auditiver Auffassung wird man durch geschickt angeordnete Wiederholungen dahin bringen, daß sie das Gehörte erfassen und zu ihrem festen Besitz machen. Hier müssen wir auch die optische Sphäre des Kindes durch geschickte Verwendung von Bildern anregen und zur Unterstützung des Spracherwerbes heranziehen. Daß man bei schwachbegabten Kindern nur sehr langsam und stufenweise vorgehen darf, ist wohl selbstverständlich. Bei Kindern mit stets wechselnder Aufmerksamkeit muß der Unterricht abwechslungsreich, interessant und fesselnd sein. Wenn das Kind auch eine noch so große Ungeschicklichkeit an den Tag legt: niemals darf der Lehrer die Geduld verlieren! Bei leichten Fällen stellen sich oft rasche Erfolge ein, bei schweren Fällen von Stammeln ist die Behandlung immer sehr mühevoll und erfordert viel Geduld. Nur der gewissenhafte und ausdauernde Pädagoge wird auch hier zum Ziel kommen.
Sehr wirkungsvoll ist das Zeigen und Beschreiben von bunten Bildern. An Hand dieser Bilder erzählt man kurze Geschichten, die das Kind zum Nachsprechen anregen. Auch das Erleben des Sprechinhaltes durch Dramatisieren fördert die Sprechlust.
Bei kleinen Kindern wird man den Spieltrieb heranziehen, um mit dem Kind spielend zu sprechen und sprechend zu spielen. Es übersteigt den Rahmen dieser Abhandlung, alle Möglichkeiten anzuführen, die für Sprechübungen brauchbare Stoffe liefern. Der erfahrene Pädagoge wird sich im einzelnen Fall der gegebenen Situation anpassen und selbst neue Wege finden. Einige Hinweise sollen aber gegeben werden: Bauen mit Bausteinen, Mosaike legen, mit Steckspielen oder mit Bilderdominos spielen, bunte Würfel legen u. a. m. Der Kaufmannsladen, der Bauernhof, das Kasperlspiel, die Eisenbahn und bei den Mädchen die Puppe mit den Puppenkleidern und dem Puppenwagen ergeben viele Sprechsituationen. Aber auch einfache Handlungen, wie das Ausräumen eines Kastens oder das Einräumen einer Lade, können mit Sprechübungen verbunden werden. Dabei werden die

Gegenstände benannt, ihre Eigenschaften festgestellt und die Tätigkeiten besprochen. Die spielerische Vermittlung der Sprache ist ein reiches Betätigungsfeld für gut vorgebildete Kindergärtnerinnen.
In seinem Aufsatz „Die ganzheitliche Sicht in der Sprach- und Stimmbehandlung und deren sprach- und entwicklungspsychologische Grundlagen[1]" hat Johannes Wulff viele gute Anregungen gebracht. Vor allem sind seine Methoden sehr kindertümlich, und seine Art der Behandlung wirkt auf die Kinder ungemein belebend. Beim vorschulpflichtigen Kind bedeutet die ganzheitliche Methode wahrscheinlich überhaupt die beste Form der Therapie.
Jedoch wir dürfen nicht außer acht lassen, daß bei der Therapie des Stammelns, unbeschadet des Rahmens, mit dem wir die Behandlung umgeben, doch zuerst der fehlende Laut neu entwickelt oder der falsche Laut korrigiert werden muß.

## IV. DIE KORREKTUR DER LAUTE

Bei multiplen bzw. universellen Stammlern werden wir uns, bevor wir uns der Korrektur der Sprache zuwenden, eine Übersicht über die vorhandenen und die fehlenden Laute verschaffen. Die in einem wesentlichen Punkt und in einigen unwichtigen Details umgeänderte Lautprüfungstabelle für Stammler stammt der Anlage nach von Heinrich Möhring[2].

### 1. Die Vokale

Es kommt selten vor, daß vollsinnige und normal begabte Kinder Vokale stammeln. Ist dies der Fall, so ist die Korrektur meist recht einfach. Im allgemeinen genügt ein Spiegel[3] zur optischen Kontrolle, und der Laut wird ohne viel Mühe durch Vorsprechen und Vorzeigen erworben. Im folgenden sollen aber doch einige Hinweise für die Gewinnung der Vokale gegeben werden.
Bei der Aussprache des a wird der Unterkiefer gesenkt, die Lippen bleiben ruhig, und die Zunge liegt flach auf dem Mundboden. Das

---

[1] In: Die Sprachheilarbeit, Heft 3 und 4, 1964.
[2] Heinrich Möhring, Lautbildungsschwierigkeit im Deutschen, in: Zeitschrift für Kinderforschung, Berlin, 1938, S. 207. Eine gute Übersicht bietet auch der Lautstreifen von Paul Lüking, abgedruckt in der Arbeit von Möhring, S. 205.
[3] Der Spiegel soll so groß sein, daß Lehrer und Schüler, wenn sie davor sitzen, einander bequem sehen können. Das Ausmaß von 40 × 60 cm hat sich als sehr praktisch erwiesen. Es können aber auch kleinere Spiegel mit Erfolg verwendet werden.

*Die Korrektur der Laute* 19

## Lautprüfungstabelle für Stammler

Name: ..................................................................................................................

geboren: ........................... Tag der Lautprüfung: ...........................

### I. Artikulationsgebiet:

| | | | |
|---|---|---|---|
| Mama | Mimi | um | m |
| Papa | Puppe | | p |
| Pferd | Pfeffer | | pf |
| Pflug | Pflaster | | pfl |
| plaudern | plagen | | pl |
| Preis | Probe | | pr |

| | | |
|---|---|---|
| Bubi | Ball | b |
| blau | Blatt | bl |
| Brett | Brot | br |
| faul | fein | f |
| Flasche | Fliege | fl |
| froh | Frau | fr |
| Willi | Wagen | w |

### II. Artikulationsgebiet:

| | | |
|---|---|---|
| Nadel nein | Nase | n |
| Tante | Tinte | t |
| trinken | tragen | tr |
| du | da | d |
| drei | drehen | dr |
| singen | Susi | s |
| das | essen | s |
| spielen | Spiegel | sp |
| sprechen | springen | spr |
| Stein | stoßen | st |
| Straße | Strich | str |
| Fenster | Inlaut | st |
| Knospe | | sp |
| Zahn | zeichnen | z |
| zwei | zwölf | |
| Fuchs | Hexe | ks |
| Schule | schon | sch |
| schlimm | schlagen | schl |
| schmecken | Schmalz | schm |
| schneiden | Schnupfen | schn |
| schreiben | schrauben | schr |
| schwer | schwimmen | schw |
| rot war | Rose | Zungen-R |
| laufen | legen | l |

### III. Artikulationsgebiet:

| | | |
|---|---|---|
| singen | fangen | ng |
| trinken | Bank | nk |
| Kaffee | Kuchen | k |
| klein | kleben | kl |
| Knopf | Knabe | kn |
| kratzen | Kreis | kr |
| gut | Gabel | g |
| gleich | Glas | gl |
| gnädig | Gnade | gn |
| grün | groß | gr |
| ich | Licht | ch 1 |
| ach | lachen | ch 2 |
| ja | jung | j |
| rot war | Rose | Zäpfchen-R |

| | | |
|---|---|---|
| a | ä | ei |
| e | ö | eu |
| i | ü | au |
| o | | |
| u | | |

dabei notwendige Mitschwingen der Stimmbänder kann der Schüler abfühlen, indem er die Fingerbeere des Mittelfingers an den Kehlkopf legt. Bei näselnder Aussprache kann man die Vibration am Nasenflügel, besonders an der Grenze zwischen dem Knorpel und dem Knochen, abfühlen lassen.

Bei o und u wird man zunächst das Vorstülpen der Lippen mit Hilfe von Zeigefinger und Daumen versuchen. Das zur Aussprache dieser beiden Laute notwendige Heben der Hinterzunge kann durch Druck auf den Kiefer-Hals-Winkel unterstützt werden. In manchen Fällen wird es wenigstens am Anfang der Behandlung notwendig sein, den Vorderteil der Zunge mit einem Spatel leicht hinunterzudrücken.

Zur Erzeugung des E- und des I-Lautes werden die Lippen mit Zeigefinger und Daumen breitgezogen, oder der Schüler wird veranlaßt zu lächeln. Das vordere Zungenblatt soll gehoben werden. Letztere Bewegung kann unterstützt werden, indem man den Mundboden hinter dem Kinn hochdrückt.

Der Umlaut ö wird aus einem e, ü aus dem i entwickelt. Dabei bleibt die Zungenstellung wie beim e bzw. i, die Lippenstellung wird jedoch dem o bzw. u angeglichen.

Übersicht über die Vokale (Vokaldreieck)

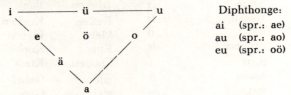

Diphthonge:
ai (spr.: ae)
au (spr.: ao)
eu (spr.: oö)

## 2. Die Konsonanten

Es ist allgemein bekannt, daß manche Konsonanten sehr selten gestammelt, daß aber andere außerordentlich häufig falsch gebildet werden oder fehlen. Die entwicklungsgeschichtlichen Voraussetzungen haben wir bereits kennengelernt.

Übersicht über die Konsonanten nach den drei Artikulationsgebieten

| I. | | II. | | III. | |
|---|---|---|---|---|---|
|   | m |   | n |   | ng |
| p | b | t | d | k | g |
| f | w | s, z | f | ch[1] | j |
|   |   | sch |   | ch[2] |   |
|   |   |   | r |   | R |
|   |   |   | l |   |   |

Links von den lotrechten Strichen sind die stimmlosen, rechts die stimmhaften Konsonanten angegeben

Der Laut h wurde nicht in die Konsonantentabelle aufgenommen, weil er sich schwer einordnen läßt. Bei seiner Artikulation wird nirgends eine Enge gebildet, „sondern die Luft streicht durch die Mundstellung eines Vokals und erzeugt an den Wänden des offenstehenden Kanals ein ganz gelindes Reibegeräusch, das bedeutend schwächer ist als das der eigentlichen Reibelaute[1]". Außerdem hat das h immer die Mundstellung des nachfolgenden Vokals (nach Luick)[1].

Es ist nicht leicht, in wenigen Zeilen einen erschöpfenden Überblick über die Laute der deutschen Sprache zu geben, und es wird kaum gelingen, alle Nuancen der Laute einer Sprache restlos zu erfassen. In einem Einführungsbuch kann man aber auf eine Gesamtübersicht über die Laute nicht verzichten. Allen jenen, die tiefer in die Materie eindringen wollen, seien daher Jespersens System der Lautdarstellung[2] und Wänglers „Atlas der deutschen Sprachlaute[3]" zum weiteren Studium empfohlen.

Am leichtesten werden die Laute der ersten Artikulationszone erworben, ihre Bildung kann ja auch bequem vom Mund abgesehen werden. Auch die Nasallaute können, wenn in der Nase oder am Gaumen keine abnormen Verhältnisse vorliegen, leicht gebildet werden.

Im Bereich der zweiten Artikulationszone bereiten das t und das d keinerlei Schwierigkeiten, das l nur in den seltensten Fällen. Bei den genannten Lauten hat die Zunge einen festen Stützpunkt; dagegen fehlt dieser beim sch und beim Zungenspitzen-R, und beim s ist er nur angedeutet. Die Zunge befindet sich bei den letztgenannten Lauten in einer Schwebelage; dieser Umstand begünstigt sicherlich das Auftreten von fehlerhaften Bildungen des S-, des Sch- und des R-Lautes.

Vom t bzw. d wissen wir, daß es zum ältesten Lautbestand des Menschen gehört. In den indogermanischen Sprachen erscheint dieser Laut als gemeinsamer Bestandteil der sogenannten Zeigwörter im Sinne des Hinweisens auf irgendeinen Gegenstand. „Ein ‚der' (im Sinne ‚dieser') bringt einen Hinweis, ein ‚da' und ‚dort' nennt einen Bereich um den jeweils Sprechenden herum, in welchem das Gedeutete gefunden werden kann[4]." Dagegen ist das sch in den indogermanischen Sprachen erst spät aufgetreten; weder das Griechische noch das Lateinische verfügen über ein Schriftzeichen für den Sch-Laut.

Die dritte Artikulationszone nimmt in den Schwierigkeitsgraden eine Mittelstellung ein. Die Laute der dritten Artikulationszone (k, g, ch, j und das Zäpfchen-R) werden nicht so leicht erlernt wie die Laute des ersten Artikulationsgebietes. Sie werden aber im allgemeinen leichter erworben als das s, das sch und das Zungenspitzen-R.

In den folgenden Zeilen, welche die Korrektur der einzelnen Laute

---

[1] K. Luick, Deutsche Lautlehre, Leipzig und Wien, 1923, F. Deuticke.
[2] O. Jespersen, Lehrbuch der Phonetik, Leipzig und Berlin, 1932.
[3] H. H. Wängler, Atlas deutscher Sprachlaute, Berlin, 1961.
[4] Karl Bühler, Sprachtheorie, Jena, 1934, S. 79 ff.

bringen sollen, wird zuerst die erste, dann die dritte und zuletzt die zweite Artikulationszone besprochen. Von der zweiten Artikulationszone werden die Laute s, sch und r in gesonderten Kapiteln dargestellt.

### a) Das erste Artikulationsgebiet

Von allen Lauten der ersten Artikulationszone ist das w am leichtesten zu entwickeln. Man kann es vom u aus erzeugen, indem man (während das u gesprochen wird) die Unterlippe an die unteren Schneidezähne drückt, sodaß die oberen auf ihr aufsitzen. Dabei muß man beachten, daß der mittlere Teil der Unterlippe etwas heruntergezogen wird und dem austretenden Luftstrom den Platz freigibt. Dadurch entsteht ein labio-dentales w[1].
Verzichten wir auf die Vibration der Stimmbänder (sprechen wir den Laut stimmlos), so erhalten wir ein f. Der Übergang vom w zum f kann durch Tasten mit der Hand am Kehlkopf abgefühlt werden.
Ein einfacher und direkter Weg, das f zu erzeugen, ist das Blasen gegen die Kante eines Papiers oder gegen die Öffnung eines Glasrohres oder eines Hohlschlüssels. Als Vorübung dazu kann das Ausblasen einer Kerze oder das Wegblasen von Papierschnitzeln geübt werden. Das so entstandene f ist häufig noch bilabial (mit beiden Lippen gebildet), man verfährt daher in ähnlicher Weise wie beim w, d. h. man fordert den Schüler auf, mit der Unterlippe die oberen Schneidezähne zu berühren.
Will man ein p oder b erzeugen, so muß man das Kind zuerst die Lippen schließen lassen, dann veranlaßt man es, die Backen durch den Ausatmungsluftstrom möglichst weit (dick) aufzublasen. Bei der Lösung des Verschlusses kann das Kind den aus dem Mund kommenden Luftstoß fühlen, indem es die flache Hand vor den Mund hält. (Das richtige p und das richtige b werden aber ohne Aufblasen der Backen gebildet!) Der Unterschied zwischen p und b liegt in der Stimmgebung; das b ist stimmhaft, das p stimmlos. Man kann das b bzw. p auch vom m her, durch Zuhalten der Nase, erzeugen[2].
Es ist zweckmäßig, sämtliche Anfangsübungen vor dem Spiegel machen zu lassen (siehe S. 18, Fußnote!).

### b) Das dritte Artikulationsgebiet

Bei der Erzeugung des k geht man am besten so vor, daß man den Schüler ein t sagen läßt und dabei den Zeigefinger auf den Vorderteil des Zungenblattes legt[3]. Dadurch wird dem Schüler ein Anlegen der Zungenspitze an die Alveolen der oberen Schneidezähne verwehrt; weil

---

[1] *labium* (lat.) = Lippe, *dens* (lat.) = Zahn.
[2] Hermann Gutzmann, Sprachheilkunde, Berlin, 1924, S. 539.
[3] Siehe Abbildung 2!

*Die Korrektur der Laute*

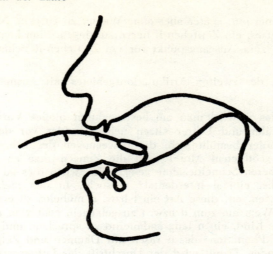

Abbildung 2

er trotzdem versucht, ein t zu sprechen, hebt er anstatt der Zungenspitze den Zungenrücken, und es entsteht dabei ein k.
Das hintere ch wird am besten aus dem Schnarchlaut erzeugt. Wenn man den Schüler veranlaßt, das Geräusch des Schnarchens nachzuahmen, was wohl jedem Kind unschwer gelingen wird, kann man durch geeignete Modifikation des Geräusches ein ch erzeugen. Desgleichen ergibt ein verlängertes k ein ch.
Wenn das ng fehlt, werden wir es am leichtesten vom n aus gewinnen. Ähnlich wie bei der T-K-Methode legen wir, während das Kind ein n sprechen soll, den Finger auf den vorderen Teil des Zungenblattes. Dadurch kann die Zungenspitze nicht gegen den Vordergaumen gedrückt werden, es wird der Zungenrücken gehoben, und aus dem n wird ein ng.
Gutzmann entwickelt das vordere ch („ich") aus dem s. Er läßt ein s sprechen und schiebt dabei die Zunge mit dem Finger des Patienten zurück[1]. Dadurch wird die Reibeenge des s von der Zahnreihe den Gaumen entlang etwas weiter nach hinten verlegt, und es entsteht das vordere ch.
Das j kann man leicht aus dem vorderen ch erzeugen, indem man zum Reibegeräusch die Stimme hinzutreten läßt, oder man geht, wie Gutzmann empfiehlt, vom i aus und übt sofort Vokalverbindungen wie: ia, ie, io, iu. Dabei ist das i jedesmal recht kurz und der folgende Vokal lang und deutlich auszusprechen.
Das uvulare[2] r, das ebenfalls der dritten Artikulationszone angehört, wird am besten aus dem Gurgeln erzeugt. Man veranlaßt das Kind,

---

[1] H. Gutzmann, Sprachheilkunde, Berlin, 1924, S. 556.
[2] *uvula* (lat.) = Gaumenzäpfchen.

zunächst einmal *mit*, später aber *ohne* Wasser zu gurgeln. Nach einiger Übung gelingt es, ein Zäpfchen-R hervorzubringen. Man kann auch den Schnarchlaut zum Ausgangspunkt für ein Zäpfchen-R nehmen.

c) Die Laute des zweiten Artikulationsgebietes mit Ausnahme von s, sch und r

Das t und das d wird man am besten durch bloßes Vormachen erreichen. Schüler und Lehrer sitzen nebeneinander vor dem Spiegel, und der Schüler bemüht sich, die Bewegungen des Lehrers nachzuahmen. Bei geöffnetem Mund wird die Zungenspitze an die Innenfläche der oberen Schneidezähne gelegt oder, wenn dies zu schwer ist, das t zunächst einmal interdental[1] versucht. In den meisten Fällen wird es gelingen, auf diese Art ein t bzw. d mühelos zu erzeugen.
Ein anderer Weg, um zum d bzw. t zu gelangen, geht vom n aus. Man veranlaßt das Kind, ein n lang andauernd zu sprechen, und verschließt während der Phonation[2] des n rasch mit Daumen und Zeigefinger die Nase des Kindes. Damit wird der Durchtritt des Luftstroms durch die

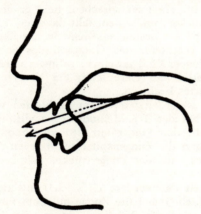

Abbildung 3

Nase unmöglich, die Luft staut sich im Mund und löst explosionsartig den Verschluß, der durch die Vorderzunge gebildet wurde. Der Erfolg ist dann ein d, da ja bekanntlich die Stellung der Zunge bei n und d die gleiche ist (nach Gutzmann).
Bei der Erzeugung des l ist wieder die optische Methode die einfachste. Man beginnt mit der A-Stellung, der Mund wird weit geöffnet, und nun veranlaßt man den Schüler, die Zungenspitze an den Alveolarwulst[3] hinter den oberen Schneidezähnen zu legen. Dabei ist er ge-

---

[1] inter (lat.) = zwischen; dentes (lat.) = Zähne.
[2] Phonation (gr.-lat.) = Lautung.
[3] alv*e*olus (lat.) = Mulde, hier: Zahnfach.

zwungen, die Zunge zu strecken. Die Zunge wird dadurch schmal, und die Luft dringt links und rechts von den seitlichen Zungenrändern ins Freie[1]. Wenn man in dieser Zungenstellung den Schüler veranlaßt zu phonieren, so entsteht ein l. Wichtig ist aber, daß der Schüler trotz des weitgeöffneten Mundes mit der Zungenspitze die erwähnte Stelle an den Alveolen der oberen Schneidezähne berührt und festhält. In schwierigen Fällen kann man eine Schnur quer über den Zungenrücken des Kindes legen und es ein n sprechen lassen. Dabei zieht man unter gleichzeitigem Verschluß der Nase die beiden freien Enden der Schnur nach unten (nach Gutzmann). Dadurch begünstigt man das Entstehen der beiden seitlichen ovalen Öffnungen.

Da bei der Lautgruppe s-sch und beim R-Laut eine umfangreichere Beschreibung notwendig ist, werden diese Lautgruppen in gesonderten Kapiteln dargestellt.

## V. DIE SIGMATISMEN[2]

### A. DER S-LAUT

### 1. Die Bildung des richtigen S-Lautes

Bei der Aussprache des S-Lautes müssen im wesentlichen zwei Bedingungen erfüllt werden. Die eine besteht in der Sammlung eines möglichst konzentrierten Luftstromes und die andere im Entgegenstellen eines scharfkantigen Widerstandes, an dem dieser Luftstrom sich reibt. Während die Seitenränder der Zunge sich beiderseits bis zu den Alveolen der oberen Mahlzähne erheben, formt sie in ihrem vorderen Teil eine zarte Rinne, durch welche die Luft in einem dünnen Strahl durchfließt. Dabei nähert sich die Zungenspitze entweder den oberen Schneidezähnen, oder sie legt sich zart an die unteren Schneidezähne an. Entweder wird also die mediane[3] Rinne durch die gekerbte Zungenspitze gebildet (apex linguae)[4] oder durch den eingekerbten Zungenrücken (dorsum linguae)[5]. Daher nennen wir die erstere Art ein „apikales s" (nach Viëtor)[6] und die letztere ein „dorsales" (nach Gutzmann)[7].

---

[1] Siehe Abbildung 3!
[2] Sigma = griechische Buchstabenbezeichnung für s.
[3] medianus (lat.) = in der Mitte befindlich.
[4] apex (lat.) = Spitze; lingua (lat.) = Zunge.
[5] dorsum (lat.) = Rücken.
[6] W. Viëtor, Elemente der Phonetik, 7. Auflage, besorgt von E. A. Meyer, Leipzig, 1923, S. 222.
[7] H. Gutzmann, Sprachheilkunde, Berlin, 1924, S. 34.

Da fast alle Laute der zweiten Artikulationszone mit gehobener Zungenspitze gesprochen werden[1], könnte man annehmen, daß auch beim s die apikale Form häufiger anzutreffen sei. Nach unserer Erfahrung in Wien ist das nicht der Fall. Nach einer Statistik, die über 2000 Schulkinder erfaßte, ergab sich, daß etwa $7/8$ der Kinder ein dorsales s sprachen und $1/8$ ein apikales[2]. Wer übrigens den Versuch unternommen hat, bei der Korrektur von Sigmatismen das apikale s zu lehren, wird bestätigen können, daß dieses viel schwerer erlernbar ist als das dorsale.

Wenden wir uns nun der zweiten Bedingung zu, die zum Zustandekommen des richtigen s notwendig ist. Diese Bedingung wird durch eine scharfe Kante erfüllt, die dem Luftstrom entgegengesetzt wird. Wenn wir ein Kartonblatt oder ein dünnes Blech in einen konzentrierten Luftstrom bringen, so entsteht ein scharfes, s-ähnliches Geräusch, sobald wir die Kante dem Röhrchen mit der ausströmenden Luft direkt oder in einem spitzen Winkel entgegenstellen. Bei der Bildung des S-Lautes übernehmen die unteren Schneidezähne die Rolle dieser scharfen Kante, dagegen bieten die oberen Schneidezähne der schräg abwärts fließenden Luft keinen Widerstand, da ihre Innenseite mit dem Luftstrom nahezu parallel ist.

Zusammenfassend können wir feststellen: ein richtiges s kommt dadurch zustande, daß die Zunge in der Mitte eine schmale Rinne bildet und daß die durch diese Rinne ausströmende Luft sich in einem dünnen Strahl an den Beißkanten der unteren Schneidezähne reibt.

## 2. Die fehlerhaften Formen des S-Lautes

Der S-Laut besteht vorwiegend aus sehr hohen Tönen. Durch den Ausfall bestimmter Obertöne entsteht ein s, das wir als unscharf und stumpf empfinden. Die falschen Formen des S-Lautes, die wir akustisch sofort wahrnehmen, beruhen auf Veränderungen der Resonanzverhältnisse im Ansatzrohr. Ist die Aussprache des s gestört, so werden in der Regel auch die anderen Laute der S-Gruppe falsch gesprochen, weil diese Laute lediglich Verbindungen mit dem S-Laut darstellen (z = „ts", x = „ks").

---

[1] „So wie die Zunge unter normalen Verhältnissen im Munde liegt, hat sie keine eigentliche ‚Spitze'. Wenn man dennoch davon spricht, daß die Zungenspitze auf diese oder jene Art artikuliert, daß sie etwa einen Verschluß bildet, so meint man damit nicht nur den mittelsten Punkt, sondern die ganze vordere hufeisenförmige Randlinie, wo die Ober- und die Unterfläche der Zunge zusammenstoßen." Otto Jespersen, Lehrbuch der Phonetik, Leipzig, 1912, S. 27, 28.

[2] O. Lettmayer, Die Häufigkeit des „dorsalen S" im Verhältnis zum „apikalen S", in: Zeitschrift für Heilpädagogik, 27. Jg., 2. Heft, 1936.

Das s kann auf verschiedene Weise falsch gesprochen werden. Am häufigsten ist die *interdentale* Bildung des s. Die Zahnreihen öffnen sich, und die Zunge erscheint zwischen den Zähnen. Dadurch fällt dieser S-Fehler, den wir *Sigmatismus interdentalis* nennen, auch optisch auf. Die Zunge hat nicht die zur Erzeugung des s notwendige Rinne, und die Luft strömt mehr oder minder fächerförmig über die ganze Zungenbreite. Dadurch bekommt das s einen unscharfen Klang.
Die häufigste und wichtigste Ursache dieses Sprachfehlers ist nach Froeschels[1] in der fehlerhaften Funktion gewisser Zungenmuskeln zu suchen. Man wird eine Schwäche der die Zunge rückwärts ziehenden Muskeln annehmen müssen und eine teilweise Unfähigkeit jener Muskeln, welche die Rinne bilden sollen. Oft wird man feststellen, daß das Kind nicht fähig ist, die Zunge in die Breite zu ziehen. Es fällt auf, daß viele Sigmatiker die Zunge langstrecken, aber nicht breitziehen können. Die Verbindung der beiden oberen Mahlzahnreihen durch die breitgezogene Zunge gelingt nicht.
Froeschels[2] fand, daß von den meisten Kindern mit interdentalem Sigmatismus nicht nur das s, sondern auch die anderen Laute der zweiten Artikulationszone interdental gesprochen werden, wie z. B. d, t, l und n. Er prägte daher für diese Sprachstörung den Begriff der *multiplen Interdentalität*[3]. Die multiple Interdentalität ist optisch sehr auffällig, akustisch allerdings nur bei den Lauten s, z und x.
Ein weiterer S-Fehler, der zwar optisch sehr selten wahrnehmbar ist, dagegen akustisch ungemein auffällt und störend wirkt, ist das Seitwärtslispeln, wie Nadoleczny es nennt[4], oder der *Sigmatismus lateralis*[5] (nach Gutzmann[6]). Dieser Fehler kommt dadurch zustande, daß die Zunge, anstatt sich in der Mitte zu senken, sich mit ihrer Spitze l-artig aufwölbt und dadurch dem Luftstrom den geraden Weg aus dem Mund versperrt. Während die Zunge mit ihrer Spitze und mit einem ihrer Ränder einen festen Verschluß bildet, strömt die Luft am anderen Zungenrand vorbei in die Wange und erzeugt dort ein sehr häßliches Geräusch. Im Volksmund wird dieser Fehler, der auch dem Laien sofort unangenehm auffällt, „Hölzeln" genannt.
Je nach der Art des Luftaustrittes unterscheidet man zwischen rechtsseitigem (Sigmatismus lateralis dexter) und linksseitigem Lispeln (Sigmatismus lateralis sinister). Es kann aber auch vorkommen, daß die Zunge genau die Stellung einnimmt, wie sie beim l gebräuchlich ist, und die Luft beiderseits an den Zungenrändern vorbei in die Wan-

---

[1] E. Froeschels, Lehrbuch der Sprachheilkunde, Leipzig und Wien, 1931, S. 317.
[2] Ebenda, S. 316.
[3] m*u*ltiplex (lat.) = vielfach.
[4] M. Nadoleczny, Lehrbuch der Sprach- und Stimmstörungen, Leipzig, 1926, S. 67.
[5] latus (lat.) = Seite.
[6] H. Gutzmann, Sprachheilkunde, Berlin, 1924, S. 550.

gentaschen strömt. Wir sprechen dann von einem Sigmatismus bilateralis[1].

Der *Sigmatismus lateroflexus*[2] ist eine Verbindung von interdentalem und lateralem Sigmatismus. „Die Zungenspitze weicht dabei von der Mittellinie nach rechts oder links ab und lenkt den Luftstrahl meist gegen den oberen Eckzahn der gleichen Seite. Der Unterkiefer wird leicht gesenkt und meist zur selben Seite verschoben wie die Zungenspitze.[3]" Er tritt wie der laterale Sigmatismus in zwei Formen auf: dexter und sinister. Eine bilaterale Form ist nicht möglich.

Ist die Zungenrinne zu tief gesenkt, klingt das s zu scharf. Bei Übertreibungen kann dieses s fast pfeifend klingen. Daher nennen wir diese Art von S-Fehlern *Sigmatismus stridens*[4].

Eine weitere Form der falschen S-Bildung besteht darin, daß die Zunge zu stark an die Innenfläche der Schneidezähne gepreßt wird. Man spricht dann von einem *Sigmatismus addentalis*[5]. Der Luftstrom kann nicht konzentriert werden, und die Luft tritt fächerförmig über die ganze Zungen- bzw. Mundbreite aus. Froeschels[6] findet, daß der Ausdruck Sigmatismus addentalis nicht zutreffend sei, weil ja auch bei den anderen Arten von Sigmatismus die Zunge irgendwie an die Zähne gedrückt wird; ja sogar beim richtigen s wird die Zunge, wenn auch nur rechts und links von der Mitte, an die Innenfläche der Zähne gelegt. Er schlägt daher für diese Art von S-Fehlern die Bezeichnung *Sigmatismus multilocularis*[7] vor.

Es gibt Menschen, die an Stelle der unteren Zahnreihe die Unterlippe bei der Bildung des s zu Hilfe nehmen; dabei wird die Unterlippe gehoben, und die herausströmende Luft trifft auf diese anstatt auf die Schneidezähne. Diese Art von Sigmatismus nennt Gutzmann *Sigmatismus labio-dentalis*. Dieses s wird von Leuten bevorzugt, die einen starken Überbiß (Prognathie) haben[8] und denen es aus diesem Grund schwerfällt, den Luftstrom auf die unteren Zahnkanten zu lenken. Froeschels nennt diesen S-Fehler *Sigmatismus labialis inferior*[9].

Ist die zur Erzeugung des s notwendige Rinne nicht im Bereich der Zähne, sondern weiter hinten im Bereich des harten Gaumens gelegen, so entsteht ein unscharfes s mit einem eigentümlichen Klangcharakter.

---

[1] dex*t*er (lat.) = rechts; sin*i*ster (lat.) = links; bilateralis (lat.) = beidseitig.
[2] seitwärtsgebogen.
[3] R. Luchsinger und G. E. Arnold, Lehrbuch der Stimm- und Sprachheilkunde, Wien, 1949, S. 274.
[4] stridere (lat.) = pfeifen, schwirren.
[5] ad-dentes = zu den Zähnen, an die Zähne.
[6] E. Froeschels, Lehrbuch der Sprachheilkunde, Leipzig und Wien, 1931, S. 314.
[7] multilocularis (lat.) = an vielen Stellen.
[8] Die abnormen Formen des Gebisses und ihre Auswirkungen auf die Sprache werden in einem der nachfolgenden Kapitel ausführlich beschrieben.
[9] infer*i*or (lat.) = unterhalb, hier: mit der Unterlippe gebildet.

*Die Sigmatismen*

Bei diesem s fällt eine nicht näher zu bestimmende Klangkomponente auf, die am ehesten an ein vorderes ch erinnert. Diese Art der fehlerhaften Bildung des s nennt Stein[1] *Sigmatismus palatalis*[2].
Bei den bisher beschriebenen Sigmatismen nimmt die Luft ihren Weg durch den Mund, wobei sie in mehr oder weniger fehlerhafter Weise entweder die ganze Breite des Mundes beansprucht oder rechts bzw. links aus dem Zahngehege austritt. Bei dem nun folgenden S-Fehler strömt die Luft hinter dem gesenkten Gaumensegel entweder teilweise oder zur Gänze durch die Nase ins Freie. Gutzmann[3] nennt daher diesen Fehler, der sehr auffällig und störend in Erscheinung tritt, *Sigmatismus nasalis*[4].
Arnold weist durch das Studium einer großen Zahl von Gaumenspaltenträgern sowie vielen Patienten mit funktioneller nasaler S-Bildung nach, daß es vier Arten von nasalen Sigmatismen gibt. Nach Arnold kann der teilweise oder totale Luftaustritt aus der Nase entweder von einem nasalen Blasen oder durch ein in der Gegend des weichen Gaumens hervorgebrachtes Schnarchen begleitet sein; er kann aber auch mit einem Reibegeräusch im Rachen oder sogar mit einem Fauchgeräusch im Kehlkopf einhergehen[5].
Bei den bisher beschriebenen Formen des Sigmatismus wurde das richtige s durch irgendeinen stumpfen, s-artig klingenden Laut oder durch irgendein Geräusch ersetzt, das mit dem s gar keine Ähnlichkeit mehr hat.
Das richtige s kann aber auch durch einen anderen Laut der deutschen Sprache, der an sich richtig, aber an dieser Stelle fehl am Platz ist, ersetzt werden. So sagen viele Kleinkinder im Verlauf der noch unentwickelten Sprache anstatt eines s ein d oder ein vorderes ch (Eidenbahn statt Eisenbahn, Gache statt Gasse). Begriffsgemäß müssen wir auch hier von einem Sigmatismus sprechen: wir nennen diese Art von S-Fehlern *Parasigmatismus*[6].

## 3. Untersuchungsmethoden

Wie bereits erwähnt, fällt uns beim falschen s der Klang sofort unangenehm auf. Wir sind imstande, auch die *Arten* des falsch gebildeten

---

[1] Leopold Stein, Sprach- und Stimmstörungen und ihre Behandlung in der täglichen Praxis, Wien, 1937, S. 78.
[2] pal*a*tum (lat.) = Gaumen.
[3] H. Gutzmann, Sprachheilkunde, Berlin, 1924, S. 553.
[4] nasus (lat.) = Nase.
[5] G. E. Arnold, Die traumatischen und konstitutionellen Störungen der Stimme und Sprache, Wien, 1948, S. 176. – G. E. Arnold, Die nasalen Sigmatismen, in: Archiv für Ohren-, Nasen- und Kehlkopfheilkunde, 153. Band, 1943, S. 57–117.
[6] para (gr.) = neben, vorbei.

S-Lautes akustisch zu unterscheiden. Ein interdentales s klingt anders als ein laterales oder palatales. Das interdentale s erkennen wir auch auf optischem Weg, da die Zunge zwischen den sich öffnenden Zahnreihen erscheint. Bei den anderen Sigmatismen sind wir auf das Ohr allein angewiesen, es sei denn, daß jemand bei der Aussprache des s den Mund verzieht, was aber nicht allzu häufig vorkommt.

Wenn wir aber den Verlauf des Luftaustrittes und damit die Art der fehlerhaften Bildung des S-Lautes genau feststellen wollen, müssen wir zu exakten Untersuchungsmethoden greifen.

Von den Mitteln, die einer genauen Untersuchung zur Verfügung stehen, ist an erster Stelle der *Hörschlauch* zu nennen. Dieser besteht aus einem etwa ³/₄ Meter langen Gummischlauch, an dessen einem Ende eine Ohrolive angebracht ist, während im anderen ein dünnes, spitz zulaufendes Glasröhrchen steckt. Die Olive steckt der Untersuchende in seinen Gehörgang, und das Glasröhrchen wird an den Zahnreihen des Schülers entlang geführt. An den Stellen, wo die Luft entweicht, vernimmt man ein starkes Geräusch; außerdem fühlt man den Luftstrom im Ohr, da dieser direkt auf das Trommelfell trifft. Mit dieser Untersuchungsmethode kann man den Luftaustritt aus dem Mund des Kindes in allen Nuancen genau verfolgen.

Bei allen Formen des lateralen Sigmatismus kann die Stelle des Luftaustrittes durch den *Klopfversuch* von Führing-Wurst[1] festgestellt werden. Der Schüler wird angewiesen, das s möglichst lange auszusprechen. Während dieser Zeit klopft der Untersuchende einige Male an die Wange des Kindes, und zwar von der Mitte der Wange bis in die Nähe des Mundwinkels, oft sogar bis zum Lippenrot. Die Stelle des Luftaustrittes erkennt man daran, daß der S-Laut durch das Klopfen unterbrochen wird. Noch deutlicher sind die Ergebnisse des Klopfversuches, wie wir im nächsten Kapitel hören werden, beim lateralen sch.

Im folgenden soll ein einfaches Instrument beschrieben werden, das geeignet ist, ein sicheres Bild über die Zungenlage zu liefern, und zwar durch direkte Einsicht.

Wenn wir nämlich imstande sind, ein Kind zu veranlassen, den S- oder Sch-Laut zu produzieren, gleichzeitig aber verhindern können, die Zahnreihen zu schließen, so haben wir die Möglichkeit, die Lage der Zunge zu kontrollieren.

Das hiezu notwendige Instrument sieht folgendermaßen aus: An den beiden Enden einer v-förmig gebogenen Sonde werden Holzoliven angebracht, die voneinander so weit entfernt sind, als es der Breite des kindlichen Mundes entspricht. Der Abstand der beiden Oliven voneinander muß so groß sein wie der waagrechte Abstand der beiden Prämolarenreihen.

---

[1] Führing-Wurst, Ein Beitrag zur Diagnose des Sigmatismus lateralis, in: „Eos", Zeitschrift für Heilpädagogik, 22. Jg., 4/5. Heft, 1930.

Zweckmäßig ist es, wenn man sich mehrere Mundspangen mit verschiedenen Spannweiten beschafft, um den anatomischen Verhältnissen in jedem Fall gerecht zu werden.

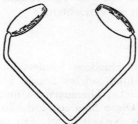

Abb. 4 Die Mundspange

Man veranlaßt das Kind, den Unterkiefer zu senken, bringt die beiden Holzoliven mit einem raschen Griff in die richtige Lage und fordert das Kind auf, ein s oder ein sch zu sprechen. Sofort stellt sich die Zunge so ein, als wären die Zahnreihen geschlossen. Der geringe Gegendruck der Oliven auf die Prämolaren stört das Kind nicht. Wir können so die falsche oder richtige Zungenlage gut beobachten. Insbesondere jede Art von Lateralität bei der Aussprache von Zischlauten ist damit leicht festzustellen.

Beim Verdacht, daß das s genäselt wird, kann unter die Nase des Kindes ein Spiegel gehalten werden. Entströmt der Nase tatsächlich Luft, so bildet sich durch die Feuchtigkeit der warmen Ausatmungsluft auf dem kalten Spiegel ein Beschlag.

Eine Möglichkeit, die Lage der Zunge bei der S-Bildung festzustellen, bildet das *Grütznersche Verfahren*. Dabei wird der Zungenrücken mit einer Karminlösung bestrichen. Spricht der Patient ein s, so zeigt sich an den Stellen des Gaumens, die die Zunge berührt hat, ein Farbabdruck. Gutzmann wendet dieses Verfahren umgekehrt an. Er bestreicht den Gaumen mit Ultramarinblau. „Auf diese Weise bekommen wir eine Doppelfärbung: des Gaumens und der Zunge[1]."

## 4. Die Behandlung der Sigmatismen

Wie bei der Beschreibung des richtigen S-Lautes im ersten Kapitel ausgeführt wurde, kommt es darauf an, daß die Lage der Zunge genau den Anforderungen, die an sie gestellt werden, entspricht. Schon die geringste Abweichung von der Norm hat eine falsche Bildung des S-Lautes zur Folge.

Wenn das s falsch gebildet wird, muß man trachten, die Zunge in die richtige Lage zu bringen. Dieses Ziel kann man auf zwei Wegen erreichen, und zwar entweder durch Einwirkung von Sonden und an-

---

[1] H. Gutzmann, Sprachheilkunde, Berlin, 1924, S. 34.

deren Instrumenten (auf passive Art) oder durch Ableitung aus einem benachbarten richtigen Laut (aktive Methode). Die ältere Therapie bevorzugte im wesentlichen die passiven Methoden, die modernen Bestrebungen gehen dahin, auf die Anwendung instrumenteller Hilfsmittel mehr oder weniger zu verzichten.

a) Die passiven Methoden

Gutzmann[1] verwendet verschiedene *Sonden,* um die Zunge in die richtige Lage zu bringen. Eine solche Sonde besteht aus einem biegsamen Draht, der mit Nickel überzogen ist und an den Enden geringe Verdickungen aufweist. Diese Sonden sind käuflich zu erwerben, oder man kann sie selber aus Nickelindraht, den man in der gewünschten Länge abzwickt, herstellen. Sie sind leicht zu biegen, sodaß sie sich mit einer Flachzange bequem in die gewünschte Form bringen lassen.
Die Anwendung mechanischer Hilfsmittel bedeutet für die Kinder jedoch einen gewaltsamen Eingriff in die Sprechwerkzeuge. „Das ist besonders daran zu erkennen, daß diese auf jeden Druck mit einem Gegendruck reagieren. Dadurch wird aber statt der gewünschten die entgegengesetzte Muskelbewegung erzeugt, weshalb mechanische Hilfen jetzt für den allgemeinen Gebrauch abgelehnt werden[2]."
Das laterale s beseitigt Gutzmann auf dem Weg über das „gewöhnliche" Lispeln, also über das interdentale s. Er veranlaßt den Patienten, die Zahnreihen zu öffnen und die Zungenspitze zwischen diesen erscheinen zu lassen. Dadurch erreicht er zunächst das interdentale s, welches er mit Hilfe einer Sonde in ein richtiges s überführt.
Bei der Korrektur des Sigmatismus lateralis ist das Vorsprechen des richtigen S-Lautes zu vermeiden, weil sonst der Schüler sofort mit einem falschen (lateralen) s antworten würde. Wenn der Schüler das richtige s fixiert hat und sicher beherrscht, ist das Vorsprechen gestattet. Dasselbe gilt vom Sigmatismus nasalis.
Beim nasalen Sigmatismus läßt Gutzmann die Nase mit Daumen und Zeigefinger schließen, gleichzeitig werden die Zahnreihen aufeinandergestellt. Der Patient lernt dann auch selbst, die Nase zu schließen und den Luftstrom durch den Mund zu führen.
Liebmann läßt beim interdentalen Sigmatismus die Zahnreihen aufeinanderstellen und fixiert dadurch den Unterkiefer. Um aber die Zungenspitze freier zu machen, läßt er zuweilen auch oszillierende Bewegungen[3] des Unterkiefers ausführen. Beim lateralen Sigmatismus läßt Liebmann[4] die Zahnreihen aufeinandersetzen und veranlaßt den Patienten, die Zungenspitze an die untere Schneidezahnreihe zu pres-

---

[1] H. Gutzmann, Sprachheilkunde, Berlin, 1924, S. 547–549.
[2] H. Weinert, Die Bekämpfung von Sprechfehlern, Berlin, 1966, S. 26.
[3] oszillierend (lat.) = schwingend, schwankend.
[4] A. Liebmann, Vorlesungen über Sprachstörungen, 8. Heft.

sen. Gleichzeitig drückt er die Backenhaut des Patienten fest an die seitlichen Zahnreihen. Bei allmählichem Nachlassen des Druckes soll der Patient imstande sein, selbständig das richtige s zu bilden. Beim nasalen Sigmatismus empfiehlt Liebmann ebenso wie Gutzmann bei den ersten Übungen das Zuhalten der Nase.

b) Die Ableitungsmethoden

Gegen die Anwendung von Instrumenten hat sich im Laufe der Jahre eine Bewegung gerichtet, deren Bemühen dahin zielt, aus der Zungenstellung eines benachbarten richtigen Lautes den richtigen S-Laut zu gewinnen. Diese Methoden können wir aktive Methoden nennen (Gutzmann) oder auch phonetische (van Dantzig)[1]. Die zweckmäßigste und richtigste Bezeichnung dürfte aber *Ableitungsmethoden*[2] sein, da das Wesentliche an dieser Therapie die Ableitung aus einem benachbarten Laut ist. Ihr Vorteil besteht darin, daß wir den gewünschten richtigen Laut unter aktiver Mitarbeit des Schülers erreichen. Dadurch wird aber die Behandlung für den Schüler angenehmer, und der Erfolg stellt sich in kürzerer Zeit ein als bei den passiven bzw. instrumentalen Methoden. Es bedeutete eine entscheidende Wendung für die Korrektur der Sigmatismen, als Froeschels im Jahre 1926 vorschlug, das s aus dem f zu entwickeln[3]. Aber niemand ahnte damals, daß dieser Vorschlag einmal der Ausgangspunkt für eine neue Methodik in der Behandlung des S-Fehlers sein werde. Die Anregung Froeschels' führte nach einigen Jahren zu einer völligen Änderung der herkömmlichen Sigmatismusbehandlung. In den Jahren 1934–1937, als die Ergebnisse der instrumentefreien Behandlungsmethoden im Schrifttum zusammengefaßt wurden, traten die aktiven Methoden, und von diesen wieder die sogenannten Ableitungsmethoden, in den Vordergrund[4].
Professor Seeman gibt in seinem Buch „Sprachstörungen beim Kinde" eine gründliche Fundierung für die Ableitungsmethoden oder — wie er es nennt — „für die Anwendung von Hilfslauten". Wenn bei Seeman ein „Hilfslaut[5]" zu dem erwünschten richtigen Laut führt, so ist

---

[1] B. van Dantzig, in: Mitteilungen über Sprach- und Stimmstörungen (Aus dem logopädischen Ambulatorium der Wiener Universitätsklinik für Ohren-, Nasen- und Kehlkopfkrankheiten), 1935.
[2] O. Lettmayer, Die Korrektur falscher Laute im Bereich der Vorderzunge durch Ableitung aus einem benachbarten richtigen Laut, in: Zeitschrift für Heilpädagogik, 3. Heft, 1937.
[3] E. Froeschels, Einige einfache Behandlungsmethoden wichtiger Sprach- und Stimmstörungen, in: „Eos", Zeitschrift für Heilpädagogik, 3. Heft, Wien, 1926.
[4] O. Thomann, Die Pathologie und Therapie der Sigmatismen, Referat in der Sonderschullehrerkonferenz 1934. — F. Zelenka, Zur Gewinnung von S und Sch, in: Zeitschrift für Heilpädagogik, 3. Heft, 1937. — O. Lettmayer, Die Korrektur falscher Laute, in: Zeitschrift für Heilpädagogik, 3. Heft, 1937.
[5] M. Seeman, Sprachstörungen bei Kindern, Berlin – Jena, 1965, S. 112.

es in der Wiener Schule „der benachbarte richtige Laut¹", der den neuen Laut erwerben hilft. Seeman sagt nämlich wörtlich: „Ich führte eine Methode ein, die in der Anwendung von *Hilfslauten* und in der *Ableitung* eines Zischlautes vom anderen besteht². " Wie wir sehen: zwei Namen für ein und denselben Vorgang! Und an anderer Stelle: „Die Umerziehung zur Bildung neuer richtiger Laute beruht auf der Zerstörung der alten Artikulationsverbindungen und auf dem Einüben neuer Bewegungsverbindungen, wobei gut gebildete Hilfslaute ähnlicher Art verwendet werden³." Es ist also der gleiche Weg. Allerdings werden von Seeman die Ableitungsmethoden, die schon in mehreren Abhandlungen⁴ dargestellt und in vielen Schriften zitiert wurden, nicht erwähnt.

Im folgenden sollen die Ableitungsmethoden bei der Gewinnung des S-Lautes beschrieben werden.

### Die F-S-Methode

Wenn man den Schüler das f lange sprechen läßt und die Unterlippe so weit von den Zähnen wegzieht, daß sich die Sprechluft nicht mehr an ihr reiben kann, sondern nur an den Beißkanten der Zähne, dann entsteht ein Laut, der dem s schon sehr nahe ist. Später fordert man das Kind auf, die Unterlippe während der F-Bildung von selbst zu senken. „Das gelingt am einfachsten, wenn man ihm empfiehlt, auf seinen an den mittleren unteren Schneidezähnen liegenden Finger zu blasen. Die Erfahrung zeigt, daß sämtliche Arten des Sigmatismus in der Mehrzahl der Fälle mit dieser einfachen F-Methode in wenigen Wochen geheilt werden können⁵."

### Die T-Z-Methode

Beim t wird bekanntlich der vordere Teil der Zunge gehoben und hinter die oberen Schneidezähne gelegt. Damit wird die Mundhöhle abgeschlossen. Die Sprengung dieses Verschlusses ergibt den T-Laut. Man veranlaßt nun den Schüler, bei gleichzeitiger Phonation des t die Zungenspitze an die Innenfläche der *unteren* Schneidezähne zu

---

[1] M. Führing und O. Lettmayer, Die Sprachfehler des Kindes und ihre Beseitigung, Wien, 1951, S. 25 – 27 und S. 35 – 38.
[2] M. Seeman, Sprachstörungen bei Kindern, Berlin – Jena, 1965, S. 142.
[3] Ebenda, S. 113.
[4] Franz Zelenka, Zur Gewinnung von S und Sch, in: Zeitschrift für Heilpädagogik, 3. Heft, 1937. – O. Lettmayer, Die Korrektur falscher Laute im Bereich der Vorderzunge durch Ableitung aus einem benachbarten richtigen Laut, in: Zeitschrift für Heilpädagogik, 3. Heft, 1937. – Festschrift zum 25jährigen Bestand der Heilkurse und Sonderklassen für sprachgestörte Kinder in Wien, Wien, 1947, S. 20 – 33.
[5] E. Froeschels, in: „Eos", Zeitschrift für Heilpädagogik, Sonderheft Sprachheilkunde, Wien, 1926.

*Die Sigmatismen* 35

legen. Dadurch entsteht ein t, das mit einem Reibelaut verbunden ist – ein z-artiges t. Dabei wird der Spiegel zu Hilfe genommen und der Schüler angewiesen, zunächst einmal mit leicht geöffnetem Mund zu üben, damit er die Zungenstellung kontrollieren kann (siehe S. 18, Fußnote!).
Nach dem Schließen der Zahnreihen entwickelt sich sofort ein richtig klingendes z. Wenn das nicht der Fall ist, helfe man nach, indem man das t einige Male sehr rasch hintereinander sprechen („klonisieren") läßt. Bei schwächer werdender Zungenbewegung geht nun dieses abgeschwächte t in ein z über. Auf die gleiche Weise läßt sich der Übergang vom z zum s bewerkstelligen, indem man das neugewonnene z, wenn es genügend verankert ist, durch Klonisieren mit gleichzeitiger Abschwächung der Zungenbewegungen in ein s abgleiten läßt.

Die Ch-S-Methode

Wie aus den Ausführungen im vorigen Kapitel (Stammeln: Die Laute des dritten Artikulationsgebietes) hervorgeht, besteht zwischen dem „dorsalen s" und dem vorderen ch eine gewisse Ähnlichkeit in der Zungenlage. Gutzmann entwickelt das vordere ch aus dem dorsalen s durch Zurückschieben der Zunge. Thomann geht den umgekehrten Weg. Bei fehlendem S-Laut läßt er den Schüler ein gepreßtes vorderes ch sprechen (etwa: jch, jch, jch) und veranlaßt das Kind, die Zunge zunächst bei offenem Mund gegen die untere Schneidezahnreihe vorzuschieben. Bei vorsichtigem und langsamem Kieferschluß entsteht, wenn die obengenannte Silbe weitergesprochen wird, aus dem vorderen ch ein s[1].

Entwicklung des s aus dem Pfeifen

Herbert Weinert hat bereits auf das „Pfeifen in den mittleren bis höheren Tonlagen" als Ausgangspunkt für die Entwicklung des S-Lautes hingewiesen. Franz Maschka hat diese Methode genauer beschrieben. Man kann das s – und, wie wir später sehen werden, auch das sch – auch aus der Pfeifstellung der Zunge leicht entwickeln.
„Das Kind muß zunächst ganz gewöhnlich pfeifen. Vorher bekommt es die Anweisung, *Lage* und *Form* der Zunge genau zu beobachten. Die Kinder sind bei dieser Beobachtung sehr treffsicher, und sie erfassen fast immer die charakteristische U- und V-Form der Zunge[2]."
Wir fordern das Kind zunächst auf, die Zunge in der Pfeifstellung liegenzulassen. Dann werden die Zahnreihen leicht geöffnet und die Lippen langsam breitgezogen. Das Kind soll nun in dieser Mundstellung durch die Zähne pfeifen. „Läßt man aus dieser Stellung die Zahn-

---

[1] O. Thomann, Die Pathologie und Therapie der Sigmatismen.
[2] Franz Maschka, Eine lohnende Möglichkeit der Ableitung des S- und Sch-Lautes: Entwicklung aus dem Pfeifen, in: Mitteilungen der Arbeitsgemeinschaft der Sprachheilpädagogen in Österreich, 4. Folge, April 1959.

reihen einander fast bis zur Berührung nähern, wird aus dem Pfeifen ein Zischen. Dieser Zischlaut ist identisch mit einem sauberen, konzentrierten S-Laut, dem keinerlei dumpfe oder gepreßte Beiklänge anhaften[1]." Bei allen Methoden, mit Ausnahme der T-Z-Methode, kann sowohl ein dorsales als auch ein apikales s gewonnen werden. Dasselbe gilt für die Methode der Entwicklung des s aus dem Pfeifen.

„Läßt man während des Pfeifens durch die Zähne die Zunge etwas zurückziehen und mit den Lippen den charakteristischen Sch-Rüssel bilden, dann erhalten wir in manchen Fällen ebenso mühelos ein sch. Dieses kann, je nach der Zungenlage, wieder ein apikales oder dorsales sch sein[1]."

### Eine besondere Methode, die zu einem apikalen s führt

Helene Fernau-Horn bevorzugt grundsätzlich die Entwicklung des apikalen s und gibt dazu folgende Anleitungen: Zunächst wird der Patient zu einer völlig ruhigen und spannungslosen Haltung der Mundpartie veranlaßt. „Der Unterkiefer ist ein wenig gesenkt, sodaß die Zahnreihen im Abstand von etwa Kleinfingerstärke voneinander stehen." Nun soll der Patient langsam ein e sprechen und dabei beobachten, wie seine Zunge liegt. „Sie hat sich ein wenig gehoben, sodaß die Seitenränder an den Innenkanten der oberen Backenzähne anliegen. Der Vorderzungenrand — von einer Zungenspitze kann man bei dieser Zungenlage eigentlich nicht mehr reden — schwebt frei hinter den oberen Schneidezähnen. Diese ruhige Breitlage der Zunge gilt es, den Patienten eindrücklich bewußt zu machen." Dann folgen Übungen mit den Dentallauten d und t, und zwar in der Form von Silben, z. B. „ede, ete, idi, iti". Diese Silben werden anfangs langsam, später immer schneller geübt. Zur Zungengymnastik läßt H. Fernau-Horn außerdem Übungen im Falten der Zunge machen. „Das Falten in der Längsrichtung soll die Rillenbildung in sagittaler Richtung erleichtern, das Falten in der Querrichtung, also das Rückwärtsschlagen der Zungenspitze, soll die Federungskraft der Vorderzunge erhöhen."

Anschließend geht H. Fernau-Horn zur Bildung der Zischlaute über, beginnt aber nicht mit dem s, sondern mit dem z. Sie sagt: „Ich lasse nun das z wie zufällig finden; gelingt es nicht gleich mit der Anweisung des stark überhauchten th, so hilft die Anweisung, zugleich mit dem t über die Zunge zu blasen, als hätte man einen Krümel auf der Zungenspitze... Sobald das z sauber klingt, lasse ich es in Silbengruppen üben, zuerst im Inlaut, dann im Auslaut, dann im Anlaut, erst mit den palatalen Vokalen e und i, dann mit allen übrigen Vokalen... Selten macht es dem Patienten dann noch Schwierigkeiten, vom z zum scharfen s zu kommen... statt izizi wird izissi vorge-

---

[1] Franz Maschka, s. Anm. S. 34.

sprochen und meist augenblicklich nachgesprochen, da ja das s nur eine Wiederholung des z in seinem zweiten Abschnitt ist[1]."

### Die I-S-Methode

Schließlich ist auch die Ableitung von einem i aus möglich, da beim i die Lippenstellung der beim s gleich und die Zungenstellung der beim s ähnlich ist. Man läßt das i ohne Stimme sprechen und sorgt dafür, daß der Luftstrom um ein geringes verstärkt wird. Dabei wird die Zungenspitze gesenkt und die Zunge ein wenig vorgeschoben. Es ist nicht notwendig, die Zähne von Anfang an hermetisch schließen zu lassen. Vielmehr sollen die Zahnreihen im Verlauf der Übungen einander genähert und erst am Ende behutsam geschlossen werden. Rascher kommt man zum Ziel, wenn das stimmlose i „angehaucht" wird, d. h., wenn unter den gleichen Voraussetzungen vor dem stimmlosen i ein h gesprochen wird. (Aus einem Referat von Pauline Rakowetz, 1957[2].)
Trojan und Weihs[3] lassen vor dem i ein a sprechen, wobei die Zunge beim a lang und schmal herausgestreckt wird. Beim nachfolgenden i wird nun die Zunge breit in den Mund zurückgezogen. Das vorgespannte a erleichtert das Breitziehen der Zunge beim i und damit die Entwicklung des s. — Es handelt sich dabei um eine Variante der I-S-Methode.

### c) Der weitere Gang der Behandlung

An den Anfang der Behandlung stellen wir die dem einzelnen Fall jeweils angepaßte Methode der Ableitung des falschen Lautes aus einem benachbarten richtigen Laut. Neuere Versuche, auf einem kürzeren Weg zum Ziel zu gelangen, haben uns nicht überzeugt. Mit der wissenschaftlichen Begründung ist ja zugleich auch der eindeutige Vorteil dieser Methode erwiesen (siehe III: „Die Behandlung des Stammelns", S. 14). Nun folgen wir dem bewährten pädagogischen Grundsatz: Vom Leichten zum Schweren — vom Wort zum Satz und zur freien Rede.
An die Entwicklung des isolierten Lautes (1) schließt die Bildung von Silben- und Wortreihen an (2). Nach dem Vor- und Nachsprechen kurzer Sätze werden von den Kindern selbständig Sätze konstruiert. Bei Schulkindern wird auch das Lesen mit besonderer Beachtung des neugewonnenen Lautes geübt (3). Wir wenden uns dann dem Nacherzählen kurzer Geschichten zu, schließlich leiten Frage und Antwort

---

[1] Helene Fernau-Horn, Behandlung des Lispelns, in: Die medizinische Welt, 7. Jg., Nr. 22, Berlin, 1933.
[2] Siehe Führing-Lettmayer, Die Sprachfehler des Kindes, 2. Aufl., 1958, S. 27.
[3] F. Trojan und H. Weihs, Die Polarität der sprach- und stimmheilkundlichen Behandlung, in: Die Sprachheilarbeit, 1964, S. 178.

zur freien Konversation über (4). Diesen Weg der Behandlung bezeichnen wir mit dem Ausdruck „Vier-Stufen-Training", wobei wir betonen, daß der Übergang von einer Stufe zur anderen ohne scharfe Grenzen erfolgen soll.

Manchen Kindern fällt gerade die vierte und letzte Stufe der Behandlung besonders schwer. Die freie Konversation mit den bereits automatisierten oder noch nicht ganz automatisierten S- und Sch-Lauten erweist sich häufig als schwer zu überwindendes Hindernis. Diesem Umstand hat Frau Dr. Kramer Rechnung getragen, indem sie eine ganze Reihe von Übungen einschaltet, die den Übergang in die Spontansprache erleichtern sollen.

Zunächst bilden die Kinder zusammengesetzte Wörter und Wörter mit Vor- und Nachsilben, später setzen sie Hauptwörter von der Einzahl in die Mehrzahl, Zeitwörter von der Gegenwart in die Vergangenheit usw. Schließlich werden Sätze erweitert, Sätze in verschiedene Zeiten gesetzt, Befehlssätze konstruiert u. dgl. m. Dazu werden auch die entsprechenden Beispiele und Richtungsformen angegeben[1].

Ferner sind Bildreihen und Bildgeschichten[2] als Ausgangspunkt für Erzählungen und Gespräche sehr geeignet, das Interesse der Kinder zu erwecken. Abschließend sorgen Sprüche, Reime und kurze Geschichten für die Festigung des Erfolgs.

Die Struktur des Vier-Stufen-Trainings soll aber in jeder Form der Behandlung erkennbar sein, sowohl in der Einzelbehandlung als auch im Gruppen- und Klassenunterricht.

d) Gruppentherapie

Die Behandlung in der Gruppe soll überall dort angestrebt werden, wo es möglich ist. Sie ist zeitsparend und fördert die Arbeitslust der Kinder durch den Vergleich der Leistungen. Wo kein echter Gruppenunterricht durchgeführt werden kann, sollte wenigstens ein Verfahren angewendet werden, bei dem ein Kind unter der unmittelbaren Aufsicht des Therapeuten übt, während die übrigen Kinder unter der auditiven Kontrolle des Lehrers oder der Lehrerin stehen (nach Gertrude Böck). Dieses Verfahren setzt allerdings voraus, daß das Therapiezimmer genügend groß ist, damit die übenden Kinder einander nicht stören.

Wenn nicht in aufgelockerter, sondern in geschlossener Gruppe geübt wird, ist die Verwendung eines Therapiespiegels mit mehreren Seitenflächen, in der Art, wie ihn Hannes Aschenbrenner[3] konstruiert hat, sehr zu empfehlen.

---

[1] J. Kramer, Der Sigmatismus, Solothurn, 1967, S. 181–200.
[2] Siehe „Arbeitsbehelfe", Seite 155.
[3] H. Aschenbrenner, Der Gruppentherapiespiegel, in: Die Sprachheilarbeit, 1966/3, S. 231.

Für diesen Spiegel wurde die Form eines schiefen, achteckigen Pyramidenstumpfes gewählt. Vor ihm kann mit 8 Kindern gleichzeitig gearbeitet werden. Um die verschiedenen Körpergrößen bzw. Sitzhöhen auszugleichen, wurden die Spiegel verschieden stark geneigt. Diese Neigung ermöglicht auch, daß die verschieden großen Kinder auf normalen Sitzgelegenheiten gleich weit um den Tisch sitzen können. Weiters wurde mit dieser Form das Gerät sehr handlich. Der Spiegel ist stabil und trotzdem leicht zerleg- und transportierbar.
Weiters befindet sich auf jedem Spiegel eine Plastikschiene zur Aufnahme von kartoniertem Übungsmaterial (z. B. Worttabellen) für den Fall, daß der Laut isoliert schon gekonnt und der Spiegel als solcher nicht mehr gebraucht wird.
Aschenbrenner verwendet den „Gruppentherapiespiegel" im Rahmen der sogenannten *physiologischen Methode*. Zunächst werden alle Kinder, die einen S-, Sch- oder R-Fehler haben, in Gruppen bis zu acht Teilnehmern zusammengefaßt. Die Grundübungen werden gemeinsam vor dem achtseitigen Gruppentherapiespiegel durchgeführt.

e) Die physiologische Methode zur Behandlung der Sigmatismen [1]

Für die Gewinnung der Laute s und sch – und, wie wir später hören werden, auch des Zungenspitzen-R – ist die „Zungenquerlage" die wichtigste Voraussetzung. Bei der Zungenquerlage liegt die Zunge derart breit zwischen den beiden seitlichen Zahnreihen, „daß ihr vorderer Rand eine fast gerade Verbindung zwischen den linken und rechten Prämolaren quer durch die Mundhöhle bildet". Um das kinästhetische Empfinden für die breite Lage der Zunge hervorzurufen und zu festigen, „werden die zwischen die Prämolaren gedrückten Zungenseitenränder unter ‚Kaudruck' genommen", d. h., sie werden mit gelinden Bewegungen des Unterkiefers durch die beiderseitigen Prämolaren massiert. Wird diese Übung gut beherrscht und ist die Zunge imstande, in der Breitlage ruhig zu verharren, „wird der vordere mittlere Zungenrand, bei festgeklemmten Zungenseitenrändern, in einer Drehbewegung zwischen Gaumen und Mundboden gehoben und gesenkt". Diese Bewegung ist anfangs schwierig. Sie muß deshalb sorgfältig trainiert werden. Nun veranlaßt man den Schüler, durch den Mund aus- und einzuatmen.
Der S-Laut wird auf folgende Art und Weise entwickelt: „Der vordere mittlere Zungenanteil wird geringfügig gesenkt und damit die notwendige mediane Rinne geschaffen." Der Schüler hebt nun den Unterkiefer

---

[1] Hannes Aschenbrenner, Die Behandlung von Sigmatismus und Rhotazismus mit einer physiologischen Methode im Gruppenunterricht, Vortrag auf dem XIII. Kongreß der Internationalen Gesellschaft der Logopädie und Phoniatrie, 1965, in: „De therapia vocis et loquelae", A 48, S. 209.

bis zum richtigen Beißkantenabstand und zieht die Lippen in die Breite. „In dieser Situation wird leicht angeblasen," und damit wird auch das richtige s erreicht.
Beim sch ist der Vorgang ähnlich wie beim s, d. h., die Anfangsübungen sind sogar gleich. Es wird wieder von der Zungenquerlage ausgegangen. „Der mittlere vordere Zungenanteil wird stark gesenkt. Der individuell richtige Beißkantenabstand wird hergestellt, die Lippen werden rüsselartig vorgestülpt, und das sch wird geblasen."

### f) Die Gewinnung des Z-, des X- und des stimmhaften S-Lautes

Wenn der richtige S-Laut erzielt worden ist und der Schüler das s leicht und mühelos beherrscht, werden sofort Übungen mit z und x angeschlossen. Der Übergang vom reinen s zum z bzw. x ist leicht und wird durch einfache Aneinanderreihung gewonnen: $z = t + s$ und $x = k + s$. Man kann sofort mit Silben- und Wortübungen beginnen.
Hat man von den Lauten der S-Gruppe zuerst das z gewonnen, so wird der reine S-Laut durch Trennung herausgearbeitet.
Bei manchen Kindern macht die *Gewinnung des stimmhaften* s Schwierigkeiten. Liebmann[1] meint, man soll bei den Übungen das stimmhafte s unvermerkt einfließen lassen, indem man nach Wörtern mit stimmlosem s solche mit stimmhaftem s nachfolgen läßt, z. B.: wissen – Wiese, reißen – Reise. Die Stimme tritt dann von selbst hinzu. Gutzmann[2] zieht den Tastsinn heran, indem er den Patienten veranlaßt, den Zeigefinger an den Kehlkopf zu legen und den Stimmeintritt abzufühlen. Froeschels[3] verweist auf die Parallele des Unterschieds zwischen dem f und dem w einerseits und dem stimmlosen und dem stimmhaften s anderseits. Stein[4] läßt zuerst ein stimmloses s phonieren und unter Beibehaltung dieser Artikulationsstellung eine einfache Melodie singen bzw. summen.

### g) Vorbereitende Übungen

Wenn auch in den meisten Fällen die Schüler imstande sind, die neugewonnenen Laute sofort oder nach kurzer Zeit richtig zu sprechen, so gibt es doch auch Kinder, deren Mundorgane so ungeübt sind, daß es nötig ist, Vorübungen zu machen. Diese erstrecken sich der Hauptsache nach auf Lippen- und Zungenübungen. Übungen, die geeignet

---

[1] A. Liebmann, Vorlesungen über Sprachstörungen, 8. Heft.
[2] H. Gutzmann, Sprachheilkunde, Berlin, 1924, S. 554.
[3] E. Froeschels, Lehrbuch der Sprachheilkunde, Leipzig und Wien, 1931, S. 330.
[4] L. Stein, Sprach- und Stimmstörungen und ihre Behandlung in der täglichen Praxis, Wien, 1937, S. 89.

*Die Sigmatismen* 41

sind, die richtige Funktion des Gaumensegels vorzubereiten, werden in dem Kapitel über das Näseln gebracht.
Bei Ungeschicklichkeit der Lippen sind folgende Übungen zu empfehlen: 1. Aufeinanderpressen, 2. Spitzen der Lippen, 3. Einziehen der Lippen, 4. die Oberlippe über die Unterlippe legen und umgekehrt, 5. rüsselartiges Vorstülpen, 6. Breitziehen der Lippen.
Viel öfter als bei den Lippen zeigt sich, daß die Zunge des Kindes ungeschickt ist und selbst die einfachste Bewegung nicht auf Wunsch ausführen kann. Bei solchen Kindern seien folgende Zungenübungen empfohlen: 1. die Zunge herausstrecken, nach oben, nach unten, nach den Seiten hin bewegen (die Nase, das Kinn, die Mundwinkel erreichen wollen). 2. Bei geschlossenen Lippen und geöffneten Kiefern die Wange mit der Zungenspitze herausdrücken. 3. Bei weit geöffnetem Mund die Zungenspitze an die oberen Schneidezähne oder an den harten Gaumen legen. 4. Die Zunge bei geöffnetem Mund ruhig und flach liegen lassen. 5. Bei gesenkter Zungenspitze den Zungenrücken aufwölben und nach vorne drängen. 6. Eine Übung, die mit „Zungenschnellen" bezeichnet werden kann: bei offenem Mund und ruhiggestelltem Unterkiefer wird die Zungenspitze an die Innenfläche der unteren Schneidezähne angelegt. Dabei wird der Zungenrücken rasch auf- und abbewegt. 7. Man veranlaßt den Schüler, bei geöffneten Zahnreihen die seitlichen Zungenränder zu heben und beiderseits an die vorderen oberen Mahlzähne zu legen. Da dies meist nicht sofort gelingt, empfiehlt Thomann, einen Gummipflock zwischen die obere und die untere Schneidezahnreihe zu schieben. Dadurch bekommt die Zungenspitze anfangs eine Stütze. Sie wird später in den Zungenkörper zurückgezogen. Die Zunge gewinnt dadurch die gewünschte Breitlage.
8. Bei geöffneten Zahnreihen werden die Zungenränder seitlich „aufgeklappt", sodaß in der Mitte der Zunge eine tiefe Rinne entsteht. Gleichzeitig wird die Zunge entlang der Oberlippe nach vorne und nach außen geschoben, verharrt in dieser Lage und wird dann in breiter Form in den Mund zurückgezogen. (Bei ungeschickten Kindern Hilfe durch die Hand des Lehrers. Papierserviette verwenden! Thomann[1].)
Es muß daran erinnert werden, daß diese Übungen leichter und besser gelingen, wenn sie vor dem Spiegel ausgeführt werden.

h) Hörübungen

Bei manchen Kindern scheint die Hörschärfe für die Zischlaute herabgesetzt zu sein, obwohl man von eigentlicher Schwerhörigkeit nicht sprechen kann. Diese Kinder verfügen über ein hinreichendes Gehör,

---

[1] O. Thomann, Die Pathologie und Therapie der Sigmatismen (Referat in der Sonderschulkonferenz 1934).

sie können aber den Unterschied zwischen einem richtigen und einem falschen s nicht klar und sicher erfassen. Es ist zweckmäßig, bei solchen Kindern Hörübungen zu machen, und zwar so, daß man das Kind mit dem Rücken zum Lehrer in verschiedener Entfernung sich aufstellen läßt und Wörter mit s, z oder x vorspricht. Dabei verwendet man richtige und falsche Zischlaute in bunter Folge durcheinander und veranlaßt das Kind, sich nach jedem Wort zu äußern, ob das darin enthaltene s, z oder x richtig oder falsch war. So kann man die Aufmerksamkeit der Kinder auf die Zischlaute lenken und das Gehör für diese Laute schärfen [1].

Sollte sich ein Verdacht auf Schwerhörigkeit ergeben, ist eine genaue Hörprüfung durch den Facharzt zu veranlassen. Bei den S-Fehlern erstreckt sich nämlich die verminderte Hörfähigkeit häufig auf den oberen Formantenbereich, und die obertonreichen S-Laute werden oft nur mangelhaft oder überhaupt nicht wahrgenommen. Durch Überprüfung mit einem Hörgerät kann die verminderte Hörfähigkeit mit ihren Grenzen genau festgestellt werden.

i) Feinkorrektur (Hilfen zur Schärfung des S-Lautes)

Es kann vorkommen, daß der schon gewonnene S-Laut bei anscheinend richtiger Zungenlage noch der notwendigen Schärfe entbehrt. Sie kann durch verschiedene Mittel erreicht werden, die wir unter dem Begriff „Feinkorrektur" zusammenfassen wollen. Dabei handelt es sich aber keineswegs um selbständige Methoden, sondern nur um kleine Kunstgriffe, die weitere Verbesserungen im Klang des neugewonnenen S-Lautes erzielen sollen, wenn im Zuge der Lautgewinnung nicht die volle Klangrichtigkeit erreicht wurde. Man hüte sich aber, ein zu scharfes s zu erzeugen (Sigm. stridens). In den meisten Fällen wird es gar nicht notwendig sein, diese ergänzenden Hilfsmittel zu benützen, aber bei ungeschickten und nervösen Kindern wird man sie oft gut gebrauchen können.

Folgende Hilfen werden empfohlen: 1. Ist die Zunge zu steif oder ist sie zu stark an die Zähne gepreßt, dann bewirkt ein Hin- und Herbewegen der Zungenspitze innerhalb des Bogens der unteren Zahnreihe eine Auflockerung des Zungmuskels. 2. Ist der Luftstrom nicht ganz in der Mitte, dann empfiehlt sich die Verwendung eines Glasrohres oder Strohhalmes. Das Kind legt das Glasrohr oder den Strohhalm an die Mitte der Unterlippe und bläst ein „s" hinein. Damit wird der Luftstrom in die Mitte des Mundes gelenkt. 3. Zur Schärfung des S-Lautes kann vorübergehend auch eine Sonde heran-

---

[1] Vorausgesetzt wird, daß der Lehrer imstande ist, die wichtigsten und am häufigsten vorkommenden Sprachfehler nachzuahmen, eine Fähigkeit, die er im Laufe seiner Tätigkeit bald und leicht erwirbt.

## Die Sigmatismen

gezogen werden, mit deren Hilfe eine Vertiefung der medianen Rinne bewirkt werden kann. 4. Um das Lagegefühl für die Zunge zu steigern, veranlaßt man den Schüler, die Luft durch die geschlossenen Zähne einzusaugen und auszublasen. Dadurch, daß die kalte Luft beim Einsaugen über die Zunge streicht, verstärkt sich beim Kind das Gefühl für die Lage der Zunge. Diesen Eindruck kann man dadurch noch vertiefen, daß man vorher die Zunge des Kindes mit einer Menthollösung bepinselt oder sie mit einem Pfefferminzbonbon bestreicht. 5. Eine der Ursachen des nicht genügend scharfen Klanges beim S-Laut ist die zu hohe Lage der Zunge. In diesem Fall veranlaßt man das Kind, die Zungenspitze an der Innenfläche der Schneidezähne so tief zu senken, bis sie an den Mundboden anstößt (kann nur bei einem dorsalen s angewendet werden). 6. Bei krampfhaftem Verschluß der Kiefer kann man eine Lockerung des Unterkiefers dadurch erzielen, daß man dem Kind die Anweisung gibt, „das s vorsichtig zu beißen". 7. Das Breitziehen der Lippen (Lachstellung) zieht eine Schärfung des S-Lautes nach sich. 8. Auch ein dem s vorausgehendes k oder g schärft den S-Laut (ks bzw. gs). 9. Folgender Vorgang dient ebenfalls der Schärfung des S-Lautes: Man veranlaßt das Kind, im Verlauf der Übungen die Zunge etwas anzufeuchten, sodaß sich in der Mitte des Zungenblattes Speicheltröpfchen ansammeln. Durch das Aufsammeln der Speicheltröpfchen, die aber durch das Zahngehege zurückgehalten werden (also nicht ausfließen dürfen), entsteht auf natürlichste Weise jene Rinne in der Mitte der Zunge, die für die richtige Aussprache des s unbedingt notwendig ist. Der Erfolg stellt sich sofort ein, d. h., ein in Entwicklung begriffenes s wird durch diese Maßnahme geschärft. In vielen Fällen kann gleichzeitig mit dem s das z entwickelt werden. Manchmal sind die neugewonnenen Zischlaute jedoch zu scharf. Sie müssen dann durch die Verminderung des Atemdruckes erst richtig reguliert werden. 10. Auf die Wirkung der Flüstersprache sei nochmals hingewiesen (Peschl, S. 16).
In diesem Zusammenhang sei nachdrücklich darauf aufmerksam gemacht, daß man bei der Korrektur des s (dasselbe gilt auch vom sch) immer einen natürlichen Kieferschluß anstreben soll. Das von manchen Autoren propagierte Aufeinandersetzen der Beißkanten der Schneidezähne ist zu vermeiden. Man erreicht die natürliche Stellung der beiden Kiefer zueinander am besten durch Kauübungen, indem man dem Schüler sagt: „Du hast ein Stück Brot oder ein Stück Apfel im Mund, und das kaust du!" Dabei bewegt das Kind den Unterkiefer in völlig ungezwungener Weise, wie es dies beim Essen gewohnt ist. Beim Zusammenbeißen hält man die Stellung fest, indem man dem Schüler im Spiegel die richtige Lage zeigt. Es ist aber zu beachten, daß beim s (dasselbe gilt auch für das sch) die beiden Zahnreihen nicht fest aufeinandersitzen, sondern einander nur genähert sind.

## 5. Fehlerhafte Zahnstellungen als Ursache von Sigmatismen

Den bisherigen Ausführungen ist zu entnehmen, daß in den weitaus meisten Fällen von S-Stammeln die fehlerhafte Aussprache des S-Lautes in einer falschen Lage bzw. in einer falschen Funktion der Zunge begründet ist. Es ist aber nicht von der Hand zu weisen, daß auch Abnormitäten in der Zahnstellung oder das Fehlen einzelner Zähne zur Ursache einer falschen Bildung des S-Lautes werden können. Die Zahnstellungsanomalien werden aber, wenn es sich nicht um ganz besonders schwere Abweichungen von der Regel handelt, ihren schädlichen Einfluß nur auf die Dental- (Zahn-) Laute erstrecken und unter diesen, da t und d auch unter schwierigen Verhältnissen geformt werden können, nur auf die sogenannten Zischlaute, nämlich s, z, x und sch. Vorweggenommen sei, daß die fehlerhafte Zahnstellung

Abb. 5   Progenie         Abb. 6   Prognathie bzw. Retrogenie

nicht unbedingt eine falsche Bildung des S-Lautes zur Folge haben muß. Im Gegenteil, wir können immer wieder feststellen, daß selbst bei größeren Abweichungen von der Norm noch richtige Zischlaute hervorgebracht werden können.

Vom regelrechten Gebiß erwarten wir, daß beim Schließen der Kiefer die Mahlzähne beiderseits aufeinandersitzen, während die Schneidezähne des Oberkiefers die des Unterkiefers um ein geringes überdecken.

Im folgenden sollen die wichtigsten Abweichungen von der regelrechten Stellung der beiden Frontzahnreihen zueinander aufgezeigt werden: Stehen die unteren Schneidezähne beim Schließen der Kiefer *vor* den oberen, so spricht man von einer Progenie[1] (Abb. 5). — Ragt beim

---

[1] pro (lat.) = vor, geneios (gr.) = Kinn.

*Die Sigmatismen* 

Schließen der Kiefer die obere Frontzahnreihe zu weit vor oder liegt die untere zu weit zurück, sodaß zwischen ihnen beim Schließen kein Kontakt in *horizontaler* Richtung möglich ist, so nennt man diesen Zustand *Prognathie* oder *Retrogenie*[1] (Abb. 6).
Wenn aber beim Schließen der Kiefer in *vertikaler* Richtung kein Kontakt zwischen den beiden Frontzahnreihen zu erzielen ist, sondern eine Lücke bleibt, dann haben wir einen *offenen Biß* vor uns (Abb. 7).

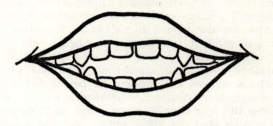

Abb. 7    Offener Biß

Werden die Schneidezahnreihen stärker als normal übereinandergeschoben, sodaß beim Schließen die untere von der oberen ganz oder fast ganz überdeckt wird, so sprechen wir von einem *Deckbiß*. — Ein sogenannter *Kreuzbiß* entsteht, wenn nur ein Teil der oberen Schneidezahnreihe außerhalb, der andere aber innerhalb der unteren Schneidezahnreihe zu stehen kommt.
Wenn wir uns erinnern, daß zur richtigen Aussprache des s zwei Bedingungen notwendig sind, nämlich 1. die Bildung einer zarten Rinne in der Zungenmitte, durch welche die Luft abfließt, und 2. die Reibung dieses Luftstromes an den Kanten der unteren Schneidezähne, so ist die Frage, welche Zahnstellungsanomalien dazu führen, daß ein s nicht richtig ausgesprochen werden kann, leicht zu beantworten[2].
In erster Linie ist es der offene Biß, der Schwierigkeiten bereiten kann, weil in diesem Fall durch die Unmöglichkeit, die Frontzahnreihen zu schließen, ja sie überhaupt einander zu nähern, der konzentrierte Luftstrom auch bei richtiger Bildung der Zungenrinne zerfließen muß, bevor er auf die Kante der unteren Schneidezahnreihe auftrifft. Der offene Biß stört aber nur in jenen Fällen, wo er ein erhebliches Ausmaß erreicht. Aus der Erfahrung wissen wir, daß er bei geringer Öffnung die Bildung des richtigen s nicht hindert. Wenn aber der Abstand zwischen den Zahnkanten über 3 bis 4 mm hinausgeht, verliert das s seine charakteristische Schärfe.

---

[1] retro (lat.) = zurück, gnathos (gr.) = Kiefer.
[2] O. Lettmayer, Die Abnormitäten in der Zahnstellung und ihre Bedeutung für das richtige S, in: Deutsche Zahn-, Mund- und Kieferheilkunde, Bd. 4, 1937.

Manchmal sieht man Leute, denen eine deutliche Prognathie bzw. Retrogenie eigen ist, die aber trotzdem ein richtiges s sprechen, obwohl man es nicht erwarten würde. Allerdings können diese Menschen das richtige s nur erzielen, wenn sie die unteren Schneidezähne in den Bereich des konzentrierten Luftstromes bringen. Hier gibt es zwei Möglichkeiten: entweder wird der Unterkiefer jedesmal bei der Aussprache des s so weit vorgeschoben, daß sich die untere Schneidezahnreihe der oberen in horizontaler Richtung nähert, oder der Unterkiefer muß so weit gehoben werden, daß die untere Schneidezahnreihe bis an die Alveolen der oberen herankommt. Irgendwo muß der gewünschte Engpaß gebildet werden, sonst entsteht kein richtiger Laut. Bei manchen dieser Leute ist aber beides nicht möglich. Die relativ langen Mahlzähne verhindern sowohl die eine wie die andere Bewegung. In einem solchen Fall weisen die beiden Schneidezahnreihen stets einen waagrechten Abstand voneinander auf. Es entsteht auch eine Art offener Biß, der allerdings von vorne nicht deutlich zu sehen ist. Wenn man sich aber die Mühe nimmt und von schräg unten her das Gebiß betrachtet, dann sieht man zwischen den beiden Zahnreihen einen ähnlichen Abstand wie bei einem offenen Biß.

Beim progenen Biß übergreifen die unteren Schneidezähne die oberen. Die Kanten der unteren Schneidezähne kommen beim Schließen der Kiefer höher zu liegen als die Austrittsstelle der Luft beim Bilden des s. Die oberen Schneidezähne schieben sich sozusagen zwischen den Ausgang der S-Rinne und die Kanten der unteren Schneidezähne. Die Bildung des richtigen s ist in diesem Fall nur möglich, wenn der Betreffende den Unterkiefer so weit senkt, daß die Kanten der unteren Schneidezähne auf die gleiche Höhe mit dem Ausgang der S-Rinne gebracht werden. Bei einem größeren waagrechten Abstand der beiden Zahnreihen läßt sich kein einwandfreies s erzielen[1].

J. Kramer hat in ihrem Buch „Der Sigmatismus[2]" den Ursachen – man könnte sagen, den tieferen Ursachen der Sigmatismen – ein umfangreiches Kapitel gewidmet. Hier sei nur eine Übersicht über die dort angeführten Ursachen gegeben: Schwerhörigkeit, schwache Differenzierungsfähigkeit für Sprachklänge, organische Störungen im Nasen-Rachen-Raum, an Zunge und Lippen, hirnorganische Störungen, Kiefer- und Zahnstellungsanomalien (diese besonders ausführlich), kongenitale Sprachschwäche, Vererbung, schwaches kinästhetisches Empfinden, psychische Labilität und Regression, Geistesschwäche.

---

[1] In der Studie (Broschüre) „Gebißanomalien und Sprechfehler" von Johannes Wulff, unter Mitarbeit von E. Hausser, G. Lieb und G. Mühlhausen, München – Basel, 1946, werden die Zusammenhänge zwischen dem pädagogischen und dem ärztlichen Fachgebiet sowie die logopädischen Maßnahmen, die in diesem Zusammenhang in Betracht kommen, eingehend erörtert.
[2] J. Kramer, Der Sigmatismus, Solothurn, 1967, S. 50 – 84.

*Die Sigmatismen*

## B. DER SCH-LAUT

### 1. Die Bildung des richtigen Sch-Lautes

Die Bildung des Sch-Lautes gleicht in vieler Beziehung der des S-Lautes. Beide Laute erfordern eine Enge zwischen den Alveolen der oberen Schneidezähne und dem vorderen Teil der Zunge, und bei beiden ist noch der Anprall der konzentrierten Luft auf die Kanten der Schneidezähne notwendig. Der wesentliche Unterschied bei der Bildung des s und des sch ist durch den verschieden großen Abstand zwischen dem vordersten Teil der Zunge und den Kanten der unteren Schneidezähne gegeben. Beim s trifft der konzentrierte Luftstrom sofort nach dem Verlassen der Zungenrinne auf die Zahnkanten und passiert diese in einem dünnen Strahl. Beim sch jedoch zieht sich die Zunge ins Innere des Mundes zurück. Dadurch wird zwischen dem vorderen Zungensaum und dem Zahngehege ein Hohlraum geschaffen. Die vom vorderen Zungensaum kommende Luft muß durch diesen Hohlraum[1] strömen, ehe sie auf die Innenfläche der Schneidezähne stößt. Es entsteht das volle und starke Geräusch des sch zum Unterschied von dem dünnen und scharfen Geräusch, das dem s eigentümlich ist.

Ein weiterer Unterschied zwischen dem S- und dem Sch-Laut besteht darin, daß beim s die Lippen breitgezogen und dadurch die Zähne freigegeben werden (Lachstellung). Dagegen werden beim sch die Lippen rüsselartig vorgestülpt, und es entsteht außerhalb des Zahngeheges bei der Erzeugung des sch ein zweiter Hohlraum, der allerdings nach außen offen ist. Das Vorstülpen der Lippen unterstreicht das volle Geräusch des Sch-Lautes und gibt diesem die endgültige Gestalt. Auch das sch kann (ähnlich wie das s) sowohl mit apikaler als auch mit dorsaler Lage der Zunge gesprochen werden, ohne daß ein Unterschied im Klang bemerkbar wäre. Von den meisten Menschen wird aber das apikale sch (sch mit freischwebender Zungenspitze) gebildet.

### 2. Die fehlerhaften Formen des Sch-Lautes

Beim sch gibt es im wesentlichen nur drei Arten der fehlerhaften Bildung: 1. das *interdentale* sch[2], das in ähnlicher Weise wie das interdentale s gebildet wird, 2. das *laterale* sch, das wie das s links oder rechts seitwärts oder auch bilateral gesprochen werden kann, und 3. das *nasale* sch, das ebenso gesprochen wird und ähnlich klingt wie

---

[1] Dieser Hohlraum wird von Jespersen Kesselraum genannt, weil er sich kesselartig zwischen der Zunge einerseits und dem Zahngehege anderseits ausdehnt. O. Jespersen, Lehrbuch der Phonetik, 5. Aufl., Leipzig und Berlin, 1932, S. 46.
[2] Sch bei interdentaler Lage der Zunge, klingt aber eher s-artig.

das nasale s. Dazu kommen noch jene Bildungen, bei denen das sch durch ein richtiges s, ein richtiges t (d) oder durch ein ch ersetzt wird *(Parasigmatismen)*, z. B. in: „Sule" (Schule), „Tuster" (Schuster), „Tich" (Tisch).
Das mit richtiger Zungenlage gebildete sch kann etwas zu dünn, ja sogar pfeifend klingen, wenn die Zunge zu weit nach vorne geschoben wird; es klingt hohl und dumpf, wenn man die Zunge zu weit in den Mundraum zurückzieht. Der richtige Klang des sch ist weder in dem einen noch in dem anderen Extrem zu suchen. Man muß sich bemühen, durch Hörübungen und gleichzeitige Korrektur der Zungenlage den richtigen Klang des Sch-Lautes zu erzielen.
Daß von einer Person das sch *und* das s interdental oder beide lateral bzw. nasal gesprochen werden, ist bei der nahen Verwandtschaft dieser Laute nicht verwunderlich. Verhältnismäßig häufig kommt aber auch die Kombination von interdentalem s und lateralem sch vor.

## 3. Untersuchungsmethoden

Bezüglich der Untersuchungsmethoden beim sch sei auf das entsprechende Kapitel bei den S-Lauten verwiesen. Zunächst werden wir die fehlerhafte Bildung des Sch-Lautes durch unser Gehörorgan wahrnehmen. Der ganze Verlauf des Luftaustrittes kann auch hier am besten unter Zuhilfenahme eines Hörschlauches festgestellt werden. Durch die Perkussionsmethode (den Klopfversuch) von Führing-Wurst ist es uns möglich, die Austrittsseite und die Austrittsstelle der Luft aus dem Mund zu erkennen. „Läßt man ein s oder ein sch durch längere Zeit sprechen und klopft indessen oft und schnell die Wange, wobei man trachtet, den Spalt zwischen dem horizontalen Unterkieferast und dem Oberkiefer entlang bis zum Mundwinkel fortzuschreiten, so trifft man schließlich die Stelle, an der Luft in die Wange austritt. Diese Stelle macht sich dadurch kenntlich, daß der S- oder Sch-Laut entsprechend der Anzahl der Klopfschläge unterbrochen oder abgeschwächt wird[1]."
Beim Verdacht, daß das sch genäselt wird, machen wir die Spiegelprobe (siehe S. 31!).

## 4. Passive Methoden zur Korrektur des Sch-Lautes

Bei der Korrektur des Sch-Lautes emfiehlt Gutzmann die Anwendung einer Sonde: „Fassen wir die Zungenspitze mittels eines kleinen, an einem Stiel befestigten Ringes und schieben wir sie, während das s langanhaltend gezischt wird, nach hinten, so entsteht an Stelle des S-Geräusches das deutliche Sch-Geräusch[2]." Dabei muß der Schüler

---

[1] Führing und Wurst, Ein Beitrag zur Diagnose des Sigmatismus lateralis.
[2] H. Gutzmann, Sprachheilkunde, Berlin, 1924, S. 35, siehe auch S. 553!

*Die Sigmatismen*

die Lippen vorschieben, um den richtigen, vollen Klang des sch zu erzielen.
Liebmann[1] drückt bei der Erzeugung des sch die Wangenhaut des Kindes an die Mahlzähne und stülpt gleichzeitig die Lippen des Kindes rüsselartig vor. Er läßt zugleich scharf blasen und erwartet, daß die Zunge dabei instinktiv zurückgezogen wird, um der Ausatmungsluft den Durchgang zu erleichtern.

## 5. Die Ableitungsmethoden

Es gibt mehrere Ableitungsmethoden, die zum richtigen sch führen. Wie bei der Korrektur des s, so springt auch beim sch der Vorteil der Ableitungsmethoden gegenüber den passiven Verfahren sofort ins Auge. Man bedenke, daß jeder Eingriff von außen, sei es durch Sonde, sei es durch Druck, von den Kindern als unangenehm empfunden wird. Außerdem läßt sich durch die Mitarbeit des Schülers rascher und leichter ein Erfolg erzielen als bei einer rein passiven Haltung des Kindes.
Wir können das sch aus verschiedenen Lauten des zweiten Artikulationsgebietes ableiten, ja wir verfügen sogar über mehr Entwicklungsmöglichkeiten als beim s.
Wenn bei einem falschen sch der S- oder Z-Laut richtig gesprochen wird, ist es naheliegend, daß man das fehlende oder falsch gesprochene sch aus dem s bzw. z entwickelt.

### Die S-Sch-Methode

Gutzmann gewinnt das sch aus der Zungenstellung des S-Lautes unter Zuhilfenahme einer Ringsonde. Man biegt ein Stück Nickelindraht an dem einen Ende zu einem kleinen Ring und den übrigen Draht im rechten Winkel zur Kreisebene des Ringes. „Dieses kleine Instrument wird mit dem Ring hinter beide Zahnreihen gebracht, in dem Ringe die Zungenspitze gefaßt und nach hinten geschoben[2]." Dadurch entsteht der obenerwähnte Hohlraum (Kesselraum), und aus dem s wird ein sch. Gleichzeitig werden die Lippen des Kindes mit Daumen und Zeigefinger rüsselartig vorgestülpt.

### Die Z-Sch-Methode

Man kann auch das z zum Ausgangspunkt für den richtigen Sch-Laut nehmen. „Man läßt einige Male ein ‚Z' phonieren und hebt mit einem Spatel dabei leicht die Zunge so weit, daß ein richtiges ‚Tsch' entsteht. Wichtig ist dabei, daß der Schüler nur immer an die richtige ‚Z'-Bildung denkt. Übungen mit Wörtern, wie ‚ritsch, ratsch, platsch,

---
[1] A. Liebmann, Vorlesungen über Sprachstörungen, 8. Heft.
[2] H. Gutzmann, Sprachheilkunde, Berlin, 1924, S. 553.

hutsch, knutsch' usw., bilden dann den Übergang zum reinen „Sch' und seinen Konsonantenverbindungen Scht, Schl, Schp usw.[1]." Diese Methode ähnelt der vorhergehenden insofern, als auch hier die Zungenspitze gehoben und zurückgeschoben wird.

### Vom T-Laut zum sch

Das Heben und Zurückschieben der Zungenspitze kann man vermeiden, und man erspart sich den Gebrauch von Spatel und Sonde, wenn man von einem Laut ausgeht, der von vornherein mit gehobener Zungenspitze gesprochen wird. Wenn man von einem t ausgeht, das nicht zu weit vorne an den Zähnen artikuliert wird, kommt man bald an die Zungenlage des sch heran. Nur dürfen wir dieses t nicht scharf und markant sprechen lassen, sondern zart und womöglich behaucht. Wir lassen mehrere zart gesprochene T-Laute in rascher Folge aneinanderreihen, etwa so: „tttt". Wenn wir dabei die Lippen des Schülers rüsselartig vorstülpen, erreichen wir sofort eine Klangänderung in: „tsch, tsch, tsch". Die Trennung von „tsch" in „t-sch" ist leicht und ergibt ein verwendbares sch[2].

### Vom Zungenspitzen-R zum sch

Wenn ein Kind das Zungenspitzen-R beherrscht, ist die Gewinnung des Sch-Lautes noch leichter als mit der T-Sch-Methode. Sch und r haben fast die gleiche Zungenlage, daher können diese beiden Laute sogar gleichzeitig phoniert werden, was beim tschechischen r (ř) tatsächlich der Fall ist.

Wir gehen also von einem gerollten Zungenspitzen-R aus und veranlassen den Schüler, dieses r immer schwächer und schwächer zu rollen, bis es in einen stumpfen, fast s-artigen Laut übergeht. Dabei muß das Kind immer an den R-Laut denken, damit die Lage der Zunge unverändert bleibt. Nun wird derselbe Laut ohne Stimme geübt. Beherrscht der Schüler diesen „stimmlosen R-Laut ohne Rollen" einwandfrei, dann braucht er nur noch die Lippen vorzustülpen, und das richtige sch ist erreicht[3].

### Vom vorderen ch zum sch

Aus den bisherigen Ausführungen ergab sich, daß man praktisch aus jedem Laut des zweiten Artikulationsgebietes ein sch ableiten kann.

---

[1] F. Zelenka, Zur Gewinnung von S und Sch, in: Zeitschrift für Heilpädagogik, 3. Heft, 1937.
[2] O. Lettmayer, Die Ableitungsmethoden bei der Behandlung des Stammelns im Bereich der zweiten Artikulationszone. Festschrift zum 25jährigen Bestand der Heilkurse und Sonderklassen für sprachgestörte Kinder in Wien, 1947.
[3] O. Lettmayer, Die Korrektur falscher Laute, in: Zeitschrift für Heilpädagogik, 3. Heft, 1937.

Nun soll ein Verfahren beschrieben werden, das einen Laut der dritten Artikulationszone zum Ausgangspunkt nimmt, nämlich das vordere ch[1]. Man veranlaßt den Schüler, zunächst bei offenem Mund ein vorderes ch ($ch_1$) zu sprechen. Dann versuchen wir, die Silben „ich-ich-ich" womöglich mit gepreßtem i zu sprechen, damit die Zunge möglichst weit nach vorne gleitet. Nach dem „stimmhaften ich" wird nach kurzer Zeit auf die stimmlose Silbe „ich" umgeschaltet. Daraufhin erreichen wir bei gleichzeitigem Kieferschluß und dem rüsselartigen Vorstülpen der Lippen mühelos ein sch.

Eine Variante dieser Methode: Man läßt auf das stimmlose „ich" ein ebensolches „öch" folgen, weil durch das Einschalten des Ö-Lautes das rüsselartige Vorstülpen der Lippen sich von selbst ergibt[2].

## 6. Abschließende Bemerkungen

Auch bei der Entwicklung des Sch-Lautes wird sich manchmal die Notwendigkeit ergeben, vorbereitende Übungen und Hörübungen mit dem Kind durchzuführen. Für diese Fälle sei die sinngemäße Anwendung der bezüglichen Kapitel über die Gewinnung des S-Lautes empfohlen. Die Feinkorrektur beim sch beschränkt sich im wesentlichen darauf, den richtigen Abstand der Zunge von den Schneidezähnen zu erzielen. Wie beim S-Laut, so ist auch bei der Entwicklung des sch darauf zu achten, daß der Schüler seinen natürlichen Kieferschluß beibehält. Es ist zu vermeiden, daß der Unterkiefer mehr als notwendig vorgeschoben wird.

# VI. DER RHOTAZISMUS[3]

## 1. Die Bildung des richtigen R-Lautes

Das r kann nach Gutzmann[4] an fünf Artikulationsstellen gesprochen werden: 1. mit beiden Lippen als Lippen-R, auch Kinder-R genannt (Brummlippchen der Kinder); 2. mit Hilfe der Zungenspitze als Zungenspitzen-R (dentales oder alveolares r); 3. am Zungenrücken, und

---

[1] O. Thomann, Die Pathologie und Therapie der Sigmatismen (Referat in der Sonderschullehrerkonferenz 1934).
[2] Hans Neundlinger, Eine Ergänzung zu den Ableitungsmethoden: Vom Ch zum Sch, in: Mitteilungen der Arbeitsgemeinschaft der Sprachheilpädagogen in Österreich, Heft 5, 1959.
[3] Rho = griechische Buchstabenbezeichnung für das r.
[4] H. Gutzmann, Sprachheilkunde, Berlin, 1924, S. 38.

zwar: a) mit dem weichen Gaumen, indem der durchtretende Luftstrom die beiden Weichteile zum Vibrieren bringt (r velare)[1], b) indem sich das Zäpfchen am hinteren Teil der Zunge in eine Rinne legt und dort schnellende Bewegungen macht (r uvulare)[2]; 4. zwischen dem Zungengrund und der Rachengegend, wie in den semitischen Sprachen (r pharyngeale)[3]; 5. durch einen knarrenden Laut im Kehlkopf, so wie das r in manchen plattdeutschen oder auch in englischen Wörtern (r laryngeale)[4].
Praktisch sind nur zwei Arten des R-Lautes für uns von Bedeutung: das Zungenspitzen-R und das Gaumen- bzw. Zäpfchen-R.

a) Das Zungenspitzen-R

Beim Zungenspitzen-R nimmt der Zungenkörper eine breite Lage ein. Dabei legen sich die Zungenränder beiderseits an die Mahlzähne und nehmen eine gewisse Festigkeit an. Dagegen bleibt der Mittelteil der Zunge, namentlich aber der vordere Zungensaum elastisch und beweglich. Das r entsteht dann infolge des rasch aufeinanderfolgenden Schließens und Öffnens des Artikulationsrohres mit Hilfe der vibrierenden Zungenspitze, die aber, wie Gutzmann[5] betont, nicht eine vollkommene Schließung, sondern nur eine Dämpfung ausführen darf. „Die Zungenspitze ist entweder gegen oder hinter die oberen Schneidezähne oder auch nach dem harten Gaumen zu gehoben und schwingt in der ausströmenden Luft, ... Die Zungenspitze strebt nach der Anlegungsstelle für d, wird aber immer wieder abgeschnellt. Das dabei entstehende Zittern des vorderen Zungensaumes ist das wichtigste Moment bei der Bildung dieses r[6]."
Der Luftstrom muß nicht übermäßig stark sein, nur zum Erlernen ist ein verstärkter Luftstrom zu empfehlen. Nicht vergessen darf die Stimmgebung werden. Sie verleiht dem r den vollen und kräftigen Klang. Zu erwähnen wäre noch, daß die Lippen dabei leicht geöffnet sind. Das Gaumensegel ist gehoben und schließt den Nasenrachenraum ab.

b) Das Gaumen-(Zäpfchen-)R

Beim Gaumen- bzw. Zäpfchen-R übernimmt der Saum des weichen Gaumens oder das Zäpfchen, die Uvula, die Rolle der Vibration. Vom

---

[1] *v*elum (lat.) = Segel, hier: Gaumensegel.
[2] *u*vula (lat.) = Zäpfchen.
[3] p*h*arynx (gr.) = Schlund, Rachen.
[4] l*a*rynx (gr.) = Kehlkopf.
[5] H. Gutzmann, Sprachheilkunde, Berlin, 1924, S. 38.
[6] H. Weinert, Die Bekämpfung von Sprechfehlern, Berlin, 1966, S. 97.

Zäpfchen-R unterscheidet sich das Gaumen-R dadurch, daß bei diesem die R-Schwingungen auch vom weichen Gaumen ausgeführt werden. Dieser Unterschied hat aber kaum eine praktische Bedeutung. Die gegenüberliegende Artikulationsstelle ist im Gegensatz zum Zungenspitzen-R an der Unterseite des Ansatzrohres und wird vom hinteren Teil des Zungenrückens gebildet.

## 2. Die fehlerhaften Formen des R-Lautes

Da die Bildung des R-Lautes ziemlich schwierig ist, sind fehlerhafte Formen sehr häufig. Oft wird das Zungenspitzen-R zu wenig oder gar nicht gerollt, und manchmal kommt es vor, daß das r ohne Stimme gebildet wird. Beim Gaumen-R kommen wieder häufig Vermengungen mit den Ch-Lauten vor, oder es wird anstatt des Gaumen-R überhaupt nur eine Art ch gesprochen.

Die Beurteilung des R-Lautes ist nicht immer leicht, da es in den verschiedenen Sprachen und Mundarten eine Vielfalt von Aussprachenformen für diesen Laut gibt. Schon innerhalb des deutschen Sprachgebietes wird der R-Laut sehr verschieden ausgesprochen. Am häufigsten ist wohl das Zungenspitzen-R, in vielen Gebieten spricht man aber das Zäpfchen-R, und in manchen Gebieten wird der R-Laut sogar einer Art Vokalisation unterzogen, z. B. mir — „mia", Bier — „Bia" u. a. m.

Schließlich hängt die Aussprache des R-Lautes noch von individuellen Verschiedenheiten ab.

In der französischen Sprache herrscht das Gaumen-R vor, und im Englischen wird bekanntlich das r ungerollt gesprochen. Es ist eine Eigentümlichkeit der tschechischen Sprache, daß sie ein r aufweist, das fast gleichzeitig mit einem sch gesprochen wird; dieser Laut wird mit dem Buchstaben ř gekennzeichnet.

Bei den Kindern wird das r häufig durch einen anderen Laut ersetzt. Namentlich das l und das w, aber auch das j und das ch dienen dem Kleinkind als Ersatz für den richtigen R-Laut (Pararhotazismen). Man kann aber mitunter auch ganz absonderliche Ersatzlaute für das r antreffen: statt r — „ng" oder „zr" (Fournié)[1] oder „n" oder „d" (Nadoleczny)[2]. Arnold hat in der Abhandlung „Über seltene Rhotazismen"[3]

---

[1] Erwähnt in: H. Gutzmann, Sprachheilkunde, Berlin, 1924, S. 560.
[2] M. Nadoleczny, Lehrbuch der Sprach- und Stimmstörungen, Leipzig, 1926, S. 62.
[3] G. E. Arnold, Über seltene Rhotazismen, in: Archiv für Sprach- und Stimmphysiologie, Bd. 5, 1941.

eine ganze Reihe von außergewöhnlichen Fehlbildungen des R-Lautes beschrieben.

## 3. Die Behandlung des Rhotazismus

Wo es möglich ist, werden wir die Erwerbung des Zungenspitzen-R anstreben. Es ist nicht schwer zu erlernen, wenn man Geduld hat und wenn man die richtige Methode anwendet. Nur dort, wo wir auf unüberwindliche Schwierigkeiten stoßen, werden wir uns mit dem Zäpfchen-R begnügen.

Fehlt die Fähigkeit, das Zungenspitzen-R zu erlernen, soll man dafür Sorge tragen, daß sich dem Zäpfchen-R kein Reibegeräusch beigesellt und daß es nicht durch allzu starkes Rollen (Schnarren) auffällig wird. Wenn das uvulare r rein artikuliert wird, ist es im Klang vom Zungenspitzen-R nicht so sehr verschieden, daß es besonders auffallen würde. Immerhin ist es ein Ersatzlaut, der, wie man weiß, einen stimmschädigenden Einfluß hat. „Das Zäpfchen-R übt einen schädlichen Einfluß auf die Sing- und Sprechstimme aus, ist also schon deshalb bei Sängern und Sprechern zu verwerfen" (Stein)[1]. „Seit dem 17. Jahrhundert hat sich neben dem alten deutschen Zungen-R das Zäpfchen-R [R] immer weiter verbreitet, sodaß heute beide Formen in der Hochsprache als gleichberechtigt angesehen werden müssen. Doch ist die Zungenspitzenform des r vorzuziehen, weil sie die Bildung der Vokale nach vorne verlegt, und darum stimmhygienisch den Vorzug verdient" (Siebs)[2]. Vor allen andern sollen Schauspieler, Sänger, Redner, Prediger und Lehrer das Zungen-R beherrschen.

### a) Die Erlernung des Zungenspitzen-R

Das Wesentliche beim Zungenspitzen-R ist die Vibration. Diese kommt zustande, indem der tönende Luftstrom schnell vorübergehend gedämpft wird. „Diese vorübergehende Dämpfung, nicht etwa Unterbrechung des tönenden Luftstromes, kann einmal oder mehreremal geschehen; es genügt aber völlig, daß sie einmal geschieht, um den Charakter des R-Lautes zu erzeugen[3]."

Das Ziel ist, diese Vibration der Zungenspitze hervorzurufen. Froeschels geht entweder vom Lippen-R aus, oder er wendet die elektrische Massage des Mundbodens an[4]. Auch Nadoleczny meint, daß die elek-

---

[1] L. Stein, Sprach- und Stimmstörungen und ihre Behandlung in der täglichen Praxis, Wien, 1937, S. 95.
[2] Siebs, Deutsche Hochsprache, Bühnenaussprache, herausgegeben von Helmut de Boor und Paul Diels, Berlin, 1957, S. 61.
[3] H. Gutzmann, Sprachheilkunde, Berlin, 1924, S. 38.
[4] E. Froeschels, Lehrbuch der Sprachheilkunde, Leipzig, 1926, S. 335.

trische Vibrationsmassage des Mundbodens die Bildung des r erleichtert[1]. Stein will sie aber erst anwenden, wenn der Patient durch das aktive Verfahren den Weg zur Artikulation des Zungenspitzen-R gefunden hat.

Als Vorbereitung für die eigentliche Therapie soll man Übungen mit der Zunge vornehmen lassen[2].

Man kann als Vorübung zum Zungenspitzen-R mit der Erlernung eines Lippen-R beginnen. Während der Lippenvibration läßt man den Schüler die Zungenspitze zwischen die Lippen schieben und zurückziehen; dabei wird die Zungenspitze weiterschwingen. Auch Zunge und Oberlippe allein können diese Übung ausführen. Man kommt rascher ans Ziel, wenn man zuerst tonlos üben läßt.

Eine der einfachsten Methoden besteht darin, daß man den Schüler veranlaßt, die Zungenspitze entspannt gegen den harten Gaumen aufwärts zu heben, wobei dieser nur leicht berührt werden darf. Nach tiefem Einatmen durch die Nase kann die Zungenspitze durch einen kurzen und kräftigen Atemstoß zum Rollen gebracht werden.

Man dachte schon frühzeitig daran, den R-Laut aus einem geeigneten benachbarten Laut abzuleiten. Die Lage der Zungenspitze weist auf die Verschlußlaute der zweiten Artikulationszone hin, und da das r mit Stimme gebildet wird, steht es dem d am nächsten.

Gutzmann erklärt die D-Stellung als den besten Angriffspunkt für die Erzielung des richtigen r. Er läßt „vorher einen recht starken Hauch machen, durch den gleichsam halb aktiv, halb passiv der D-Verschluß gelöst wird. Dann kommt ein Geräusch zustande, welches dem r ähnelt"[3]. Statt des starken Hauches kann man auch einen stimmlosen Verschlußlaut, der stark behaucht wird, vorhergehen lassen, etwa in der Art: „thda, thda, thda" usw. Der hier mit dem Buchstaben „d" bezeichnete Laut hört sich dann aber nicht mehr wie ein d an, sondern ist schon einem r ähnlich.

Stein, der ebenfalls vom d ausgeht, findet — im Gegensatz zu Gutzmann —, daß bei stimmhafter Artikulation die nötige Elastizität der Zunge eher zu erreichen ist, da sich bei den mit Stimme gebildeten Lauten die Zungenmuskeln viel weniger spannen als bei den gehauchten. Er ist gegen das Einschieben eines h und empfiehlt zunächst Vorübungen, die ein einwandfreies, stimmhaftes d erzeugen sollen. Viele Leute sprechen nach Stein einen t-ähnlichen, zu wenig stimmhaften Laut an Stelle des d. Dann erst läßt er Silbenübungen mit vorangestelltem d machen, z. B. deda, dede, dedi, dedo, dedu. Dabei liegt die

---

[1] M. Nadoleczny, Lehrbuch der Sprach- und Stimmstörungen, Leipzig und Wien, 1931, S. 62.
[2] Eine ganze Reihe von Anweisungen dazu gibt H. Weinert in seinem Buch: Die Bekämpfung von Sprechfehlern, Berlin, 1966, S. 97—99.
[3] H. Gutzmann, Sprachheilkunde, Berlin, 1924, S. 560.

Betonung auf der zweiten Silbe. Er erreicht so die Silben ra, re, ri, ro, ru usw.[1].

Auch B. van Dantzig entwickelt das Zungenspitzen-R aus dem D-Laut, weil er „das Orale, die Stimmhaftigkeit, und in hohem Maße auch die Artikulationsweise mit dem r gemein hat". Voraussetzungen dazu sind: „Gehobene Stellung der Zungenspitze, große Spannung in der Hinterzunge, starker Atemdruck und die Intention, die Zungenspitze in die gewünschten Schwingungen (Rollen) zu versetzen. Nur dadurch entstehen die Luftverdichtungen und Luftverdünnungen, die das gerollte r akustisch bedingen. Dabei ist aber folgendes zu beachten: man soll das d ganz flüchtig artikulieren. Das wird erreicht, indem man sich so einstellt, *als ob* man ein d sagen wollte, da in diesem Falle kaum ein vollständiger Verschluß gemacht wird[2]."

Man soll sich nicht bemühen — so führt B. van Dantzig weiter aus —, den R-Laut isoliert zu erzeugen, sondern er soll sofort mit einem Mitlaut oder mit zwei Vokalen verbunden werden. Am besten ist es, wenn man gleich mit dem Silbensprechen beginnt, und zwar mit den drei stimmlosen Verschlußlauten, z. B. „kdaa, kdee; pdaa, pdee; tdaa, tdee" usw. Dabei ist aber zu beachten, daß dieses d nur ganz flüchtig gesprochen wird. Dann geht man gleich zum Wortsprechen über. Damit wird das r sofort in die Sprache des Schülers eingebaut, und es kommt nicht zu dem stark rollenden r, das oft eine Folge der anderen Methoden ist.

Nun soll ein Verfahren beschrieben werden, das — von einem „ungerollten" r ausgehend — verhältnismäßig leicht zu einem richtigen Zungenspitzen-R führt[3]. Man läßt mit erhobener Zungenspitze ein stimmhaftes d, sozusagen als Reibelaut, bilden. Dieses ist ähnlich dem englischen r, nur wird es weiter vorne gebildet. Um dem Kind das Lagegefühl der Zunge bewußt zu machen, läßt man es mit diesem d als Reibelaut kleine Melodien summen. Nach genügender Vorübung geht man zum Silben- und Wortsprechen über, wobei anfangs anstatt des gerollten dieses ungerollte r zu verwenden ist. Damit wird das r sofort in die Sprache eingebaut, und aus dem ungerollten (gesummten) r entwickelt sich im Verlauf der Übungen das gerollte.

Führing läßt bei geöffnetem Mund den vorderen Zungensaum so an die oberen Schneidezähne legen, daß jeder Luftaustritt aus dem Mund unmöglich ist. Bei fester Ausatmung kommt es daher zu einer ungewöhnlichen Luftstauung. Nun wird der Zeigefinger dem vorderen Zun-

---

[1] L. Stein, Sprach- und Stimmstörungen und ihre Behandlung in der täglichen Praxis, Wien, 1937, S. 96 und 97.
[2] B. van Dantzig, Zur Frage des Zungenspitzen-R, in: Mitteilungen über Sprach- und Stimmheilkunde (Aus dem logopädischen Ambulatorium der Universitätsklinik für Ohren-, Nasen- und Kehlkopfkrankheiten in Wien), 1935.
[3] O. Lettmayer, Die Ableitungsmethoden..., Wien, 1947.

genrand entgegengestemmt und dann plötzlich zurückgezogen. Durch die Gewalt des Luftstromes wird die Zungenspitze gegen den Alveolarwulst geschleudert und vibriert[1].
Man kann das r auch von einem t oder z ableiten. „Bei möglichst weit geöffnetem Munde und lockerer, hochgehobener Zunge wird ein addentales t oder z gebildet und der Luftstrom plötzlich kräftig verstärkt."
Diese Übung wird zuerst stimmlos, dann mit Stimme ausgeführt. Ist das neugewonnene r noch mit einem S-Klang behaftet, so kann es durch Zurückziehen der Zunge leicht davon befreit werden[2].
Die Bestrebungen, das r auch in schwierigen Fällen und bei großer Ungeschicklichkeit des Schülers zu erreichen, wurden nie ganz aufgegeben, sondern mit wechselndem Geschick von verschiedenen Autoren immer wieder aufgegriffen. So hat Thomann, wie bereits erwähnt, durch Vorübungen, die sich im wesentlichen auf das Breitziehen des Zungenkörpers erstreckten, die Entwicklung des R-Lautes gewissenhaft vorbereitet[3]. Auch in dem Buch von Herbert Weinert finden wir Anweisungen zur Übung der Zungenmuskulatur[4].
Diese Vorübungen zur Erlernung des Zungenspitzen-R hat Hannes Aschenbrenner in ein straffes System gebracht. Über eine Reihe wohldurchdachter Zungenübungen wird dem Schüler der Weg zum richtigen r geebnet[5]. Aschenbrenner nennt seine Methode eine „physiologische Methode", weil die Gestaltung des für den gewünschten Laut spezifischen Ansatzraumes und der Aufbau des Lautes nach physiologischen Grundsätzen vor sich geht.
„Der Lehrgang gliedert sich in drei Abteilungen, und zwar: I. Vorübungen, II. Hauptübungen und III. Einüben des erlernten Lautes."
„Die *Vorübungen* haben den Zweck, die für die Erlernung wichtigen Muskeln besonders zu trainieren." Der weitere Verlauf der Übungen ist folgender: 1. Trennung der Kieferbewegung von der Zungenbewegung. 2. Zungenbewegung bei ruhig gestelltem Unterkiefer. 3. Hochstellen der Zungenseitenränder und Kauen. „Bei leicht geöffneten Kiefern werden die Seitenteile der Zunge steil hochgestellt, ähnlich dem Zuklappen eines Buches. Die Zunge wird in dieser Formation weit aus der Mundhöhle herausgestreckt und wieder zurückgezogen." Später „werden die hochgestellten Seitenränder der Zunge unter Kaudruck genommen"[6]. Lippenbrummen, Lippenbrummen mit Zunge, Lippenbrummen mit Zunge und Oberlippe.

---

[1] M. Führing, Vorlesungen am Pädagogischen Institut der Stadt Wien über Sprach- und Stimmstörungen.
[2] O. Thomann, Referat in einer Konferenz, 1933.
[3] Ebenda.
[4] H. Weinert, Die Bekämpfung von Sprechfehlern, Berlin, 1966, S. 97 und 98.
[5] H. Aschenbrenner, Ein neuer Weg zur Erlernung des Zungenspitzen-R, in: Heilpädagogik, 5. Heft, 1964.
[6] Ebenda.

Es folgen nun die *Hauptübungen*: 1. Breitziehen der Zunge: „Die herausgestreckte Zunge wird langsam in die Mundhöhle zurückgezogen und gleichzeitig breitgezogen, und zwar derart, daß die Zungenseitenränder zwischen die Molaren zu liegen kommen." 2. Breitziehen und Kauen. „Die Zungenseitenränder, die zwischen den Molaren liegen, werden unter mäßigen Kaudruck genommen." 3. Zungenbreitlage – Mundatmung. 4. Zungenbreitlage – Heben und Senken des vorderen Zungenrandes. 5. Wie bei 4., aber mit Mundatmung.
*Das Einüben des erlernten Lautes:* „Die Hauptübungen werden in der Reihenfolge, wie sie gelehrt wurden, durchgeführt. Die Zunge wird in die Breitlage gebracht, die Zungenseitenränder zwischen die Backenzähne geklemmt, der vordere Zungenrand hochgedrückt und ein luftdichter Mundabschluß hergestellt. Es wird durch die Nase kräftig eingeatmet und ein konzentrierter Luftstrahl gegen den vorderen Zungenrand gerichtet. Das Ergebnis ist ein stimmloses, schwingendes Zungenspitzen-R. Der Weg zum stimmhaften Zungenspitzen-R ist einfach. Ist dieses erreicht, wird erst in Silben, dann in Wörtern und Sätzen und schließlich in der Spontansprache der Laut eingeübt[1]." Da die Vorübungen eine geraume Zeit beanspruchen, ist Aschenbrenner dazu übergegangen, den R-Laut vorwiegend im Gruppenunterricht zu entwikkeln. „Schulkinder werden in Gruppen bis zu etwa 10 Kindern zusammengefaßt. Praktisch ist es, die Kinder aus einer Klasse oder aus Parallelklassen zu nehmen. Alle Übungen werden gemeinsam gemacht. Hat ein Kind ein stimmhaftes Zungenspitzen-R erreicht, scheidet es so lange aus der Arbeitsgruppe aus, bis alle Kinder der Gruppe den Laut isoliert beherrschen. Dann wird gemeinsam die Einübung des Lautes in der Spontansprache vorgenommen[2]". Diese Methode wurde unter der Leitung des Verfassers von der Landesbildstelle Wien-Burgenland verfilmt. Der Farbfilm ist für Unterrichtszwecke entlehnbar.
Völlig im Gegensatz zu der eben beschriebenen „physiologischen Methode" steht die sogenannte ganzheitliche Methode.
Die ganzheitliche Methode wird am nachhaltigsten von Johannes Wulff vertreten und von ihm auch am eingehendsten begründet[3]. Es gibt eine ganze Reihe zweckmäßiger Methoden, die bei Kleinkindern und Elementarschülern überraschend schnell zum Erfolg führen, und zwar einfach durch Schallnachahmung: brummen wie eine Fliege (wie ein „Brummer"), wie ein Bär (der natürlich auf r brummen muß), surren wie ein Flugzeug. Wulff beginnt in seiner „Sprechfibel[4]" mit diesen Vorübungen an Hand von Zeichnungen und setzt gleich mit Sprüchen

---

[1] Ebenda, S. 68–70.
[2] Ebenda, S. 68.
[3] J. Wulff, Die ganzheitliche Sicht in der Sprach- und Stimmbehandlung und deren sprach- und entwicklungspsychologische Grundlagen, in: Die Sprachheilarbeit, 1964, Heft 3 und 4, S. 209–214 und 243–249.
[4] J. Wulff, Sprechfibel, Ernst Reinhardt Verlag, München – Basel, S. 45–53.

und Gedichten fort. „Begleitende Gebärden, die sich zu den meisten Übungen anbieten, bei den Kinderreimen oft dazugehören, sollen dazu beitragen, das gesamtkörperliche, rhythmische Sprechen erleben zu lassen, weil es leichter und kindgemäßer ist[1]." Zu dieser Art von Übungen gehört auch das seit urdenklichen Zeiten angewandte „Räderrollen", kombiniert mit einer rotierenden Bewegung beider Unterarme und ergänzt entweder durch ein Lippen-R oder durch einen r-ähnlichen Laut, der dadurch erzeugt wird, daß die Zunge zwischen den Lippen mitschwingt.

Auch Weinert weist darauf hin, daß der Klang des r „an das Rattern des Glücksrades, an die elektrische Klingel, an den Flieger, an das Vibrieren von Papier in starkem Luftzug... erinnert...: Der Kutscher bringt seine Pferde mit brrrr... zum Stehen. Dieses r wird mit den Lippen gebildet und ist bei hörenden Stammlern oft schnell zu erzielen...[2]".

Mit der Beschreibung dieser beiden Methoden soll keine Wertung verbunden sein. Es ist aber von vornherein klar, daß die physiologische Methode sich vorwiegend für ältere Schüler eignet, während die ganzheitlichen Methoden sich besonders gut bei Kleinkindern und Schülern der unteren Volksschulklassen bewähren.

b) Die Entwicklung des Gaumen-(Zäpfchen-)R

Will man aus irgendeinem Grund ein uvulares r erzeugen, so läßt man den Schüler gurgeln, zuerst mit Wasser, dann ohne Gebrauch des Wassers. Auch aus dem velaren ch („ach") kann man ein Zäpfchen-R entwickeln, indem man das Schnarchgeräusch abbaut und durch das Rollen ersetzt. Grundsätzlich soll man aber immer erst versuchen, ein richtiges Zungenspitzen-R zu erzeugen; nur in Ausnahmefällen wird man sich mit einem Zäpfchen-R begnügen.

---

[1] Ebenda, Vorbemerkungen.
[2] H. Weinert, Die Bekämpfung von Sprechfehlern, Berlin, 1966, S. 98.

# NÄSELN

Durch Heben und Senken des weichen Gaumens (des Gaumensegels), der gleich einem sinnreich konstruierten Ventil wirkt, kann der Luftstrom aus der Luftröhre nach Belieben in die Mundhöhle oder in die Nasenhöhlen gelenkt werden (siehe Abbildungen 8 und 9!).

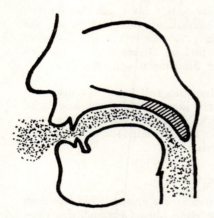 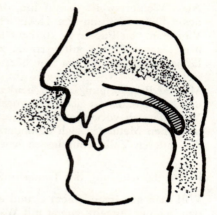

Abb. 8 Das Gaumensegel ist gehoben. (Die Luft strömt durch den Mund.)   Abb. 9 Das Gaumensegel ist gesenkt. (Die Luft strömt durch die Nase.)

Bei allen oralen (Mund-) Lauten der menschlichen Sprache ist das Gaumensegel (der weiche Gaumen) gehoben und verwehrt der ausströmenden Luft den Durchtritt durch die Nase. Umgekehrt ist es bei den Nasallauten m, n und ng. Bei der Aussprache dieser Laute wird das Gaumensegel gesenkt, um dem Luftstrom den Durchtritt durch die Nase freizugeben. Gleichzeitig wird das Mundrohr an irgendeiner Stelle abgeschlossen: beim m mit den Lippen, beim n mit dem vorderen Zungenrand und beim ng (Engel, Anker) mit der Hinterzunge und dem Gaumenrand.

Wenn nun der weiche Gaumen stets schlaff herabhängt, bekommen alle oralen Laute einen nasalen Beiklang; ist er aber immer gehoben, wird die Bildung der Nasallaute verhindert, oder sie werden zumindest verdumpft. Die erste Form des Näselns nennen wir *offenes Näseln* (Rhinolalia aperta) und die zweite *geschlossenes Näseln* (Rhinolalia clausa). Schließlich gibt es noch eine dritte Form des Näselns. Sie setzt sich aus den Elementen der beiden anderen Arten zusammen und wird folgerichtig *gemischtes Näseln* (Rhinolalia mixta) genannt.

# I. OFFENES NÄSELN

(Rhinolalia aperta, Hyperrhinolalie nach Froeschels, Rhinophonia aperta nach Seeman)

## 1. Die Arten des offenen Näselns

Man unterscheidet zwei Formen des offenen Näselns: die *organische* Form und die *funktionelle*.
Die erste Gruppe wird durch Defekte im harten und weichen Gaumen verursacht. Diese sind entweder angeboren oder erworben. Eine angeborene Gaumenspalte bezeichnet man als *Wolfsrachen*[1].
Wesentlich ungünstiger als die Defekte am harten Gaumen wirken sich Spalten im Bereich des weichen Gaumens für die Sprache aus. Bei geöffnetem Mund ist die Art und der Umfang der Spaltenbildung im Bereich des weichen Gaumens leicht zu überblicken. Spalten im weichen Gaumen setzen sich fast immer bis zum Zäpfchen (Uvula) fort. Manchmal ist dieses allein gespalten, oder es fehlt überhaupt. Erworbene Defekte am Gaumen können auf ein Trauma[2], Lues, Tuberkulose oder auf ein Karzinom[3] hinweisen.
Sehr oft tritt der Wolfsrachen in Verbindung mit Spaltbildungen im Bereich der Oberlippe auf. Man spricht dann von einer *„Hasenscharte"*. Diese wirkt sehr unschön und verunstaltet ihren Träger. Daher sind die Chirurgen bemüht, nicht nur die Gaumenspalte, sondern auch die Hasenscharte zu operieren. Während jedoch eine Gaumenspalte die Sprache weitgehend verändert, ist eine Hasenscharte für die richtige Bildung der Sprachlaute weniger von Bedeutung.
Am ungünstigsten wirkt sich eine durchgehende Spalte aus, welche die Oberlippe, den Oberkiefer, den harten und den weichen Gaumen betrifft (Lippen-Kiefer-Gaumen-Spalte). Aber auch diese kann erfolgreich operiert werden.
Es kann vorkommen, daß auch ein vollkommen intaktes Gaumensegel versagt. Wir sprechen dann von einer *Gaumensegelparese*[4]. Die Ursachen dieser Erscheinung können sein: Diphtherie, Enzephalitis[5], Bulbärparalyse[6]. Auch Nachlässigkeiten und Angewöhnung einer näselnden Sprache in der Kinderzeit (schlechtes Vorbild der Eltern) können zu mangelhafter Funktion des Gaumensegels führen. Außerdem gibt es

---

[1] G. Axhausen will die Bezeichnung „Wolfsrachen" nur auf die „vollkommene Lippen-Kiefer-Gaumen-Spalte" eingeschränkt wissen (Deutsche Zahn-, Mund- und Kieferheilkunde, Bd. 5, Heft 8, 1938).
[2] Trauma (gr.) = Verletzung.
[3] Karzinom (gr.-lat.) = Krebs.
[4] Parese (gr.) = unvollständige Lähmung.
[5] Enzephalitis (gr.) = Gehirnentzündung.
[6] Bulbärparalyse (lat.) = Lähmung im Bereich des verlängerten Marks.

eine angeborene Schwäche der Muskulatur des weichen Gaumens ohne weiter erkennbare Ursachen.

Sowohl bei der organischen als auch bei der funktionellen Form des offenen Näselns kommt es zu ausgedehnten Veränderungen des Vokalklanges. Sämtliche Vokale enthalten einen mehr oder weniger genäselten Beiklang: am wenigsten das a, weil bei der Bildung dieses Lautes der Mundkanal verhältnismäßig groß ist, am meisten das i und das u, weil dabei der Querschnitt des Mundkanals am kleinsten ist und der größte Teil des tönenden Luftstromes durch die Nase geleitet wird. O und e nehmen eine Mittelstellung ein: sie werden stärker genäselt als das a und weniger stark als die Laute i und u.

Aber auch die Konsonanten werden in Mitleidenschaft gezogen. Der verhältnismäßig enge Luftkanal, der zur Erzeugung der Reibelaute notwendig ist, bewirkt, daß die Hauptmasse der Luft hinter dem herabhängenden Gaumensegel durch den relativ breiteren Nasenweg entweicht. Das zur Erzeugung eines Konsonanten notwendige Reibegeräusch kommt deshalb nur sehr abgeschwächt oder gar nicht zustande. Bei den Explosivlauten ist die Wirkung zumeist noch ärger, weil das zur Erzeugung dieser Laute notwendige Verdichten der Luft vor der Sprengung des Verschlusses nicht möglich ist. Daher fehlen beim offenen Näseln fast immer einige Laute, oder sie werden zumindest unvollkommen oder schlecht gesprochen. Immerhin bleibt bei der funktionellen Form des offenen Näselns die Sprache noch verständlich, bei der organischen Form ist sie oft ganz unverständlich.

## 2. Zur Diagnose des offenen Näselns

Zur Diagnose des offenen Näselns kann man sich folgender Methoden bedienen:

a) Die *hygroskopische* Methode (Spiegelprobe von Czermak): Man hält einen kleinen Handspiegel unter die Nasenausgänge des Schülers und läßt ihn dabei Vokale sprechen. Bei den genäselten Vokalen beschlägt sich die kalte Spiegelfläche, da der austretende Luftstrom mit Feuchtigkeit gesättigt ist.

b) Die *akustische* Methode: Man läßt das Kind der Reihe nach alle Vokale langdauernd sprechen, drückt inzwischen mit Zeigefinger und Daumen die Nase in raschem Wechsel zu und läßt sie wieder frei. Bei richtiger Aussprache bleibt der Klang unverändert, weil der Luftstrom durch den Mund geleitet wird. Gelangt aber der tönende Luftstrom in den Nasenraum, so wird die näselnde Aussprache sofort hörbar. In diesem Fall wird der Unterschied bei i und u am größten sein. (Ähnlich wird die A-I-Probe Gutzmanns durchgeführt.)

c) Die *taktile* Methode: Wenn man bei der Aussprache der Vokale die Fingerbeeren des Zeigefingers und des Daumens an die Nasenflügel des Schülers (am Rande des Nasenknorpels) legt, so ist bei normaler Aussprache keinerlei Vibration, bei näselnder aber Vibration zu fühlen.

d) Auch mittels eines Wasser-Manometers kann man den Luftaustritt aus der Nase skalenmäßig feststellen.

## 3. Die operative und die prothetische Behandlung von Gaumenspalten

Wie im vorhergehenden Kapitel ausgeführt wurde, sind die Spalten entweder durchgängig, betreffen also den weichen Gaumen, den harten Gaumen, die Oberlippe und in manchen Fällen auch den Oberkiefer selbst, oder sie beschränken sich auf einzelne Teile, wie z. B. auf den weichen Gaumen oder die Oberlippe allein. Alle diese Spaltenbildungen können mit Erfolg operativ behandelt werden. Vom phonetischen Standpunkt aus interessiert uns vorzugsweise die Beschaffenheit des weichen Gaumens.

Im folgenden soll nur von der *Plastik des weichen Gaumens* (des Gaumensegels) gesprochen werden. Im wesentlichen unterscheiden wir zwei Methoden der operativen Deckung von Gaumenspalten. Erstens die Gaumenplastik von Veau[1], die von Rosenthal[2], Pichler und zuletzt von Trauner[3] weitergebildet wurde, und eine zweite Art der operativen Deckung, die auf Langenbeck zurückgeht und von Ernst[4] und Axhausen[5] wesentlich vervollkommnet wurde. Beide Methoden haben zum Ziel, durch Entlastungsschnitte, entweder im Bereich des harten Gaumens oder längs der Mahlzähne, das Gaumensegel lang und beweglich zu gestalten. Wenn der Abschluß des Nasenrachenraumes durch die obengenannten Methoden nicht erzielt werden kann, ist die operative Methode der *Velopharynxplastik*[6], d. h. das Annähen des weichen Gaumens an die hintere Rachenwand, zu empfehlen (Trauner).

Gaumenplastiken sollen im zartesten Kindesalter ausgeführt werden, weil die Gewebe noch frisch und erneuerungsfähig sind. Als die obere Altersgrenze für die Operation, um den optimalen Erfolg zu erreichen, wird das Ende des zweiten (Veau) bzw. das Ende des dritten Lebensjahres angegeben (Axhausen). Das soll nicht besagen, daß diese Operationen in einem späteren Lebensalter nicht mehr zum Erfolg führen, jedoch bestehen größere Schwierigkeiten.

---

[1] V. Veau, La fissure palatine, Paris, Masson, 1931.
[2] W. Rosenthal, Pathologie und Therapie der fötalen Gesichts- und Kieferspalten, in: Deutsche Kieferchirurgie, Bd. 2, Heft 3, 1935.
[3] R. Trauner, Zur Technik der Gaumenspaltenoperation, in: Bruns Beitrag zur klinischen Chirurgie, 1943.
[4] F. Ernst, Chirurgische und sprachliche Erfolgsmöglichkeiten der Nachoperation unzulänglicher oder mißglückter Gaumenplastiken, in: Deutsche Kieferchirurgie, Bd. 4, Heft 1, 1937.
[5] G. Axhausen, Über das sprachliche Ergebnis bei 300 Gaumenplastiken, in: Deutsche Kieferchirurgie, Bd. 9, Heft 1, 1942.
[6] Velum (lat.) = Gaumensegel, Pharynx (gr.) = Schlund, Rachen.

Für den Heilpädagogen ist das Ergebnis der Operation von wesentlichem Interesse. Wir wissen, daß nur ein genügend langes Gaumensegel zum gewünschten Erfolg führen kann. Nur ein langes und bewegliches Gaumensegel bietet die Gewähr, daß der Schüler die normale Lautsprache ohne besondere Mühe erlernt. Kurze Gaumensegel, die nicht bis an die Pharynxwand gehoben werden können, machen den nachfolgenden Sprechunterricht zur Qual, und ein vollkommener Erfolg – d. h. eine völlig normale Lautsprache – ist sehr fraglich.

Die Operation ist in den meisten Fällen der Anwendung eines sogenannten Obturators vorzuziehen. Ein *Obturator* besteht aus einem Gummipflock, der in die Gaumenspalte paßt. Er wird beiderseits an den Backenzähnen befestigt und kann jederzeit herausgenommen werden. Als Material werden Gummi oder Preßstoffe verwendet. Mit Hilfe des Obturators kann der Durchtritt der Luft durch die Nase vermindert und in günstigen Fällen eine bedeutende Besserung des Stimmklanges und der Artikulation erzielt werden. Für den Träger des Obturators bleibt dieser aber immer ein Fremdkörper.

Wir unterscheiden zwei Arten von Obturatoren: 1. das „künstliche Gaumensegel" und 2. den eigentlichen Obturator (mit starrer Konstruktion). Im ersten Fall wird mit einer Gaumenplatte, die beiderseits an den Backenzähnen befestigt ist, ein mit Scharnieren versehenes künstliches Gaumensegel (meist aus Weichgummi) verbunden. Die vorhandenen Gaumensegelstümpfe werden mitbenützt. Im zweiten Fall wird die Gaumenplatte durch einen Pflock gegen die hintere Rachenwand zu verlängert und den vorhandenen Raumverhältnissen angepaßt. Damit wird die abnorme Kommunikation zwischen Mund und Nase verschlossen. Beide Typen wurden im Laufe der Jahre und Jahrzehnte vielfach verbessert und verfeinert[1].

Nun soll noch auf eine dritte, besondere Art von Obturator hingewiesen werden, nämlich auf den Meat-Obturator von Froeschels-Schalit. Auch dieser besteht aus einer Gaumenplatte, die beiderseits an den Backenzähnen befestigt ist. Mit ihr steht ein Kautschukblock in Verbindung, der durch die Gaumenspalte hinaufreicht und die Nasengänge von hinten verschließt. Dieser Kautschukblock hat in der Mitte ein Loch, um die Nasenatmung nicht völlig zu unterbinden.

## 4. Die Behandlung der Sprache bei offenem Näseln

a) Vorbereitende Übungen

Die Erfahrung lehrt, daß bei Kindern mit offenem Näseln die Mundorgane – also die Lippen, die Zunge und das Gaumensegel – vielfach

---

[1] Aus R. Segre, Die prothetische Behandlung der Gaumenspalten, in: Monatsschrift für Ohrenheilkunde und Laryngo-Rhinologie, 70. Jg., 7. Heft, Wien, 1936.

*Offenes Näseln*

schwach und kraftlos sind, sodaß sie die gewünschten Bewegungen nicht mit der erforderlichen Stärke und Geschicklichkeit ausführen können. Daher ist es zweckmäßig, wenn man vor der eigentlichen Behandlung, d. h. vor der Entwicklung der einzelnen Laute, Übungen zur Kräftigung der Lippenmuskulatur, Zungenübungen zur Erhöhung der Geschicklichkeit der Zunge und Übungen mit dem Gaumensegel machen läßt.

*Lippenübungen:* Man veranlaßt das Kind, verschiedene Gegenstände zwischen die zusammengepreßten Lippen zu stecken und längere Zeit ohne Zuhilfenahme der Zähne zu halten. Das können sein: Zigarettenhülsen, Korke verschiedener Größen oder Bleistifte, erst kurze, dann längere. Später kann man auch Trinkstrohhalme und Zahnstocher verwenden. Je dünner und je länger die Gegenstände sind, desto mehr Geschicklichkeit und Kraft der Lippen erfordert es, sie zu halten.
Das Lagegefühl der Lippen wird durch folgende Übungen geschult: Aufeinanderpressen der Lippen. — Spitzen der Lippen. — Abwechselnd Breitziehen und rüsselartiges Vorstülpen. — Man kann das Kind veranlassen, daß es die Oberlippe über die Unterlippe legt und umgekehrt. — Bei allen Übungen soll der Spiegel zur optischen Kontrolle herangezogen werden. Ist das Kind sehr ungeschickt, so muß es anfangs seine Finger zu Hilfe nehmen (natürlich nach vorheriger gründlicher Reinigung mit Seife und Bürste). — Der Schüler soll auch versuchen zu pfeifen, zuerst einzelne Töne, dann eine Melodie.

*Zungenübungen:* Das Kind soll (unter Spiegelkontrolle) den Mund öffnen und die Zunge flach innerhalb der unteren Zahnreihe liegenlassen. Als weitere Übung hebt der Schüler die Zungenspitze bis zu den Alveolarfortsätzen der oberen Schneidezähne. — Wir veranlassen das Kind, daß es die Zungenspitze zum harten Gaumen hebt und nach hinten biegt (einrollt). (Vorübung für das t, d, l, r und das sch.) — Zurückziehen der Zunge und Hochwölben des Zungenrückens für g, k, ch. — Herausstrecken der Zunge in der Mitte, die Zungenspitze wird in den rechten, in den linken Mundwinkel gelegt. Auch hier ziehen wir den Spiegel zur Kontrolle heran und helfen bei ungeschickten Kindern mit dem Spatel nach.
Alle diese Übungen werden zuerst langsam, dann aber rasch durchgeführt.

*Übungen für das Gaumensegel:* Weit wichtiger als die Lippen- und Zungenübungen sind die Übungen mit dem Gaumensegel. Je gewissenhafter diese Vorübungen gemacht werden, desto ergiebiger gestaltet sich nachher der Artikulationsunterricht. Zunächst wird man die (für das Kind) passive Hebung des Gaumensegels versuchen: Man kann den Zeigefinger in den Mund des Kindes stecken, sodaß seine Spitze das Gaumensegel berührt. Dann lasse man abwechselnd n und l, so gut es geht, sprechen. Dabei entsteht beim Schüler die Empfindung, daß sich das Gaumensegel hebt und senkt (nach Weinert). Die Verwendung eines Gummifingerlings ist zu empfehlen. Vahle (zitiert bei

Weinert) läßt das Gaumensegel „mit dem Zeigefinger des Kindes heben, der mit einem Taschentuch umwickelt wird"[1].
Gutzmann bewirkt das passive Heben des Gaumensegels mit einem Gaumenheber (Handobturator). Ein solcher Handobturator läßt sich leicht herstellen, indem man eine gewöhnliche Nickelsonde an einem Ende mit einem löffelartigen Blättchen aus einer Stentsmasse versieht[2].

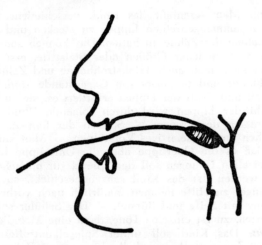

Abbildung 10

Die Stentsmasse läßt sich nach ihrer Erwärmung (man verwendet dazu warmes Wasser) im weichen Zustand leicht kneten. Erkaltet die Masse, wird sie hart. Zur Vorsicht kann man das Ende der Nickelsonde umbiegen, sodaß die Stentsplatte mit dem inliegenden Nickeldraht so verbunden wird, daß ein Herausgleiten unmöglich wird. — Das Zurückgleiten des Obturators bis zum empfindlichen weichen Gaumen bereitet dem Kind Unbehagen. Um dem vorzubeugen, überläßt man die Handhabung dem Schüler selbst und weist ihn an, den Handobturator nur so weit wie erträglich zurückgleiten zu lassen. Es hat sich nämlich gezeigt, daß in den meisten Fällen das „In-die-Nähe-Kommen" des Obturators genügt, um den erwünschten Erfolg, das ist die Hebung des Gaumensegels, zu erzielen. Das wird durch Brauckmann (zitiert bei Weinert) bestätigt, der während der Lautbildung das Gaumensegel mit einem langen Glasstäbchen berührt. Er ist der Meinung, daß die Berührung bald wegfallen kann. „Es bedarf dann nur noch der Annäherung, um eine Hebung des Gaumensegels zu veranlassen."
In manchen Fällen wird der passiven Hebung des Gaumensegels bald eine aktive folgen, da sich bei dem Schüler die Empfindung für das

---

[1] H. Weinert, Die Bekämpfung von Sprechfehlern, Berlin, 1966, S. 68.
[2] Zitiert bei Weinert, ebenda, S. 62.

Heben des weichen Gaumens einstellt. In vielen Fällen wird man jedoch den Erfolg durch aktive Methoden suchen müssen. Sehr wirksam ist die Verwendung des sogenannten Purkinjeschen Blählautes: Der Schüler hält die Nase zu und spricht abba, ebbe, ibbi usw. Dabei soll das Kind beim „b" eine Zeitlang verweilen. Es ist gut, wenn der Schüler die Backen dabei aufbläst. Das Zuhalten der Nase geschieht „am besten mit beiden Daumen, indem man die Handflächen nach vorn und die Finger nach oben richten läßt[1]".
Eine andere Übung besteht darin, das Kind hörbar gähnen zu lassen. „Beim Gähnen hebt sich das Gaumensegel. Das wird besonders deutlich, wenn das Gähnen unterdrückt wird und der Mund sich nur wenig öffnet[1]." — „Die Hebung des Gaumensegels empfindet man sehr gut, wenn man bei dem Wort ‚Bank' das ‚ng' etwas länger aushält, darauf in Gedanken zum ‚k' ansetzt, aber mit der Ausführung noch einen Augenblick wartet. Hält man dabei die Ohren zu, so wird die Hebung noch deutlicher[2]." — Wir lassen den Schüler Vokale mit übertrieben gehauchtem Einsatz sprechen. — Vokale werden kräftig angestimmt (harter Einsatz). — „Man spreche ein langes a und lasse es erst rein und klar, dann stark genäselt auf einem Atem abwechselnd erklingen. Dabei halte man die Ohren zu... Die Gaumensegelbewegungen werden dabei wahrgenommen[3]."
G. Forchhammer (zitiert bei Weinert) läßt ein langgezogenes o sprechen und dabei mit den flachen Fingern schnell hintereinander auf den Mund schlagen. Die sich stauende Luft vermag das Gaumensegel hochzudrücken. — Von Forchhammer ist auch folgende Übung: Der Schüler nimmt das eine Ende eines Glasröhrchens (Durchschnitt etwa 6 mm) in den Mund und steckt das andere Ende ins Wasser. Wenn er nun mit geschlossenen Lippen „momomomo" spricht, müssen beim o Blasen aufsteigen, beim m nicht.
Die Vokale werden mit kräftigem Stimmeinsatz gesprochen, dabei sollen die Fäuste mit schnellem, elastischem Schwung abwärts gestoßen werden. Das Abwärtsstoßen der Fäuste und das Aussprechen der Vokale muß auch in Verbindung mit „harten" Konsonanten (ka, ta, pa) gleichzeitig geschehen. — Verschiedene Vokale werden in höheren Tonlagen mit oder ohne Zuhalten der Nase gesprochen. — Rasch hintereinander die Laute p-t-k, p-t-k sprechen lassen. Dabei kommt es spontan zu einer Hebung des Gaumensegels (beschrieben bei Weinert[4]). Als sehr wirkungsvoll haben sich in der letzten Zeit L-Übungen erwiesen. Besonders empfehlenswert sind Übungen mit dem l an zweiter Stelle einer Silbe. Dabei muß das l „dick und schwer" ausgesprochen werden. Es eignet sich dazu also von vornherein nur das dunkle l

---

[1] H. Weinert, Die Bekämpfung von Sprechfehlern, Berlin, 1966, S. 65 und 67.
[2] Ebenda, S. 29.
[3] Ebenda.
[4] Ebenda, S. 66.

(etwa wie in den Wörtern „hohl" und „faul") und nicht das helle l (wie in den Wörtern „hell" und „still")[1]. Die Silbenübungen werden so aufgebaut, daß nach der dritten Silbe immer wieder die Verwendung des A-Lautes aufscheint (und nicht die Vokale fortlaufend durchgeübt werden): z. B. pla-ple-pli, pla-plo-plu, pla-plö-plü. Diese Übungen werden dann mit den Silben „bla" und „fla" fortgesetzt. Ist das k schon entwickelt, dann werden auch die Silben „kla" und „gla" eingesetzt. Die Wirkung der Übungen kann noch verstärkt werden, wenn man den entsprechenden Silben ein „ha" anhängt, also „plaha-plehapliha" usw. Und schließlich kann man die Übungen mit einem velaren ch (ch$_2$) fortsetzen. Dieses ch muß aber kräftig gesprochen (fast geschnarcht) werden. Ein palatales ch (ch$_1$) wäre hier fehl am Platz! Übungen: plach-plech-plich, plach-ploch-pluch, plach-plöch-plüch. Auch hier können alle Variationen angeschlossen werden, also: „blach"-„flach" und „klach"-„glach".
Eine gute Unterstützung zur Kräftigung des Gaumensegels gibt die Flüstersprache. Man veranlaßt den Schüler, ohne Stimme kräftig und deutlich zu sprechen.
Bei allen Übungen ist zu beachten, daß Mitbewegungen der Gesichtsmuskulatur, die leicht auftauchen können, sofort unterdrückt werden müssen, und zwar wieder durch optische Kontrolle vor dem Spiegel.

b) Bewußtmachen der Luftwege

Kinder mit offenem Näseln sind meist nicht imstande, ihre Mundorgane so zu beherrschen, daß sie jede gewünschte Bewegung ohne weiteres ausführen können. Daher ist es zweckmäßig, Vorübungen machen zu lassen, die das Kind befähigen, den Luftstrom bewußt zu lenken. Solche Übungen sind z. B.: Wegblasen von Watteflöckchen oder kleinen Papierschnitzeln. (Wenn diese Übungen anfangs nicht gelingen, muß der Schüler die Nase mit seinen Fingern zuhalten.) Dann läßt man Gummiballons oder Papiersäckchen aufblasen, in ein Glasröhrchen blasen, auf einem Hohlschlüssel oder einem Pfeifchen pfeifen oder auf einer Mundharmonika spielen. Hier kann man sich auch des beliebten Seifenblasenspiels bedienen. Gutzmann empfiehlt noch folgende systematische Übungen: Bei geschlossenem Mund durch die Nase wiederholt recht lange ein- und ausatmen; dieselben Übungen, aber nur durch ein Nasenloch, das andere wird durch Druck auf den Nasenflügel verschlossen. – Durch die Nase tief einatmen und durch den weit geöffneten Mund ausatmen (dabei muß allenfalls die Nase zugehalten werden). – Durch den Mund tief einatmen und durch die Nase ausatmen. – Durch den weit geöffneten Mund tief ein- und recht lange ausatmen. – Der Schüler muß auch die willkürliche Len-

---

[1] Karl Luick, Deutsche Lautlehre, Wien, 1923, S. 22.

*Offenes Näseln*

kung des Luftstromes üben. Er muß imstande sein, die Luft nach oben, nach unten, nach rechts, nach links herauszublasen. Bei auftretenden Schwierigkeiten ist zuerst bei zugehaltener, dann bei offener Nase zu üben.

c) Die eigentliche Sprachbehandlung

Die Vokale

Zuerst prüft man die Aussprache aller Vokale und stellt fest, welche von der Nasalierung am wenigsten betroffen sind. Mit deren Hilfe versucht man dann, die anderen zu reinigen, d. h. die Nasalierung zum Verschwinden zu bringen. Da das a mit größter Mundöffnung gebildet wird, ist es von der Nasalierung in der Regel am wenigsten betroffen. Man geht also vom a aus, indem man es mit gehauchtem Stimmeinsatz kräftig intonieren läßt. Der zweite Vokal wird in einem einfachen Intervall, am besten in einer Quart ohne dazwischengeschobenen Glottisschlag, also ohne Unterbrechung, angeschlossen. Er wird kräftiger intoniert als der erste: ha*a*, ha*o*, ha*u*, ha*i*; dieselbe Übung kann auch in den Intervallen des Dreiklanges intoniert werden. Es ist darauf zu achten, daß der Schüler beim Ausgangsvokal länger verweilt als beim folgenden Vokal. Die richtige Zungenlage ist dabei wesentlich. Man kann diese Übungen auch so anordnen, daß die Vokale skalenmäßig gesungen werden. An die Singübungen schließen sich dann reine Sprechübungen. Nach den obenangeführten Übungen mit gehauchtem Einsatz folgt der Gebrauch des harten Einsatzes.

Dem Schüler muß der Unterschied zwischen dem reinen und dem genäselten Laut vollkommen klarwerden. Dafür sind folgende Übungen empfehlenswert: Der Lehrer spricht den richtigen und den falschen Laut oft vor, damit das Kind den Unterschied mit dem Ohr erfassen lernt. – Kontrolle mit dem Nasenhörschlauch. Wenn man einen Hörschlauch, der an beiden Enden mit Oliven versehen ist, mit dem einen Ende in das Nasenloch des Patienten steckt und die andere Olive an das Ohr des Näselnden hält, so wird dieser in den Stand gesetzt, den durch die Nase austretenden Luftstrom seiner Stärke nach zu kontrollieren. Dabei ist es wichtig, daß der Lehrer mitkontrolliert, indem er die Olive zeitweise seinem eigenen Ohr zuführt. Er bekommt dadurch einen Maßstab für die Beurteilung des stärkeren oder schwächeren Nasenschalles. (Anstatt der Nasenolive kann man auch eine Glasglocke verwenden.) – Wenn man den äußeren Gehörgang mit Watte verstopft, hört man die eigene Sprache besser. Der Schüler kann sich so besser kontrollieren.

Übungen mit Verschlußlauten

Ähnlich wie bei den Vokalübungen werden die Übungen mit p, t, k angeordnet, z. B. ap ha, ep he usw. Dabei wird die Nase anfangs zu-

gehalten. Die im Mund gestaute Luft sprengt den Lippenverschluß. Auch hier soll der zweite Vokal höher angesetzt und stark intoniert werden.
Bei den Explosivlauten macht sich der Glottisschlag (coup de glotte, mit den Stimmlippen gebildeter harter Einsatz) störend bemerkbar. Diesen Kehlkopfstoßlaut bringen wir am besten weg, wenn wir die Lautverbindung ama, ame, ami... sagen lassen und dabei die Nase des Schülers mit Daumen und Zeigefinger zuhalten. Man veranlaßt dabei den Schüler, auf dem m länger zu verweilen. Es staut sich die Luft in der Mundhöhle, die Backen werden aufgebläht, bis der Lippenverschluß explosionsartig gelöst wird. Wir erhalten dann ein deutliches b ohne coup de glotte.
Ist der isolierte Laut erreicht, dann schließen gleich Übungen mit Silben und Wörtern an.
Ähnlich ist der Vorgang bei der Gewinnung des d. Zunächst muß der Schüler wissen, wohin er die Zunge zu legen hat, um ein d bilden zu können. In schwierigen Fällen wird es notwendig sein, daß der Schüler bei diesem d die Zunge zunächst zwischen die Zähne legt. Die Spiegelkontrolle ist unerläßlich. Dann wird, ähnlich wie bei der Entwicklung des b, ausgehend von den Silben ana, ane, ani (mit geschlossener Nase), ein d gebildet. Auch hier folgen sogleich Silben- und Wortübungen.
Bei der Entwicklung des g findet die Methode, von Nasallauten auszugehen, ihre Fortsetzung. Wir sprechen zuerst die Silbe anga, enge, ingi... Während noch der Nasallaut „ng" ertönt, wird plötzlich die Nase zugehalten. Voraussetzung ist, daß der Schüler ein richtiges ng bereits sprechen gelernt hat, und zwar „ng" als *einen* Laut, der mit dem Zungenrücken gebildet wird. Auch hier werden wir mit Hilfe des Spiegels die Lage der Zunge kontrollieren. Bei geschickten Schülern kann man nach Erwerbung der Mediae (b, d, g) gleich zu den Tenues (p, t, k) übergehen.
Die erlernten stimmlosen Verschlußlaute (Tenues) werden zum Vergleichen vor die stimmhaften Verschlußlaute (Mediae) gesetzt: apa-aba, ata-ada, aka-aga... Dann folgen Wörter und anschließend Konsonantenverbindungen (bl, gl, gn... bzw. pl, kl, kn...) mit entsprechenden Übungswörtern und Sätzchen. Die Unterscheidung von p, t, k einerseits und b, d, g anderseits wird durch Gegenüberstellung von entsprechenden Wörtern und Wortgruppen gefestigt.

### Die Reibelaute

Sämtliche Reibelaute verlangen einen kräftigen Abschluß des Nasen-Rachen-Raumes durch das Gaumensegel. Manche Kinder mit offenem Näseln pflegen für alle Reibelaute ein einziges Geräusch anzuwenden, welches dadurch entsteht, daß der Schüler kräftig durch die Nase bläst. Die Entwicklung der Reibelaute ist oft schwieriger als die Erzeugung der Verschlußlaute.

Das f ist zunächst mit Nasenverschluß zu üben. Auf die obenangeführten Übungen (Blasen in Glasröhrchen usw.) sei nochmals besonders hingewiesen. Wenn der Luftstrom richtig durch den Mund austritt, wird durch diese Gegenstände das Reibegeräusch verstärkt. Dabei ist auf die genaue Artikulationsstellung (Unterlippe und obere Zahnreihe) zu achten. Das w wird dadurch erzeugt, daß wir zum f die Stimme hinzutreten lassen. Es empfiehlt sich, Vergleichsübungen, wie af-aw, ef-ew, if-iw, machen zu lassen.
Bezüglich der S-Laute sei auf die ausführlichen Darlegungen in dem Kapitel Stammeln, genauer gesagt in dem Abschnitt über Sigmatismen, verwiesen. Beim offenen Näseln ist die Mitverwendung des Hauchlautes noch wichtiger als beim gewöhnlichen Stammeln. Bei Übungen, wie etwa hsa, hse, hsi, kann man gleichzeitig die Fäuste nach vorne oder nach unten stoßen lassen. Beim sch gilt dasselbe wie beim s. Der Sch-Laut wurde im Kapitel Stammeln (Sigmatismen) bereits ausführlich besprochen. Zu erwähnen wäre, daß beim offenen Näseln das sch oft leichter zu erzielen ist als das s.
Das vordere und das hintere ch werden vom s aus durch Zurückschieben der Zunge gewonnen. Dabei bleibt aber die Zungenspitze auf dem Mundboden liegen. Das j ist ein vorderes ch mit Stimme (ohne stärkeres Reibegeräusch).
Beim l öffnet der Schüler den Mund so weit, daß er die Zungenspitze gerade noch an die Artikulationsstelle des l hinter die oberen Schneidezähne legen kann (Spiegelkontrolle, allenfalls unter Mithilfe der Finger). Das Verfahren, aus dem n (bei zugehaltener Nase) ein l zu gewinnen, wurde bereits in dem Kapitel über Stammeln beschrieben. Das l ist sofort auch in Konsonantenverbindungen, wie fl, bl, pl, kl; lp, lt, lk, zu üben. Das r gelingt bei offenem Näseln meist nur schwer. Wir werden häufig gezwungen sein, uns mit einem r-artig klingenden Ersatzlaut zufrieden zu geben.
Ist der isolierte Laut gelungen und werden auch die Silben einigermaßen korrekt gesprochen, so geht man gleich zum Sprechen von Wörtern und kurzen Sätzen über. Leseübungen, Nacherzählen und spontanes Sprechen, auch in der Mundart, vollenden dann die Behandlung.

## II. GESCHLOSSENES NÄSELN

(Rhinolalia clausa, Hyperrhinolalie nach Froeschels, Rhinophonia clausa nach Seeman)

Wenn beim Sprechen zu wenig Luft durch die Nase dringt, bzw. wenn der Durchgang der Luft durch die Nase aus irgendwelchen Ursachen unmöglich ist, dann entsteht eine „tote", klanglose Sprache. Die Nasal-

laute m, n, ng erscheinen stark verdumpft und werden in extremen Fällen überhaupt nicht gesprochen. Anstatt des m entsteht dann ein b, anstatt des n ein d, anstatt des ng ein g.
Man nennt diesen Zustand folgerichtig „Geschlossenes Näseln" (Rhinolalia clausa).
Die Ursachen der Verstopfung des Nasendurchganges können verschiedener Art sein. Es sind entweder Verengungen im Bereich der Nasenmuscheln vorhanden (Muschelhypertrophie, Nasenpolypen, entzündliche Schwellungszustände), oder es kann sein, daß die Rachenmandel, die sich am Dache des Nasen-Rachen-Raumes befindet, abnorm vergrößert ist und den Luftdurchtritt durch die Nase verwehrt. Man spricht dann von Wucherungen oder adenoiden Vegetationen[1]. Auch Hypertrophien[2] der rückwärtigen Nasenmuscheln oder Nasen-Rachen-Geschwülste können Ursache des geschlossenen Näselns sein (Arnold).
— Im ersten Fall spricht man von einem „vorderen geschlossenen Näseln" und im zweiten von einem „hinteren geschlossenen Näseln".
Bei den organischen Formen des Näselns ist immer auch die *Nasenatmung* behindert. Handelt es sich bloß um Verdickungen der Nasenschleimhäute, dann muß man deren Abschwellen herbeizuführen versuchen. Sind aber Wucherungen oder Polypen die Ursache der Verengung, dann müssen diese operativ entfernt werden. Erst nach der ärztlichen Behandlung kann die Sprachtherapie mit Erfolg einsetzen. Hingegen darf bei guter Nasenatmung „wegen eines vermutlich in der Nase lokalisierten Sprachfehlers nie in der Nase operiert werden[3]".
Bei den funktionellen Formen des geschlossenen Näselns ist die falsche Funktion des Gaumensegels als Ursache anzusehen (Rhinolalia clausa palatina). Da lediglich falsche Sprechgewohnheiten zu diesem Zustand führen, ist von einem operativen Eingriff abzusehen. Die sprachliche Übungsbehandlung tritt in ihre Rechte.
Vor der Behandlung des geschlossenen Näselns muß die Nasenresonanz erlernt werden. Dazu sind folgende Übungen notwendig:
*Bewußtmachen der Nasenatmung.* Die Atemübungen werden in der umgekehrten Reihenfolge wie beim offenen Näseln gemacht. Die Kontrolle der Nasenatmung geschieht durch Vorhalten eines nassen Fingers, des Handrückens oder eines Spiegels.
*Ausatmen durch die Nase mit gleichzeitiger Stimmgebung:* a) mit leicht geschlossenen Lippen (dabei entsteht ein m), b) indem die Zungenspitze leicht an die Alveolarfortsätze oder die oberen Schneidezähne gelegt wird (dabei entsteht ein n), c) mit leicht an den Gaumen gehobe-

---

[1] adenoid (gr.) = drüsenähnlich. Adenoide Vegetationen werden von Unkundigen fälschlich „Polypen" genannt.
[2] Hypertrophie (gr.) = übermäßige Vergrößerung.
[3] R. Luchsinger und G. E. Arnold, Lehrbuch der Stimm- und Sprachheilkunde, Wien, 1949, S. 340.

nem Zungenrücken (dabei entsteht ein ng). Wichtig ist die Entspannung der ganzen Sprechmuskulatur.
*Silbenübungen:* a) Nasenlaute-Mundlaute: m-a, m-e, n-a, n-e usw. Später verbinden wir die beiden Laute zu einer Silbe: ma me; na ne usw. b) Mundlaute-Nasenlaute: i-m, u-m; im, um; in, un; ang, ing usw. c) Mundlaute-Nasenlaute-Mundlaute, z. B.: Emma, Anna. d) Nasenlaute-Mundlaute-Nasenlaute, z. B.: nimm, nein, Mann. (Die Vokale dürfen nicht nasaliert werden!)
Bei diesen Übungen müssen die Nasenlaute sehr gedehnt gesprochen werden, damit ihr Klang und die Tätigkeit des Gaumensegels dem Schüler klar bewußt werden. Den Silben- und Wortübungen folgen dann Sätze mit vielen Nasenlauten. Zu bevorzugen sind eigens bearbeitete Lesetexte, in denen alle Nasenlaute unterstrichen sind. Aus lesepsychologischen Gründen ist es sogar besser, ein Zeichen, z. B. einen roten Punkt oder einen Strich, *über* den Buchstaben zu machen.
Zur Kontrolle benutzt man das Abtasten der Nasenflügelvibration mit dem Finger, die Spiegelprobe, den Nasenhörschlauch bzw. den Hörschlauch mit Glasglocke. Durch Verschluß des äußeren Gehörganges kann man eine deutlichere Erfassung des Klangunterschiedes erreichen.

## III. GEMISCHTES NÄSELN

(Rhinolalia mixta, Rhinophonia mixta nach Seeman)

Man könnte annehmen, daß von den beiden Formen des Näselns jeweils nur eine aufscheinen kann, weil entweder zuviel oder zuwenig Luft durch die Nase strömt. Entweder sind den Mundlauten nasale Klangelemente beigemengt, oder sämtliche klingenden Laute, namentlich aber die Nasallaute, erleiden durch Verdumpfung des Klanges Resonanzverminderungen.
Wie die Erfahrung lehrt, können aber auch beide Formen des Näselns gleichzeitig vorkommen. Man bezeichnet diesen Zustand als *Rhinolalia mixta* („Gemischtes Näseln") und unterscheidet zwei Arten: 1. Das vordere gemischte Näseln. Es entsteht, wenn der Gaumenabschluß nicht vorhanden ist, gleichzeitig aber die vordere Nase durch Formveränderungen oder Schwellungen der Nasenmuscheln oder durch Polypen verstopft ist. 2. Das hintere gemischte Näseln. Es geht ebenfalls auf den mangelnden Gaumenabschluß bei Vorhandensein von Wucherungen (adenoiden Vegetationen) oder auf Geschwülste im Nasen-Rachen-Raum zurück.
Im ersten Fall erscheint das offene Näseln in Verbindung mit einem vorderen geschlossenen Näseln; im zweiten Fall ist es mit einem hinteren geschlossenen Näseln kombiniert.

# STOTTERN

## I. GESCHICHTLICHER ÜBERBLICK

Eine der bekanntesten und zugleich sonderbarsten Sprachstörungen ist das Stottern. Philosophen, Lehrer, Ärzte und Laien haben sich mit diesem eigenartigen Sprachgebrechen beschäftigt, und schließlich haben Stotternde selbst, denen es gelungen war, ihr Leiden zu überwinden, über ihre persönlichen Eindrücke und Erfahrungen berichtet. Es gibt kaum eine Heilmethode, die nicht versucht worden wäre. Von der psychischen Beeinflussung über die verschiedenen Formen der sprachlichen Übungstherapie bis zu schweren Operationen (Zunge) wurde alles mögliche versucht, um das Leiden zu beseitigen. Denhardt[1] hat in seinem Buch viel Wissenswertes über die Geschichte des Stotterleidens und der Stotterbehandlung gebracht, ebenso Ssikorski[2].
Schon in den ältesten Zeiten hat das Stottern die Aufmerksamkeit der Menschen erregt. Von *Moses* wird berichtet, „er habe eine schwere Zunge" gehabt. Auch in den Weissagungen des Propheten Jesajas finden wir eine Stelle, die auf das Stotterleiden Bezug nimmt. Von *Demosthenes* wird berichtet, daß er in seiner Jugendzeit gestottert habe. Auch sonst finden wir in den Schriften des Altertums Hinweise auf Störungen beim Gebrauch der Sprache und Gedanken über die Ursachen der Sprachstörungen. Schon *Hippokrates* ist der Ansicht, daß das Stottern nicht etwa nur auf lokalen Veränderungen der Sprechorgane beruht, sondern daß es infolge einer Inkongruenz zwischen Denken und Sprechen entstehen kann. *Aristoteles* umschreibt das Stottern als ein Unvermögen, die Silben untereinander zu verbinden. Er erblickt den Grund des Stotterns in einer Mißbildung der Zunge bzw. in der ungenügenden Bewegungsfähigkeit dieses Organs.
Im alten Rom finden wir schon die Unterscheidung von „Stammler" (blaesus) und „Stotterer" (balbus). *Cicero* schlägt vor, daß bei Leuten, deren Zunge beim Sprechen steckenbleibe, diese „durch einen Schnitt mit dem Messer gelöst werde".
Im Mittelalter hören wir so gut wie nichts über die Sprachgebrechen. Erst im 16. Jahrhundert setzt die Forschung wieder ein. *Hieronymus Mercurialis*[3] (1584) unterscheidet bereits zwei Arten des Stotterns (Balbuties naturalis und B. accidentalis) und verbreitet sich eingehend über die vermutlichen Ursachen dieses Sprachleidens. *Sauvage*[4] (1771)

---

[1] R. Denhardt, Das Stottern, eine Psychose, Leipzig, 1890, S. 1–19.
[2] J. A. Ssikorski, Über das Stottern, Berlin, 1891, S. 1–43.
[3] H. Mercurialis, De puerorum morbis, Frankfurt, 1584.
[4] Sauvage, Nosologie méthodique, 1771.

grenzt das Stottern gegen das Stammeln ab und sieht die Ursachen des Stotterns „in einer Schwäche des Gaumensegels, des Zäpfchens und der Zungenwurzel und der daraus hervorgehenden relativen Bewegungsunfähigkeit". Der Taubstummenlehrer *Itard*[1] (1817) nennt das Stottern eine „spastische Affektion, bedingt durch eine Schwäche der Bewegungsorgane, des Kehlkopfes und der Zunge".
Im Jahre 1841 wurden viele Versuche unternommen, das Stotterübel durch Operationen an der Zunge zu beseitigen (Dieffenbach, Amussat u. a.[2]). Die operativen Behandlungen wurden aber sehr bald wieder eingestellt. Man kehrte zu der Übungsbehandlung zurück.
*Kußmaul*[3] bezeichnete das Stottern als eine „Koordinationsneurose[4]", beruhend auf einer angeborenen reizbaren Schwäche des Silbenkoordinationsapparates. *Gutzmann*[5] schließt sich im wesentlichen dieser Ansicht an. Er weist darauf hin, daß es sich beim Stottern um ein in der Jugend entstandenes Übel handelt und daß die fehlerhafte Artikulation im Laufe der Jahre in Fleisch und Blut übergegangen sei. Demgemäß sieht Gutzmann das Wesen der Therapie des Stotterns darin, „daß man die normale Koordination der Sprache einübt und diese an Stelle der fehlerhaften setzt".

## II. BESCHREIBUNG

Das Stottern besteht in einer Unterbrechung der Rede durch inkoordinierte Bewegungen der Atmungs-, Stimm- und Artikulationsmuskulatur. Zu Beginn des Sprechens oder mitten in der Rede treten Störungen auf. Es kommt zu Wiederholungen von einzelnen Lauten, Silben oder Wörtern. Der Stotterer bleibt bei irgendeinem Laut stecken und versucht dann, mit gesteigerter Kraft darüber hinwegzukommen. Für die Eltern ist es sehr ärgerlich, daß ein eben noch mit Mühe hervorgebrachtes Wort ein anderes Mal ohne Anstrengung gesprochen werden kann. Bemerkenswert ist, daß der Stotterer beim Singen fast nie und beim Aufsagen eingelernter Texte nur selten steckenbleibt. Die meisten Stotterer können fließend lesen, aber dort, wo der Text erdacht oder disponiert werden muß, bei der freien Rede, treten Störungen auf. Sollen Kraft und Wirkung der Rede gesteigert werden, verdichten sich die Störungen. Auch vor mehreren Zuhörern oder vorgesetzten Per-

[1] Itard, Mémoire sur bégaiement, in: Journ. de med., 1817.
[2] Dieffenbach, Die Heilung des Stotterns durch eine chirurgische Operation, 1841.
[3] Kußmaul, Störungen der Sprache, 4. Aufl., Berlin, 1912, S. 247.
[4] Koordination = hier: zweckmäßiges Zusammenspiel aller beteiligten Organe.
[5] Gutzmann, Sprachheilkunde, Berlin, 1924, S. 468.

sonen ist die Neigung zum Stottern verstärkt. Oft kommt es vor, daß die Kinder unbeobachtet fließend mit ihrer Puppe oder mit ihrem Teddybären sprechen, das Dazwischentreten eines Erwachsenen ruft sofort wieder die Störung hervor. Manche Kinder sprechen mit Erwachsenen, deren Schutz oder deren Wohlwollen sie fühlen, besser als mit gleichaltrigen Kindern, deren Angriffslust oder Spottlust sie fürchten.

Das wechselnde Bild, das die Sprache der Stotterer bietet, macht viele Eltern in ihrer Einstellung unsicher. Sie wissen nicht, ob sie mit Strenge oder Milde reagieren sollen. Viele Eltern betrachten das Stottern als Nachlässigkeit, Unart oder schlechte Gewohnheit. Sie glauben, dem Kind mit Strenge entgegentreten zu müssen. Eines der beliebtesten Mittel der „Laienbehandlung" ist das Verlangen nach richtiger Wiederholung eben gestotterter Wörter und Sätze. Die unmittelbare Wiederholung des Textes gelingt meistens, aber der kurze Erfolg trügt. Durch das Wiederholenlassen treibt man den Stotterer nur tiefer in das Leiden hinein. Die Ungeduld der Eltern macht das Kind nur noch unsicherer und mutloser.

Die Kinder verfolgen die Artikulation mit gespannter Aufmerksamkeit und leben in der beständigen Angst, daß ihnen ein „schwieriges" Wort in die Quere kommen könnte, das sie stolpern läßt. Sie verhalten sich wie Menschen, die irgend etwas angestellt haben und nun auf der Hut sein müssen, daß sie unversehens ertappt und gefaßt werden. Man kann sich leicht vorstellen, daß ein solcher Zustand der Unsicherheit und Angst mit der Zeit nachteilig, ja zermürbend auf das Gemüt des Kindes wirken muß.

Je weniger das Kind an sein Leiden erinnert wird, desto besser ist es. Das Wort „Stottern" soll in Gegenwart des Kindes überhaupt nicht gebraucht werden. Jegliche Aufregung verschlechtert die Sprache. Tadeln oder Ausspotten, Anschreien oder fortwährendes Nörgeln am Sprechen des Kindes sind ebenso zu unterlassen wie Bejammern oder Bemitleiden.

Aber auch das andere Extrem in der Beurteilung des Stotterns finden wir häufig. Viele Eltern legen den Anzeichen des Stotterns wenig Bedeutung bei und glauben, das Leiden werde eines Tages ganz von selbst wieder verschwinden. Wenn später das Stottern durch Monate und Jahre hindurch besteht, dann finden diese Eltern den Weg zu einem Heilpädagogen oder zu einem Spracharzt. Zu diesem Zeitpunkt aber ist das Leiden schon so weit vorgeschritten, daß die Aussichten auf Heilung wesentlich herabgemindert sind. Auch hier gilt der Satz: „Je früher die Behandlung einsetzt, desto sicherer ist der Erfolg."

Bei längerem Bestehen nimmt das Stottern einen störenden Einfluß auf die Seele und den Charakter des Kindes. Vor allem entstehen Sprechscheu, Wortangst und Minderwertigkeitsgefühle. Die Stotterer suchen bei jeder Gelegenheit, sich vom Sprechen zu drücken. „Wenn der Stotterer einmal sprechen muß, hat er eine Art Lampenfieber, wie je-

mand, der eine öffentliche Rede halten muß, ohne daran gewöhnt zu sein[1]."
Man kann leicht ermessen, wie hemmend sich diese Sprachstörung im späteren Leben, insbesondere aber im Beruf, auswirken muß, wenn sie schon im Kindesalter, namentlich aber in der Schule, so nachteilige Folgen zeitigt. Daher müssen wir alles versuchen, die stotternden Kinder schon während der Schulzeit einer Behandlung zuzuführen, um sie von diesem Leiden rechtzeitig zu befreien. Ein erwachsener Stotterer ist nur mit größter Mühe und unter bedeutenden Schwierigkeiten erfolgreich zu behandeln. Es ist jedoch bemerkenswert, daß der Therapieerfolg bei Männern immerhin noch besser ist als bei stotternden Mädchen und Frauen. G. E. Arnold vermerkt zu diesem Thema: „Für kleine Mädchen ist die Vorhersage durchschnittlich günstiger, weil es weniger erwachsene weibliche Stotterer gibt. Stotternden Frauen ist hingegen schwer zu helfen." (Zitiert bei A. Schilling.)
Die besten Erfolgsaussichten für die Therapie des Stotterns bestehen nach Schilling im Schul- und Reifungsalter.
Um einen Überblick über die Therapieerfolge innerhalb der einzelnen Altersstufen zu gewinnen, hat Schilling die in seiner Klinik behandelten Patienten in vier Gruppen aufgegliedert[2].
1. Vorschulalter (Kleinkindalter). „Diese Gruppe umfaßt bei uns 13 Kinder (6,5 %) vom 3. bis zum vollendeten 5. Lebensjahr."
2. Grundschulalter. „Diese Gruppe entspricht dem jüngeren Schulkind (6. bis 9. Lebensjahr). Wir behandelten 63 Kinder dieser Altersstufe (31,5 %)."
3. Reifungsalter (10. bis 15. Lebensjahr). „Diese Gruppe umfaßt das ‚ältere Schulkind' sowie einige bereits Schulentlassene. In reifungsbiologischer Hinsicht befinden sich die Kinder dieser Gruppe in der Präpubertät und in der Pubertät. Sie beläuft sich in unserem Krankengut auf 74 Fälle (bei 37 %)."
4. Adoleszenz- und Erwachsenenalter. „Wir behandelten 50 Patienten (25 %) im Alter von 16 bis 49 Jahren."

| Lebensalter | 3.–5. Jahr | 6.–9. Jahr | 10.–15. Jahr | 16.–49. Jahr |
|---|---|---|---|---|
| Zahl der Fälle | 13 (6,5 %) | 63 (31,5 %) | 74 (37,0 %) | 50 (25,0 %) |
| nicht gebessert | 7 (53,8 %) | 18 (28,6 %) | 22 (29,7 %) | 16 (32,0 %) |
| gebessert | 4 (30,8 %) | 18 (28,6 %) | 17 (23,0 %) | 15 (30,0 %) |
| geheilt | 2 (15,4 %) | 27 (42,8 %) | 35 (47,3 %) | 19 (38,0 %) |

[1] A. Liebmann, Vorlesungen über Sprachstörungen, 9. Heft.
[2] Anton Schilling, Die Behandlung des Stotterns, in: Folia phoniatrica, Vol. 17, Nr. 4–6, Basel – New York, 1965, S. 439.

„Die Tabelle zeigt unsere Erfolgsstatistik für die jeweiligen Altersstufen. Aus dieser Tabelle geht hervor, daß die besten Erfolgschancen für die Therapie des Stotterns im Schul- und Reifungsalter bestehen. Es ist eine Erfahrungstatsache, die auch das frühere Schrifttum kennt, daß Stottern nach der Pubertät nur noch schwer zu beeinflussen ist. Die relativ ungünstigen Ergebnisse bei unserer kleinen Gruppe von Vorschulkindern mögen auch damit zusammenhängen, daß wir die Gewohnheit haben, in dieser Altersstufe nur die gravierendsten Fälle aktiv zu behandeln... In der hier vorgelegten Statistik sind nur diese letztgenannten Behandlungsfälle aufgeführt, die wesentlich größere Gruppe der logopädisch behandelten Vorschulkinder meiner Kindertagesstätte wurde dabei nicht berücksichtigt. Bei ihnen liegt die Erfolgsquote höher...[1]."

## III. DAS WESEN DES STOTTERNS

Über das Wesen des Stotterns gibt es im allgemeinen zwei Meinungen: Die eine faßt das Leiden als organisch bedingt auf, die andere als funktionell. Beide Richtungen sind sich darüber einig, daß die Ursache des Stotterns im Zentralnervensystem zu finden sei.
Die Verfechter der ersten Richtung sind aber durchaus nicht der gleichen Auffassung, wenn es sich darum handelt, die Ursache des Stotterns genauer zu bestimmen. Von den verschiedenen Ansichten über das Entstehen des Stotterns im Zentralnervensystem sollen wieder *zwei* besonders hervorgehoben werden. Die eine vermutet die Ursache des Übels in den grauen Zellen des Zwischenhirns, die unter dem Begriff „Striatum-Pallidum" bekannt sind (M. Seeman, P. Schilder, F. Trojan), die andere hält das Stottern für die Folge einer entzündlichen Erkrankung des Gehirns, wenn auch meist nur leichter Art (leichtere oder schwerere Formen von Encephalitis: O. Maass, H. Asperger).
Kußmaul[2] und Gutzmann[3] führen das Stottern auf Krämpfe zurück. Sie unterscheiden klonische[4] und tonische[5] Krämpfe. „Den drei Artikulationsstellen entsprechend, kommt der Muskelkrampf an drei Stel-

---

[1] Anton Schilling, Die Behandlung des Stotterns, in: Folia phoniatrica, Vol. 17, Nr. 4–6, Basel – New York, 1965, S. 439–440.
[2] Kußmaul, Störungen der Sprache, Berlin, 1912, S. 238, 239.
[3] H. Gutzmann, Sprachheilkunde, Berlin, 1924, S. 421.
[4] Klonus (gr.-lat.) = unwillkürliche Muskelzusammenziehung, bei der Spannung mit Erschlaffung in schneller Folge wechselt.
[5] Tonus (gr.-lat.) = unwillkürliche Muskelzusammenziehung von großer Stärke und langer Dauer.

len vor: an den Lippen, an der Zungenspitze und am Zungenrücken."
Dabei denken Kußmaul und Gutzmann, wenn sie von Spasmen[1] sprechen, nicht an echte Krämpfe organischer Art, bedingt durch Veränderungen in der Hirnrinde, sondern lediglich an Funktionsanomalien auf dem Gebiet der sprachlichen Koordination (nach Nadoleczny).
Bei Liebmann stehen psychische Ursachen im Vordergrund. Der Stotterer ist nach Ansicht Liebmanns ein nervöser Mensch, der auf relativ schwache Reize abnorm stark reagiert. Vor allem hat er Angst vor dem Sprechen.
In diesem Zusammenhang muß erwähnt werden, daß bezüglich der Frage, ob das Stotterleiden zentral oder peripher bedingt sei, heute kaum noch Zweifel bestehen können. Es gibt heute keinen Autor von Rang, der die Ansicht vertritt, am Stottern seien die peripheren Sprechorgane schuld, etwa die Zunge, der Kehlkopf oder das Gaumensegel. Es gibt aber immer noch Leute, allerdings nur in Laienkreisen, die geneigt sind, die peripheren Sprechorgane für das Zustandekommen des Stotterns verantwortlich zu machen.
Seit Liebmann gewinnt die Ansicht, daß das Stottern in erster Linie seelische Ursachen habe, immer mehr an Bedeutung. Vor allem sieht Liebmann die Ursache des Stotterns in einem Mißverhältnis zwischen Denken und Sprechen.
Froeschels betrachtet das Stottern als eine Neurose. Sie ist im wesentlichen psychisch bedingt, und an deren Ausbildung hat der Wille einen wesentlichen Anteil[2]. Er weist darauf hin, daß es sich beim Stottern keineswegs um echte Krämpfe handeln könne, denn echte Krämpfe seien dem Willen des Menschen völlig entzogen. Der Stotterer jedoch könne willensmäßig beeinflußt werden, sodaß er jederzeit symptomfrei sprechen kann. Der Ansicht Froeschels haben sich Rothe[3] und Stein[4] angeschlossen.
Professor Dr. H. Jussen gibt in seinem Aufsatz „Das Problem des Stotterns in der amerikanischen Fachliteratur" eine interessante Übersicht über die Hauptrichtungen und stellt sie den Auffassungen in Europa gegenüber. Demnach gibt es 1. „eine entwicklungstheoretische Richtung", bei der das Stottern als bloße Hemmungsform erscheint, „die sich als Ergebnis einer vorübergehenden Entwicklungsstörung darstellt. Sie trägt noch nicht das Merkmal des Abnormen, Krankhaften an sich und ist weder psychologisch noch physiologisch von der Sprachungeschicklichkeit des Kleinkindes zu unterscheiden[5]". 2. „Eine dys-

---

[1] Spasmus (gr.-lat.) = Krampf.
[2] E. Froeschels, Lehrbuch der Sprachheilkunde, Leipzig und Wien, 1931, S. 444.
[3] Karl Cornelius Rothe, Das Stottern, die assoziative Aphasie und ihre heilpädagogische Behandlung, Wien, 1925.
[4] L. Stein, Sprach- und Stimmstörungen und ihre Behandlung in der täglichen Praxis, Wien, 1937.
[5] Die Sprachheilarbeit, Heft 2, 1964, S. 162 f.

phemische Richtung", die den Ursprung des Stotterns vorwiegend „in konstitutionellen, biochemischen und organischen Ursachen"[1] sucht.
3. „Eine psychologisch-pädagogische bzw. psychotherapeutische Richtung", die im Stotterleiden eine Neurose sieht. „Sie untersucht die psychoneurotischen Bedingtheiten, eventuell emotionelle Fehlanpassungen beim Kind, seine neurasthenisch oder hysterische Einstellung, Angst- und Zwangszustände, Geburtstraumen u. ä.[2]."
Auch die Psychoanalyse nimmt zum Problem des Stotterns Stellung. Stottern sei nichts anderes als die Angst vor der Rede. Ursprünglich ist es die Angst, durch die Rede ein Geheimnis zu verraten. „Ein unbewußter Komplex drängt sich zwischen die Silben und Worte" (Stekel). Stottern ist ein psychischer Verrat wie das Verreden und Verschreiben. Die Individualpsychologen sehen im Minderwertigkeitsgefühl die Ursache der Neurosen. Das Menschenkind hat die Gabe der Vernunft, es kann denken und urteilen, lange bevor es die gleichen Leistungen vollbringen kann wie der Erwachsene. Das Kind erlebt immer wieder seine Unterlegenheit. Die Reaktion darauf ist der Geltungsdrang, das Überwindungsstreben. Das trifft für das gesunde, normale Kind zu. Beim nervösen Kind sind die Minderwertigkeitsgefühle verstärkt. Das nervöse Kind wird trachten, dem Leben soviel wie möglich auszuweichen. Es wird vermeiden, seine Kräfte mit den anderen zu messen, und wird nicht gerne seine Fähigkeiten und Leistungen mit den Fähigkeiten und Leistungen der anderen vergleichen lassen. Die Individualpsychologie betrachtet den Stotterer als einen Neurotiker mit einer funktionellen Sprachstörung. Es liegt nun in der Tendenz des Neurotikers, Schwierigkeiten aus dem Weg zu gehen. Stottern erweist sich als ein ausgezeichnetes Mittel, sich dem Kontakt mit dem Nebenmenschen zu entziehen und den Anforderungen der Gesellschaft auszuweichen.
Die Behandlung muß sich demnach zum Ziel setzen, den Stotterer wieder der Gemeinschaft zuzuführen, ihm Mut einzuflößen und sein Vertrauen zu den eigenen Leistungen zu stärken.

## IV. DIE ARTEN DES STOTTERNS

Von den drei Arten des Stotterns, die Gottfried E. Arnold anführt[3], dem Entwicklungsstottern, dem traumatischen und dem hysterischen Stottern, soll in dieser Schrift nur die erste ausführlich besprochen werden, weil uns gerade diese Art im Kindesalter weitaus am häufig-

---

[1] H. Jussen, Das Problem des Stotterns in der amerikanischen Fachliteratur, Die Sprachheilarbeit, Heft 2, S. 162 f.
[2] Ebenda.
[3] G. E. Arnold, Die traumatischen und konstitutionellen Störungen der Stimme und Sprache, Wien, 1948, S. 219–229.

sten entgegentritt. Immerhin wollen wir auch auf die beiden anderen Formen einen Blick werfen.
Das *traumatische*[1] *Stottern* entsteht durch eine plötzliche, starke Attacke. Wir können sagen, daß Nervenerschütterungen größeren Ausmaßes die Ursache dafür sind.
Die meisten Fälle dieser Art sind im Krieg entstanden, vor allem durch Erlebnisse an der Front, im Kampf. Der Nahkampf mit seinen Schrecken, eine Granatverschüttung und ähnliches können bei sensiblen Menschen — bei sonstiger gesunder seelischer und körperlicher Konstitution — Stottern mit schwersten Symptomen auslösen. Diese Art des Stotterns wurde im letzten Krieg auch durch schwere Bombenangriffe hervorgerufen.
Es kommt oft vor, daß Mütter stotternder Kinder irgendeinen Stoß, einen Fall, ein schreckhaftes Erlebnis als Ursache des Stotterns angeben. Es wäre aber weit gefehlt, in allen diesen Fällen an traumatisches Stottern zu denken, sondern es handelt sich meistens um ein echtes Entwicklungsstottern, dessen Ursache in einem solchen Erlebnis vermutet wird. Die Disposition zum Stottern war fast immer schon vorhanden. Von den Eltern wird uns nur die vermeintliche äußere Veranlassung bekanntgegeben, die eigentliche Ursache liegt aber in der psychophysischen Konstitution des betreffenden Kindes.
Echtes traumatisches Stottern zeigt sich schon in der Verschiedenheit der Symptome und im weiteren Verlauf des Leidens. Während nämlich das Entwicklungsstottern die Tendenz zeigt, aus einfachen und kaum merkbaren Anzeichen zu immer schwereren und auffälligeren Symptomen fortzuschreiten, setzt das traumatische Stottern unmittelbar nach der seelischen Attacke mit kräftigen Symptomen ein, flaut aber verhältnismäßig rasch wieder ab. Sehr bald zeigt sich eine spontane Besserungstendenz in der Ruhe. Die Therapie beschränkt sich auf eine allgemeine Beruhigung des Patienten und auf eine im wesentlichen suggestive Sprachbehandlung. Die Prognose ist gewöhnlich sehr gut.
Das sogenannte *hysterische Stottern* entwickelt sich meist aus einer anderen schwereren Krankheitsform, wie z. B. Verlust der Stimme (Aphonie), Sprachverlust, Stummheit (Mutismus) oder Taubheit. Hier sind die Symptome von denen des Entwicklungsstotterns völlig verschieden, und die Therapie geht ganz andere Wege als beim Entwicklungsstottern. Weder Sprachtherapie noch psychische Behandlung führen in diesen Fällen zum Erfolg, sondern nur der energische Zugriff, die Überrumpelung des Patienten und eventuell die Behandlung mit elektrischem Strom. Eine vorsichtige und langsame Behandlung, wie sie beim Entwicklungsstottern angezeigt ist, wäre verfehlt.

---

[1] Trauma (gr.) = Verletzung, Wunde (eine schädigende Gewalteinwirkung körperlicher, aber auch seelischer Art, z. B. Schreck).

Das *Entwicklungsstottern*, die häufigste Form — die uns beim Schulkind fast ausschließlich entgegentritt —, hat seine Ursachen in der seelischen Veranlagung des Kindes. Überempfindlichkeit, Willensschwäche, Schwäche des vegetativen Nervensystems, vielleicht auch erbliche Disposition können die Grundlagen für das Entwicklungsstottern abgeben. Ungünstige Verhältnisse innerhalb der Familie wirken sich in vielen Fällen auslösend oder fördernd aus. Auch die Nachahmung eines anderen Stotterers kann von auslösender Wirkung sein.

Das Entwicklungsstottern ist dadurch gekennzeichnet, daß es in der frühen Kindheit mit harmlosen Symptomen, wie Silbenwiederholungen oder Steckenbleiben am Anfang eines Wortes, beginnt und durch Hinzutreten von Erscheinungen schwererer Art, wie Kloni und Mitbewegungen, sich zu einer sehr auffallenden und quälenden Sprachstörung entwickelt.

# V. ENTWICKLUNG UND VERLAUF DES STOTTERLEIDENS

Bevor wir das Entwicklungsstottern darstellen, wollen wir uns mit einigen Fachausdrücken anfreunden, die nicht zu umgehen sind, weil sie in der Fachliteratur immer wieder gebraucht werden.

Obwohl es sich beim Stottern, wie wir heute wissen, nicht um echte Krämpfe handelt, so wurden doch die Bezeichnungen „Klonus" und „Tonus" ebenso wie die Mischformen „Tonoklonus" und „Klonotonus" beibehalten. Unter einem *Klonus* versteht man die krampfartige, rasch sich wiederholende Ausführung einer Bewegung durch die Sprechwerkzeuge, unter einem *Tonus* das krampfhafte, starre Festhalten einer Artikulationsstellung durch die Mundorgane. Im ersten Fall wird z. B. das Wort „bitte" wie „bibibibitte" und im zweiten Fall wie „b--iitte" ausgesprochen. Beim *Klonotonus* sind „zitternde" Bewegungen der Mundorgane zu bemerken, auch wenn die Mundstellung starr und verkrampft erscheint. Der *Tonoklonus* ist dadurch charakterisiert, daß die Silbenwiederholungen unter Druck und Pressen erfolgen. Er kann verlangsamt oder beschleunigt sein. Froeschels fand, daß der verlangsamte Tonoklonus verhältnismäßig früh in Erscheinung tritt, der beschleunigte hingegen ein Spätsymptom darstellt.

Das Entwicklungsstottern wurde von dem Spracharzt *Hoepfner*, einem Schüler Denhardts, in mehreren Schriften[1] eingehend und grundlegend

---

[1] Theodor Hoepfner, Stottern als assoziative Aphasie, in: Zeitschrift für Psychopathologie, Leipzig, Bd. 1. — Psychologisches über Stottern und Sprechen, in: Zeitschrift für Psychotherapie und medizinische Psychologie, 1911. — Zur Klinik und Systematik der assoziativen Aphasie, in: Zeitschrift für Neurologie und Psychiatrie, 1922.

beschrieben. Seinen Ansichten schloß sich *Froeschels*[1] an, der die Lehre Hoepfners zum Teil modifiziert und erweitert hat. Der Theorie über das Entwicklungsstottern von Hoepfner und Froeschels folgten dann die Schüler Froeschels', K. C. Rothe, L. Stein und D. Weiß. Die ersten Anzeichen des Stotterns tun sich zumeist in Silbenwiederholungen kund (Kloni im Sprechtempo). Das Kind wiederholt eine Silbe so lange, bis ihm der weitere Text der Rede in den Sinn kommt. Dabei ist es sich der Sprachstörung überhaupt noch nicht bewußt, selbst wenn diese Symptome gehäuft auftreten. Hoepfner nennt diese Art „ataktisches Sprechen". Er unterscheidet zwischen primärer und sekundärer Ataxie[2]. Beide Arten werden als Vorstadien des Schwerstotterns, der „assoziativen Aphasie"[3], angesehen. Im Zustand der sekundären Ataxie nimmt das Kind Kenntnis von seiner Sprachstörung. Bei vielen Kleinkindern tritt dieses Silbenwiederholen zwischen dem 2. und 3. Lebensjahr, zumeist nur durch kurze Zeit, auf. Es ist dies eine natürliche Erscheinung, ähnlich wie die Ungeschicklichkeiten beim Gehenlernen, und in den weitaus meisten Fällen ohne Bedeutung.

„Die Bezeichnung ‚assoziative Aphasie', die Hoepfner im Jahre 1912 für das Stottern vorgeschlagen und die die Wiener Schule der Logopädie akzeptiert hat, war vielfach Ursache eines Mißverständnisses und der Angriffe von verschiedenen Seiten. Die Gedankengänge von Hoepfner bezogen sich wohl auf das von ihm richtig charakterisierte erste Stadium des Stotterns, in welchem der Kranke mangels an Assoziationen ein der sensorischen Aphasie entsprechendes Zustandsbild aufweist. Er nannte auch eines der Stadien das sensorisch-aphatische. Die Bezeichnung ‚Aphasie' war aber von jeher aus dem Grunde der Kritik ausgesetzt, weil sie mehr besagt, als sie im Fall der ‚assoziativen Aphasie' besagen wollte. Gegenüber der funktionellen Auffassung des Stotterns, wie sie von der Wiener Schule in Übereinstimmung mit Hoepfner entwickelt wurde, schien sie auf etwas Organisches hinzuweisen. Ja selbst diejenigen Autoren, die eine organische Begründung des Stotterns annehmen, wollen es dennoch nicht der Aphasie gleichsetzen. Deshalb war es eine Notwendigkeit, eine Bezeichnung zu finden, die keine derartigen Mißverständnisse aufkommen läßt und die alte als richtig anerkannte Richtung wahrt. So möchte ich für das Stottern die wissenschaftliche Bezeichnung ‚assoziative Dysphasie' (schlechtes

---

[1] E. Froeschels, Das Wesen des Stotterns, in: Wiener medizinische Wochenschrift, 1914. — Beiträge zur Symptomatologie des Stotterns, in: Monatsschrift für Ohrenheilkunde, 1921. — Die herrschenden Ansichten über das Wesen des Stotterns, in: Archiv für Psychiatrie, 1923. — Lehrbuch der Sprachheilkunde, S. 445–460.
[2] Ataxie (gr.) = Störung im geordneten Ablauf von Bewegungen.
[3] assoziieren (lat.) = verbinden (mit Störungsvorstellungen), Aphasie (gr.) = Sprachlosigkeit; besser wäre Dysphasie (Störung der Sprache).

Sprechen auf Grund von mangelnden oder falschen Assoziationen) vorschlagen.
Die Tatsache einer nur ‚phasischen', also nur auf das Sprechen bezüglichen Störung läßt die Möglichkeit einer einwandfreien Tüchtigkeit für andere Funktionen offen, während sich mit der Bezeichnung ‚Aphasie' die Vorstellung von Störungen auch außerhalb des Sprechens verbindet[1]."
Bei der *primären Ataxie* handelt es sich um Bewegungen, die der zentralen Regelung entbehren, ähnlich wie bei den ersten Gehversuchen des Kleinkindes. Bei der *sekundären Ataxie* schaltet sich das Bewußtsein vollends ein, und es kommt zu Differenzerscheinungen zwischen den bereits eingeübten, aber schwach bewußten Bewegungsabläufen und den neuen, bewußtseinshellen Willküräußerungen. Meist tritt beim Übergang zum Erwerb eines reicheren Wortschatzes die primäre Ataxie auf. Atmung und Phonation sind noch ungestört.
Diese Ataxien verschwinden meist mit fortschreitender Fixierung der scharfen Wortklangbilder (Froeschels). Manchmal können sie aber auch sehr lange dauern. Es kommt zu Beschämungs- und Zornaffekten, die Sprache der Erwachsenen wird mit steigendem Interesse beobachtet, und das Empfinden für die eigene Sprachstörung wird mit fortschreitender Zeit verschärft.
Wenn dann das Kind gezwungen wird, unvermittelt zum Sprechtyp des Erwachsenen überzugehen, kommt es häufig zu Entgleisungen in der eigenen Sprache. Aus der Kritik der eigenen Sprache, deren störungsreicher Ablauf dem Kind bereits bewußt geworden ist, ergibt sich das Streben nach Überwindung der Störungen durch gesteigerte Anstrengungen. Es entspricht also durchaus der kindlichen Denkweise, wenn nun der Versuch gemacht wird, das Übel nicht durch Überlegung und Vernunft zu überwinden, sondern durch gesteigerte Kraft. Die anfangs noch harmlosen Kloni im Sprechtempo werden jetzt tonisch durchsetzt, sie erscheinen gegenüber dem reinen Klonus zunächst verlangsamt und münden schließlich in den reinen Tonus. Die vorher erworbenen Symptome bleiben aber neben den neuen bestehen. Da nunmehr auch andere, mit dem Sprechakt nicht in Verbindung stehende Muskelgruppen herangezogen werden, kommt es zu den sogenannten Mitbewegungen, von denen die am häufigsten auftretenden genannt werden sollen: Grimassieren, Stirnrunzeln, Kopfnicken, Kopfdrehen, Augenzwinkern, krampfartiges Herunterziehen des Unterkiefers, Zupfen oder Reißen an den Kleidern, lebhaftes Gestikulieren mit den Armen, Spielen mit den Händen, Armschlenkern, Seitwärtsstrecken eines Bei-

---

[1] Deso Weiss, Stottern — assoziative Dysphasie, in: Mitteilungen über Sprach- und Stimmheilkunde. Aus dem logopädischen Ambulatorium der Wiener Universitätsklinik für Ohren-, Nasen- und Kehlkopfkrankheiten, Wien, 1936, S. 18.

nes, Wippen, Treten auf einem Fuß, Bewegungen des ganzen Körpers, wie Schwingen oder Seitwärtsdrehen u. a. m. Jetzt ist das Stottern nach Stärke und Häufigkeit seiner Symptome auf dem Höhepunkt angelangt, es fällt jedem sofort auf und beunruhigt gleicherweise den Stotternden selbst wie dessen nähere Umgebung. Das Ziel, die Befreiung durch erhöhte Anstrengung, wird aber nicht erreicht, im Gegenteil, die Symptome sind nur noch auffälliger und hartnäckiger geworden. Wir sprechen nun von Schwerstottern, und zwar nach Hoepfner vom *motorisch-dynamischen Stadium* der assoziativen Aphasie. Dieses Stadium bedeutet den Höhepunkt der äußeren Kennzeichen. Es ist jenes Stadium, das auch von Laien sofort als Stottern erkannt wird, es ist jenes Leiden, das in Witzblättern und auf der Bühne oft der Erheiterung gemütsroher und beschränkter Menschen dienen muß. Nach einiger Zeit beginnt der Stotterer die Ergebnislosigkeit seiner Anstrengungen einzusehen. Er sieht sich nach anderen Hilfen um. Jetzt erst, nach vielen vergeblichen Anstrengungen und zahlreichen Blamagen vor der Umwelt, besinnt er sich und sucht nach neuen Lösungen. Zunächst beginnt er die übertriebenen Mitbewegungen abzubauen. Er behält nur solche bei, die weniger auffallen, ihm aber – nach seiner Meinung – doch helfen. Dabei kommt ihm zugute, daß auch der normal sprechende Mensch sich gewisser Gesten bedient, welche die Wirkung der Rede unterstützen sollen. Der Stotterer baut nun die bereits stark reduzierten Mitbewegungen zu einem System aus, bleibt aber in einem unlösbaren Abhängigkeitsverhältnis von diesem. Ein leises Aufstampfen oder Scharren mit dem Fuß, eine unauffällige Handbewegung, ein verlegenes Kratzen, ein Streichen mit der Hand über den Mund oder das Kinn, Kopfnicken, Seitwärtswenden des Kopfes und andere verhaltene Bewegungen leiten die Rede ein. Stockt der Redefluß, dann erfolgt prompt eine der eingeübten Mitbewegungen, da der Stotterer in diesem fortgeschrittenen Stadium ohne solche Hilfsmittel seine Rede nicht fortführen kann. Fast immer ist die Haltung in diesem Stadium durch das verlegene Wegwenden des Blickes charakterisiert. Der Stotterer sieht entweder an seinem Gegenüber vorbei, oder er fixiert mit Hartnäckigkeit einen völlig uninteressanten Gegenstand der näheren oder weiteren Umgebung, oder er dreht ganz einfach seine Augäpfel nach oben und starrt auf die Zimmerdecke oder in die Luft.
Damit sind aber die Hemmnisse nicht überwunden. Noch bleiben die „schwierigen" Laute und Wörter, die irgendwie umgangen werden müssen. Dabei kommt dem Stotterer die Reichhaltigkeit unserer Sprache zu Hilfe, die es ihm ermöglicht, für die meisten Wörter Ausdrücke von gleicher oder ähnlicher Bedeutung zu verwenden, die die gefürchteten Laute nicht enthalten. Man kann also „schwierige" Wörter umgehen und durch andere ersetzen, die mit einem „weniger schwierigen" oder „leichten" Laut beginnen. Allerdings kommt dann eine sehr gewundene und umständliche Sprechweise zustande. Nunmehr ist auch

die innere Sprache gestört, und als weitere Folge tritt dann eine „Verschiefung" der Logik ein. Außerdem greifen gewisse Veränderungen der grammatischen Form Platz, die Rothe mit dem Namen „Paragrammatie" gekennzeichnet hat. Hoepfner bezeichnet diese Stufe des Entwicklungsstotterns als *sensorisch-aphatisches Stadium*.

In der Sprache älterer Stotterer nehmen die sogenannten Embolophrasien (Flickwörter, Flicksilben) einen breiten Raum ein, z. B. „na ja, hm, äh, no, aha". Dazu kommen gedehnte Einzellaute mit gleicher Verwendung: i, a, nasales a, n, h, ferner Schluckbewegungen, Schnarchlaute und Atmungsunarten. Mitunter werden mit Vorliebe stereotyp wiederkehrende Wortgruppen verwendet, die infolge der häufigen Anwendung ohne Störung ablaufen.

Als dritte und letzte Stufe führt Hoepfner das *moralisch-psychopathische Stadium* an. Hier sind wohl die sprachlichen Symptome auf ein Minimum zurückgegangen, aber die krankhaften Veränderungen der Psyche des Stotterers haben ihren Höhepunkt erreicht. Wir werden im nächsten Abschnitt, wenn von den Veränderungen der Psyche des Stotterers die Rede sein wird, noch ausführlicher darauf zu sprechen kommen.

Schließlich soll noch ein Symptom erwähnt werden, das fast untrüglich Stottern anzeigt und auf allen Stufen anzutreffen ist, nämlich die Nasenflügelbewegungen. „Es sind dies kurze, zuckende Aufblähungen der Nasenflügel, welche während des Sprechens auftreten. Sie sind keineswegs an erkennbare Sprechschwierigkeiten gebunden, sondern bestehen bei den Stotterern oft auch dann, wenn die Rede allem Anschein nach glatt abfließt. Außerhalb des Sprechens konnte ich sie nur selten beobachten... Sie sind für Stottern so charakteristisch, daß ich wiederholt durch sie Stotterer erkannte, ohne daß momentan auftretende Sprechschwierigkeiten hörbar gewesen wären[1]."

Bisher sind nur die sprachlichen Symptome geschildert worden. Hand in Hand mit dem Stärkerwerden der sprachlichen Symptome geht die abwegige seelische Entwicklung des Stotterers vor sich. Auch hier ist die Entwicklungsstufe von Bedeutung. Während man im Vorstadium, der primären und sekundären Ataxie, kaum von besonderen seelischen Störungen sprechen kann, nehmen diese im Laufe der Zeit an Ausdehnung und Intensität zu.

Kinder, die zum Stottern neigen, weisen häufig seelische Eigenheiten auf, die das Stottern begünstigen. Sie sind auffallend ängstlich, sie zeigen eine übertriebene Furcht vor Tieren oder gewissen Personen, sie haben Angst vor dem Alleinsein und vor der Dunkelheit, sie fallen durch Zerstreutheit, Vergeßlichkeit, durch Unselbständigkeit bei den täglichen Verrichtungen auf, sie weichen größeren Schwierigkeiten aus und neigen zu Tagträumen und Tändeleien. Diese Kinder zeigen

---

[1] E. Froeschels, Lehrbuch der Sprachheilkunde, Leipzig und Wien, 1931, S. 423.

einen auffallenden Hang zur Zurückgezogenheit, sie sind unsicher in ihrem Benehmen, sie erschrecken leicht, und das Weinen sitzt bei ihnen sehr locker. Daneben findet man als Kompensation übertriebenen Ehrgeiz, Eifersucht, ja sogar Haß, häufig auch Unverträglichkeit und Schadenfreude. Diese Eigenschaften finden wir aber auch sonst bei „nervösen" Kindern, sie begünstigen die Neigung zum Stottern, müssen aber durchaus nicht zu einer Störung der Sprache führen.
Schon auf der ersten Stufe des Schwerstotterns, dem motorisch-dynamischen Stadium, kommt es zu ausgedehnten und bedeutsamen Veränderungen in der Seele des Kindes. Die meisten Stotterer sind unentschlossen und zerfahren. Die Aufmerksamkeit ist zersplittert. Die Kinder können sich nicht konzentrieren, sie sind arbeitsunlustig und ermüden leicht. Das sich ständig verstärkende Nachdenken über die eigene Sprache bewirkt neben den auffälligen sprachlichen Symptomen Störungen im sozialen Verhalten. Die häufigen Schockierungen und die Blamagen vor der Umgebung führen zur Abkehr von der Gemeinschaft.
Das sensorisch-aphatische Stadium ist durch seelische Depression gekennzeichnet. Die Erkenntnis, daß der brennende Wunsch nach einer guten und störungsfreien Sprache vergeblich gewesen ist und daß alle Anstrengungen umsonst waren, führt zu einer tiefen Niedergeschlagenheit. „Es geht nicht", sagt nun der Stotterer sich immer wieder vor, „jede Mühe ist vergebens." Die Abneigung gegen Gesellschaft, die jetzt entschiedene Formen annimmt, zieht notwendigerweise die Isolierung und eine feindliche Einstellung gegenüber der Gemeinschaft nach sich. Damit beginnt auch die Zersetzung des Ich, die dann auf der dritten Entwicklungsstufe, dem moralisch-psychopathischen Stadium, zu einer quälenden Vollendung heranreift. Ein tiefes Minderwertigkeitsgefühl beherrscht den Stotterer und bewirkt eine völlige Veränderung des Charakters. Es kommt zu einer krankhaften Umgestaltung des Lebensstiles. Nicht selten sind ältere Stotterer verschlagen, boshaft, übelwollend, eigensinnig und verschlossen. „Der weitere Lebensweg ist durch schwerste Entmutigung, die bis zu Selbstmordgedanken führen kann, gekennzeichnet[1]." Ältere Stotterer, auch wenn sie keine auffallenden Symptome mehr zeigen, haben es im Leben schwer. Das Leiden ist ein Hemmschuh für sie geworden. Die Sprachstörung bewirkt, daß sie im Beruf immer wieder vor Schwierigkeiten stehen und daß sie meistens scheitern, wenn größere Anforderungen an sie gestellt werden.
Nicht selten stellt es sich heraus, daß ältere Leute, die menschenscheu, wortkarg und verdrossen sind, einstmals Stotterer waren, aber dank ihrer Kunst, das Leiden zu verbergen, fast keine Symptome mehr zeigen. Die äußeren Kennzeichen sind nicht mehr wahrnehmbar, aber die seelische Zerrüttung ist geblieben. Erst im späten Alter verschwin-

---

[1] L. Stein, Sprach- und Stimmstörungen und ihre Behandlung in der täglichen Praxis, Wien, 1937, S. 143.

det das Stottern ganz. Immerhin hat Gutzmann, wenn auch vereinzelt, stotternde Männer von fast 70 Jahren gefunden. Interessant ist der Anteil der Geschlechter: Bei Kindern kommen auf 74 % stotternde Knaben 26 % stotternde Mädchen, und bei Erwachsenen entfallen von 100 stotternden Personen 90 auf das männliche und nur 10 auf das weibliche Geschlecht (nach Gutzmann).

## VI. DIE BEHANDLUNG DES STOTTERNS

Wenn schon die Theorien über das Wesen und die Entstehung des Stotterns voneinander weitgehend abweichen, sodaß es für den Unkundigen schwer ist, ein klares Bild zu bekommen, so gilt dies in noch stärkerem Ausmaß für die Therapie. Die Mehrzahl der Autoren ist bemüht, ihre Methode als die einzig richtige hinzustellen und die Ansichten der anderen als irrig, ja sogar als schädlich zu bezeichnen. Dabei hat jeder Autor vorwiegend einen bestimmten Typus von Stotterern im Auge und stellt seine Behandlung darauf ein. Für uns Praktiker ist es aber von Wichtigkeit, daß wir jeden Stotterer nach seiner Eigenart behandeln und jene Methode anwenden, die am schnellsten und sichersten zum Erfolg führt.
Die Fälle können in ihrer Art sehr verschieden sein. Das zeigen die folgenden zwei Beispiele:
1. Fall: Ein elfjähriger Knabe, körperlich gut entwickelt, kräftig, gelassen in seinem Benehmen, stottert ziemlich stark. Nicht nur bei Satzanfängen, sondern auch mitten im Satz kommt es zu Stockungen. Häufige Unterbrechungen der Rede, jedoch spärliche Mitbewegungen. Das Kind macht einen heiteren, gutmütigen Eindruck. Die Spontansprache offenbart einen mäßigen Gedankenzustrom, es treten Schwierigkeiten in der Wortfindung zutage. Ein Blick in den Schülerbeschreibungsbogen zeigt uns, daß der Knabe zwischen genügenden und nichtgenügenden Leistungen schwankt. Eine Klasse mußte das Kind wegen mangelnder Fortschritte wiederholen. Der Knabe hat sich recht bequem auf seinem Sessel zurechtgesetzt, er macht den Eindruck eines Phlegmatikers. Von Ängstlichkeit keine Spur.
2. Fall: Ein zwölfjähriger Knabe, Mittelschüler, lebhaft, intelligent, unruhig in seinem Benehmen. Er ist groß und von zartem Körperbau. Sehr gute Leistungen in der Schule. Zu Hause macht ihm seine um zwei Jahre ältere, sehr sprachgewandte und schlagfertige Schwester den Vorrang streitig. In der Klasse ist der Knabe einer der besten, es gelingt ihm aber nur unter beständiger Wachsamkeit und äußerster Kraftanstrengung, den ersten Platz zu behaupten. Die Konversation ergibt eine gewählte und in den Wendungen reichhaltige, wenn auch von häufigen Stockungen unterbrochene Sprache. Atmung und Stimm-

führung sind korrekt. Der Knabe macht den Eindruck, als ob er dauernd im Zustand größter Spannung lebte.
Im ersten Fall wäre eine tiefenpsychologische Behandlung ohne Berücksichtigung der sprachlichen Mängel verfehlt, und im zweiten Fall würde eine sprachgymnastische Behandlung ohne Berücksichtigung der Psyche des Kindes vorbeiführen und ins Leere stoßen.
Stotterer sind sehr empfindlich und vorsichtig. Mißerfolge bei der Behandlung werden sofort erkannt und festgestellt, ja sogar mit Genugtuung aufgenommen, besonders dann, wenn schon eine ergebnislose Behandlung vorausging. Diese Einstellung („Es nützt ja doch nichts") ist das größte Hindernis für eine erfolgreiche Behandlung.
Werden gleich zu Beginn der Therapie Fehler begangen, so können sie später nur schwer wiedergutgemacht werden. Es ist eine wesentliche Voraussetzung für den Erfolg, daß die Persönlichkeit des Stotterers richtig erfaßt wird und daß die Behandlung in ihrer Gesamtheit dieser Voraussetzung Rechnung trägt.
Diese Sicherheit des Therapeuten kann allerdings erst nach längerer Praxis erworben werden. Die Voraussetzung einer zielsicheren und dadurch erfolgversprechenden Behandlung ist aber die Kenntnis der verschiedenen therapeutischen Systeme.

## 1. Gutzmanns Therapie

Gutzmann[1] betrachtet das Stottern als „eine unwillkürliche, krampfartige Muskelkontraktion in einem der drei Gebiete des Sprachorganismus oder in zweien von ihnen oder auch in allen dreien zugleich"[2].
Demgemäß bauen sich seine therapeutischen Maßnahmen auf der Dreiheit von Atmungsübungen, Stimmübungen und Artikulationsübungen auf[3]. Der geringe Umfang dieser Schrift verbietet, die einzelnen Übungen ausführlich zu schildern, das Wichtigste soll aber hervorgehoben werden.
Bei den *Atmungsübungen* empfiehlt Gutzmann, daß Therapeut und Patient vor einem Spiegel Aufstellung nehmen, damit der Patient seine Haltung von selbst verbessern kann. Die Hände werden flach an die

---

[1] H. Gutzmann, Das Stottern, Frankfurt a. M., 1898.
[2] H. Gutzmann, Sprachheilkunde, Berlin, 1924, S. 459 – 469.
[3] Von allgemeinen Maßnahmen zur Unterstützung der Sprachtherapie nennt Gutzmann folgende: Beseitigung der adenoiden Wucherungen, wenn sie die Nasenatmung behindern, und Behandlung von chronischen Katarrhen, die ihrerseits stets einen Reizzustand der Sprechwerkzeuge darstellen. Ferner denke man an zureichende und kräftige Ernährung der Kinder bei vorwiegend vegetabilischer Kost. Verkürzung des Schlafes ist ebenso schädlich wie Alkoholmißbrauch. Medikamentöse Behandlung: Brompräparate bei Erwachsenen, Biocithin bei Kindern.

Brust gelegt. Die Einatmung erfolgt „durch den offenen Mund und ohne jedes Geräusch". Nicht die Luft „einschlürfen", sondern durch die Tätigkeit der Rippenmuskeln „hineinschießen" lassen. Wichtig ist die Kontrolle durch Auge (Spiegel), Ohr und durch Tasten (angelegte Hände!). Die Ausatmung soll möglichst langsam und gleichmäßig erfolgen. „Je langsamer und gleichmäßiger wir auszuatmen vermögen, desto mehr können wir in einem Atem sagen[1]." Noch wichtiger als die Länge der Ausatmung ist die Gleichmäßigkeit, mit der die Ausatmung erfolgt. Gutzmann sieht auch gymnastische Bewegungen in Verbindung mit den Atmungsübungen vor. Besonders wichtig ist das „Atemhalten".
Die systematisch durchgeführten *Stimmübungen* gehen vom Hauchen zum Flüstern und vom Flüstern zur Stimmgebung. Der Übergang vom Flüstern zur Stimme hat so zu geschehen, daß sich nicht etwa ein coup de glotte[2] oder eine starke Reibung zwischen Flüstern und Stimme einschiebt. Der Übergang muß ein kontinuierlicher sein. Die Stimme soll möglichst tief und leise sein[3]. Ein besonderes Augenmerk ist auf die Stimmeinsätze zu lenken. Sowohl der gehauchte als auch der leise und der feste Stimmeinsatz sollen geübt werden.
Im Rahmen der *Artikulationsübungen* sind zuerst die tönenden Dauerlaute m, n, s, w, l, j, r, isoliert und in Silben zu üben. Daran schließen sich die Übungen mit den stimmlosen Dauerlauten: f, s, sch, ch. Zwischen die letzteren Laute und die nachfolgenden Vokale ist anfangs ein h einzuschieben.
Zuletzt werden die Verschlußlaute geübt. Bei den stimmhaften Verschlußlauten kann man vorher einen Nasallaut sprechen lassen: mba, nda, ng-ga, und die stimmlosen Verschlußlaute werden mit einem nachfolgenden h versehen: p-ha, t-ha, k-ha.
Gutzmann[4] sagt von diesen Übungen: „Durch diese physiologisch exakt begründeten Konsonantenübungen gelangt man auch in schwereren Fällen von Konsonantenstottern dazu, dem Patienten die Überzeugung beizubringen, daß er auf diesem Wege den Anstoß vermeiden kann[5]."
Nach den Silbenübungen folgen Wörter, Sätze und schließlich Erzählungen.
Alle Übungen sind mit bewußter Aufmerksamkeit, aber nicht mechanisch durchzuführen. „Die physiologisch-bewußte Übung ist die Seele

---

[1] Erwachsene sollen 20 – 30 Sekunden, Kinder 12 – 20 Sekunden ausatmen können.
[2] coup de glotte (Kehlkopfschlag) = Sprengen des Stimmritzenverschlusses durch den Luftstoß.
[3] Dabei muß man beachten, daß die Stimme während der Übung nicht in die Höhe geht.
[4] H. Gutzmann, Sprachheilkunde, Berlin, 1924, S. 467.
[5] H. Gutzmann, Sprechübungsbuch zur Behebung des Stotterns, 21. und 22. Aufl., 1954.

der ‚Methode', durch nichts aber wird diese Seele so schnell ausgetrieben als durch mechanisches Arbeiten[1]."

## 2. Die Methode Liebmanns

Liebmann[2] sieht den Hauptfehler des Stotterns in dem Bestreben, „die Aufmerksamkeit von dem Text der Rede auf die Atmung und die Artikulation abzulenken, die beide automatisch sein sollen". Demgemäß liegt der Kernpunkt seiner Behandlung in der zielbewußten Ablenkung des Kindes von seiner Sprechtätigkeit. Liebmann verwirft daher die systematischen Übungen, weil diese den Stotterer in seinem Hauptfehler nur bestärken können. Er sagt: „Nach meiner Meinung sind alle Übungen der Atmung, Stimme und Artikulation sowie jede unnatürliche Kunstsprache völlig entbehrlich und zum Teil sogar für die Sprache schädlich, weil sie diese leicht mit unnatürlichen Elementen belasten und für die praktische Anwendung unbrauchbar machen."

Liebmann beginnt seine Therapie mit dem *„gemeinsamen Lesen"*, bei kleinen Kindern mit dem „gleichzeitigen Sprechen kurzer Sätze" — womöglich an Hand von Bildern. Durch dieses „Unisono-Lesen" bzw. „Unisono-Sprechen", wie Liebmann es nennt, wird die Aufmerksamkeit des Kindes von seiner eigenen Sprache abgelenkt. Falls der Schüler steckenbleibt, darf man nicht den Fehler machen und auf ihn warten, sondern man muß unbekümmert weiterlesen. Dadurch wird das Kind gezwungen, auf die Rede des Mitlesenden und dadurch auf den Text zu achten.

Der Übergang zur zweiten Stufe der Behandlung, dem *Nachsprechen,* wird dadurch eingeleitet, daß die Stimme des Lehrers allmählich leiser wird, bis dieser schließlich nur noch die Artikulationsbewegungen mitmacht. Der Schüler spricht dann schließlich allein.

Die dritte Stufe, das *Nachsprechen kleiner Erzählungen,* bereitet schon größere Schwierigkeiten, weil beim Nacherzählen der Text nicht so starr festgelegt ist wie beim Nachsprechen einzelner Sätze.

Der Stotterer muß •daran gewöhnt' werden, etwa noch auftretende Stockungen zu ertragen und ruhig zu warten, bis ihm die richtigen Ausdrücke und Wendungen einfallen und die Rede von selbst weitergeht. Man erleichtert ihm den Vorgang dadurch, daß man eine kurze Erzählung, die etwa aus 10 Sätzen bestehen soll, erst satzweise nachsprechen läßt und dann dazu übergeht, die Geschichte im ganzen nacherzählen zu lassen. Dabei bedient man sich zur Unterstützung des Gedächtnisses einfacher Bilder oder auch Bildreihen und verwendet sie so, daß man immer auf einen Gegenstand oder eine Person zeigt und

---

[1] H. Gutzmann, Sprachheilkunde, Berlin, 1924, S. 467.
[2] A. Liebmann, Vorlesungen über Sprachstörungen, 1. Heft.

dabei den Stotterer sprechen läßt. Später läßt man Geschichten nach Serienbildern frei erzählen.

Auf der vierten Stufe der Behandlung ist der Stotterer bereits imstande, selbst *eine Geschichte durchzulesen und im Zusammenhang nachzuerzählen.*

Die fünfte und letzte Stufe besteht in einer *freien Konversation.* Der Lehrer soll schon zu einem früheren Zeitpunkt damit beginnen, den Schüler an die Anwesenheit fremder Personen zu gewöhnen. So wird dieser nach und nach geschult, auch in Gegenwart anderer Personen ohne Scheu zu sprechen. „Bei Kindern genügt es, ihnen eine fließende Sprache zu geben, dann verschwindet auch gleichzeitig die Schüchternheit, die Depression und das Minderwertigkeitsgefühl."

Bei älteren Stotterern wird die Behandlung breiter angelegt. Liebmann beginnt hier seine Therapie mit Erklärungen über den Sprechvorgang an Hand eines Längsschnittes durch Kopf und Hals und weist darauf hin, daß beim Sprechen an „vier Artikulationsstellen" ganz schwache Widerstände eingeschaltet werden, welche die Ausatmungsluft auf ganz natürliche Weise und leicht überwindet. Er macht ferner darauf aufmerksam, daß wir beim Sprechen zwei Tätigkeiten unterscheiden, nämlich das Denken des Textes und die Aussprache. „Die Sprache ist so eingerichtet, daß wir unsere Aufmerksamkeit nur auf den Text richten sollen, während die mechanische Sprache automatisch abrollt."

Schließlich weist Liebmann darauf hin, daß jeder Mensch beim Sprechen ab und zu stockt. Der Normalsprechende kümmert sich aber gar nicht um diese Stockungen, und der Stotterer muß sich daran gewöhnen, nach gelegentlichen Unterbrechungen sofort wieder unbekümmert weiterzusprechen.

„Bei älteren Stotterern darf man nicht nur die Sprachstörung behandeln, sondern man muß die ganze psychische Einstellung zum Leben umschalten." Das Leid muß ihnen ein Führer sein zur inneren Selbstbefreiung. „Der Mensch muß durch die Schule des Leidens gehen, um die heiligsten Gedanken, Gefühle und Strebungen in sich aufzurufen und innerlich zu erstarken."

### 3. Die Therapie Emil Froeschels'

Die Behandlungsmethoden, die Froeschels gegen Stottern anwendet, beruhen auf seinen klinischen Beobachtungen an über achttausend Fällen. Er hat die Sprache von Hunderten von Kindern vom zweiten bis zum sechsten Lebensjahr beobachtet und konnte feststellen, daß 70 % dieser Kinder gelegentlich während spontaner Äußerungen für einen Augenblick die Rede unterbrechen oder das zuletzt gesprochene Wort oder die zuletzt gesprochene Silbe zwei-, drei- und viermal wiederholen. Es macht den Eindruck, als ob die zum Ausdruck der Gedanken notwendigen Wörter dem momentanen Sprechdrang nicht rechtzeitig zur Verfügung ständen.

Deso A. Weiss[1] hat diesen inneren Zustand „Language imbalance" genannt. Nach einiger Zeit verschwindet die „imbalance" bei der großen Mehrheit der Kinder und bleibt nur bei wenigen bestehen. Etwa 2 % der „imbalanced"-Kinder werden Stotterer. Bei diesen zeigt sich dann während der Wort- und Silbenwiederholungen ein Pressen in den Sprechwerkzeugen.

Froeschels berichtet, daß die Eltern von Stotterern auf die Frage, wie die ersten Zeichen der Sprachstörung bei ihren Kindern gewesen seien, antworteten, es habe sich um reine Silben- oder Wortwiederholungen gehandelt. Dies läßt darauf schließen, daß das Kind die Wiederholungen selbst für eine Sprechschwierigkeit hielt und daß es, wenn das „schwierige" Wort oder die „schwierige" Silbe im Geist auftauchte, unphysiologische Anstrengungen im Kehlkopf oder auch in den Artikulationsmuskeln machte. Leider kommt es auch vor, daß die Eltern oder Familienmitglieder das Kind auffordern, das „schwierige" Wort oder die „schwierige" Silbe nochmals zu sagen. Damit wird in dem Kind aber erst recht die Überzeugung ausgelöst, daß es Sprechschwierigkeiten habe.

Auch auf das Entstehen von Grimassen oder krampfähnlichen Bewegungen in anderen Körperteilen während des Erzeugens von tonischen Sprechbewegungen hat Froeschels hingewiesen. Sie werden Hilfsbewegungen genannt. Sie sind meistens tonischer Natur, können aber auch klonisch sein, wie z. B. Kopfschütteln, Augenzwinkern u. ä.

Diese gedrängte Beschreibung des Entstehens der Hauptsymptome des Stotterns (Klonus, Tonoklonus, Tonus, Mitbewegungen) soll zeigen, daß nach Froeschels der Anfang des Stotterns und ein sehr wichtiger Teil des schon länger bestehenden Übels auch geistige Ursachen haben. Daß nun der ursprüngliche Irrtum und die dann fortwährende Mißdeutung der Symptome seelische Folgen nach sich ziehen, ist nur zu begreiflich. Solche seelische Folgen sind Sprechfurcht, Menschenscheu, asoziales Verhalten, Minderwertigkeitskomplexe und anderes.

Neben den klonischen, tonischen usw. Sprechsymptomen sind es auch die seelischen Anzeichen, die manche Forscher zur Annahme führten, daß im motorischen, aber auch im vegetativen Nervensystem Ursachen der Sprachstörung zu finden seien. Hier hat Froeschels die Frage aufgeworfen, warum denn Stottern niemals am Anfang der Sprachentwicklung auftaucht, wo doch zu dieser Zeit genug motorische Schwierigkeiten bestehen? Alle Kinder erlernen ja die Aussprache einzelner Laute nicht ohne Schwierigkeiten. Jedoch erst bei der Satzbildung treten die ersten klonischen Zeichen auf.

Froeschels hält es für verfehlt, bei der Behandlung die seelischen Faktoren des Leidens in den Vordergrund zu stellen. Aus der umfangrei-

---

[1] D. A. Weiss, „Cluttering", Prentice Hall, 1964.

chen psychotherapeutischen Literatur ist ihm nicht ein Fall von Heilung des Stotterns durch Anwendung ausschließlich psychotherapeutischer Maßnahmen bekannt. Doch weist Froeschels immer wieder darauf hin, daß auch seine logopädische Methodik Psychotherapie nicht ausschließt.

Bei kleinen Kindern, bei denen die Wiederholungen das Hauptsymptom sind, empfiehlt Froeschels die Liebmann-Methode. Die Methode, die er anwendet, sobald eine Erklärung des Wesens der Normalsprache verstanden werden kann, heißt Atemessen oder Kaumethode.

„Da jeder Mensch zur gleichen Zeit kauen und sprechen kann und da nur ein Gehirnzentrum (in der vorderen Zentralwindung des Gehirns), nur eine Garnitur von Muskeln (die der Lippen, der Kiefer, der Zunge, des weichen Gaumens, des Pharynx und des Larynx) und nur eine Garnitur der korrespondierenden Nervenstränge uns zur Verfügung stehen, so folgt, daß die Bewegung des Kauens und des Sprechens ein und dieselbe sein muß [1]." Manche Völker, nicht nur die primitiven, geben während des Kauens konstant Töne von sich, wahrscheinlich als Zeichen des Behagens. Froeschels glaubt, daß das laute Kauen der Ursprung der Menschensprache war. (Lallende Kinder produzieren Vokale und Zungenspitzenlaute, solange sie nur mit Milch gefüttert werden. Erst wenn sie feste Nahrung zu kauen beginnen, treten „g" und „k" auf.)

Die Kaumethode soll auf folgende Art angewendet werden: Zuerst gibt man dem Kind eine Erklärung über die Gleichheit von Kauen und Sprechen. Wir lassen mit Stimme kauen, machen es selbst auch und tun so, als ob wir ein Gespräch führten. Wenn wir den Schüler frei sprechen lassen, weisen wir ihn an, ständig an das Kauen zu denken. Außerdem muß er sich Zeit nehmen, tagsüber öfters einige Augenblicke lang stimmhaft zu kauen. Später wird dem Patienten aufgetragen, während des Gesprächs mit dem Therapeuten und während des Lesens einige Kausilben in sein Gespräch einzustreuen.

Der nächste Schritt besteht darin, daß man ihn – immer an das laute Kauen denkend – zählen, die Wochentage und die Monate nennen und ähnliche im Gedächtnis verankerte Wortreihen sprechen läßt. Wieder nach einiger Zeit liest der Therapeut zuerst Satzteile, später kurze und nach einiger Übung lange Sätze vor, die der Patient unter dauernder Leitung durch den Kaugedanken wiederholt. Dann läßt man ihn selbst aus einem Buch laut lesen, und zwar einigemal am Tag, und schließlich immer häufiger unter der Leitung des Kaugedankens mit Menschen sprechen. Diese relativ kurzen Hinweise auf die Methode sollen hier genügen, doch sei darauf verwiesen, daß meh-

---

[1] E. Froeschels, Angst, Eine philosophisch-medizinische Betrachtung, Basel – New York, 1950.

rere Bücher und viele Aufsätze über die Kaumethode veröffentlicht wurden[1].

Wie von vielen anderen Methoden, so ist auch von der Kaumethode nicht zu erwarten, daß sie bei allen Stotterern erfolgreich angewendet werden kann. In manchen Fällen braucht der Patient eine gründliche seelische Umorientierung. Den psychoanalytischen Methoden steht Froeschels nach wie vor ablehnend gegenüber. „In den vielen Jahren meiner Arbeit auf dem Gebiet der Sprachpathologie ist mir nicht ein Mensch untergekommen, der durch Analyse vom Stottern geheilt worden wäre[2]." Jedoch meint Froeschels weiter: „Die moderne Psychotherapie ist willens, eine Synthese zwischen dem rein analytischen und dem ‚überredenden' Typ der Behandlung zu vollziehen, wobei ‚überreden' bedeutet, daß den Patienten gewisse wissenschaftliche, soziale und ethische Einsichten vermittelt werden[3]." Psychotherapie ist aber nach Froeschels „nicht lediglich eine Wissenschaft, sondern sie fordert ein ungewöhnliches Maß von Liebe und Glauben[4]".

„Es ist durch reiche Erfahrung bewiesen, daß es eine Angstneurose gibt, die geheilt werden kann, indem man dem Patienten das Wesen der entsprechenden Funktion zum Verständnis bringt[5]." Die „aktiv eingreifende, überredende Psychotherapie" führt in zahlreichen Fällen zu einem vollen Erfolg.

## 4. Karl C. Rothe: Die Umerziehung

Rothe hat den Gedanken der psychischen Beeinflussung, den Liebmann schon ausgesprochen hatte, fortentwickelt und zu dem Begriff der Umerziehung erweitert. Wir erinnern uns des Ausspruchs Liebmanns, daß der Mensch „durch die Schule des Leidens gehen muß, um innerlich zu erstarken".

Rothe sieht die Aufgaben der Umerziehung im wesentlichen „in dem Abbau der Angst, der Scheu und der schlechten Sprechgewohnheiten", wie „Wortausweichungen, Mitbewegungen und Gesten", ferner im Aufbau, d. h. in „der Weckung von Hoffnung und Selbstvertrauen, der Beruhigung, der Zielergreifung und der Angewöhnung strenger Selbst-

---

[1] Weiss-Beebe, The Chewing Approach in Speech and Voice Therapy, Basel – New York, 1954. – W. Orthmann, Sprechkundliche Behandlung funktioneller Stimmstörungen, Halle/Saale, 1956. – H. Hulick-Beebe, Practical Aspect of Chewing Therapy, in: Folia Phoniatrica IV, Nr. 2.
[2] E. Froeschels, Angst, Eine philosophisch-medizinische Betrachtung, Basel – New York, 1950, S. 81.
[3] Ebenda, S. 77, 78.
[4] Ebenda, S. 79.
[5] Ebenda, S. 85.

zucht¹". Daß sich die Umerziehung bei Verwahrlosung besonders schwierig gestaltet, liegt auf der Hand. Ungünstige Einflüsse, die von einzelnen Personen ausgehen, sind in den meisten Fällen leicht zu beheben. Konflikte innerhalb der Familie bilden oft ein schwer zu überwindendes Hindernis für eine wirksame Behandlung. Lebt z. B. ein stotterndes Kind bei Eltern, die eine unglückliche Ehe führen, so werden die Konflikte der Eltern den Gang der Behandlung nachteilig beeinflussen. Wegen der schlechten Umweltsverhältnisse auf eine wirksame Behandlung verzichten zu wollen, hieße jedoch „die Flinte zu früh ins Korn werfen²".
Wichtig bleibt daher nach wie vor die Forderung an die Eltern stotternder Kinder, sich so zu verhalten, daß dem Kind nicht nur kein Schaden erwächst, sondern daß ihm sogar eine wirksame Stütze geboten wird. Das wird in manchen Fällen schwer zu erreichen sein! Die Eltern müssen jedoch mit allem Nachdruck darüber belehrt werden, wie sie mit dem stotternden Kind umzugehen haben. Also: Umerziehung nicht nur der Kinder, sondern auch der Eltern, d. h. der gesamten Familie, einschließlich der Geschwister, wenn diese sich störend bemerkbar machen sollten.
Die *Umerziehung* setzt sich zum Ziel, einen anderen, neuen Menschen zu formen. Rothe hat in einigen Kapiteln seines Buches[3] diesen Gedanken zum Ausdruck gebracht. An die Spitze seiner Ausführungen setzt er die Erziehung zur Freude. „Vergessen wir nicht, daß der assoziative Aphatiker ein Einsamer ist, der in der Regel niemanden hat, bei dem er sich aussprechen kann." Wenn Rothe bei vielen Stotterern eine gewisse Lebensmüdigkeit zu erkennen glaubt, so meint er damit nicht die Lebensmüdigkeit der Erwachsenen, die aus schweren Konflikten hervorgeht. Ein „unerträglicher Zustand" bringt ein Kind wohl zum Stottern, aber nicht zum Lebensüberdruß. „Wenn das Kind Gelegenheit zu Freuden bescheidenster Art findet – und hiezu können Kinder eigentlich unsere Lehrmeister sein –, so hilft ihm diese kleinste Freude, die bescheidenste Erholung, Ausspannung, Abwechslung, schon über viel hinweg."
Beim älteren Kind müssen wir auf *Selbstüberwindung, Selbsterkenntnis* und *Selbsterziehung* hinarbeiten. „Freue dich, wo du dich freuen kannst... Weiche Verlegenheiten nicht aus, sondern sieh ihnen fest ins Auge, dann verlieren sie ihre Macht", ruft Rothe seinen Schülern zu, und vom Therapeuten verlangt er, daß er für das Kind ein Freudenbringer sei. „Dem Leben Lustgefühle geben, das ist eine Umerziehung, die auch die armen assoziativen Aphatiker dringend brauchen."

---

[1] K. C. Rothe, Das Stottern, die assoziative Aphasie und ihre heilpädagogische Behandlung, Wien, 1935, S. 105.
[2] Ebenda, S. 103.
[3] Ebenda, S. 183, 189.

Ältere Stotterer scheuen die mühevolle Selbsterziehung. „Das Gewohntsein an sein Stottern nimmt dem Leiden einen Teil des Schrecklichen[1]."
Manche Stotterer zweifeln an ihrer Kraft, viele wollen sich nicht voll einsetzen, und so mancher kultiviert sein Leiden, weil es ihn von seinen Verpflichtungen enthebt. Ohne Kampf gibt es keinen Sieg. Unermüdlich muß der Therapeut den Stotterer in diesem Kampf unterstützen. Der Stotterer muß sich immer wieder zur Ruhe zwingen, indem er sich selbst den Befehl erteilt: „Beherrsche dich, bewahre kaltes Blut und kühlen Verstand!"
Der Stotterer neigt vielfach zum Resignieren. Er unterwirft sich seinem Leiden. Wir aber verweisen ihn auf Menschen, die Schwereres zu ertragen haben. „Lerne leiden, ohne anzuklagen!... Der Erblindete, Ertaubte kann durch keinerlei Hilfe, durch keinerlei eigene Arbeit sehend oder hörend werden. Du aber kannst dich befreien." Das Schlimmste ist das Verharren in einem Zustand, aus dem man herauskann. „Immer wieder müssen wir den Stotterer zur Arbeit aufmuntern. Mit der Zeit wächst dann an dem Erfolg das Vertrauen[2]."

## 5. Das Stottern in tiefenpsychologischer Sicht

Während die allgemeine Psychologie keinen Anlaß sieht, sich mit dem Problem des Stotterns auseinanderzusetzen, haben jene Richtungen, die wir unter der Bezeichnung „Tiefenpsychologie" zusammenfassen, von ihrem Standpunkt aus zu dem Phänomen des Stotterns Stellung genommen.
„Die allgemeine Psychologie arbeitet mit Erlebnissen. Die Aussage: ‚Ich erlebe das in dieser oder jener ganz bestimmten Weise', gilt ihr als letzte, unantastbare Tatsache. Das begrifflich ‚Dahinterliegende' ist Ordnungspunkt und bedarf daher eigentlich keiner Bestätigung durch das Erlebnis. Es findet seine Rechtfertigung in der Widerspruchsfreiheit der Spekulation oder durch die Statistik[3]." Wohl werden hinter den Erscheinungen konkrete Ursachen gesucht, zum Beispiel im Bau und in der Funktion des Gehirns, im endokrinen System oder in den Erbfaktoren, aber die Grundlagen der Betrachtung bilden das bewußte Erlebnis oder die Verhaltensweise. „Die *Tiefenpsychologie* sieht dagegen in den bestimmenden Faktoren Ereignisse, die zwar erlebt werden können, die aber vielfach im Augenblick des Auftretens einer Verhaltensweise nicht mehr erlebt werden[4]."

---

[1] K. C. Rothe, Das Stottern, die assoziative Aphasie und ihre heilpädagogische Behandlung, Wien, 1935, S. 192–194.
[2] Ebenda, S. 200–202.
[3] P. R. Hofstätter, Einführung in die Tiefenpsychologie, Wien, 1948, S. 9 und 10.
[4] Ebenda.

Dem Menschen kommt nach Auffassung der Tiefenpsychologie nur ein Teil seiner Seelenvorgänge zum Bewußtsein, während ein anderer Teil im Dunkeln bleibt. Dieser Teil wirkt aber aus dem Unbewußten, er steuert die Stimmung des Menschen und lenkt seine Regungen und Triebe. Nicht selten haben schwere seelische Konflikte im Leben des Menschen im Unterbewußten ihre Ursache. „Der Name Tiefenpsychologie hat sich als eine verallgemeinernde Bezeichnung eingebürgert, die eine weitverzweigte Vielfalt von Richtungen überdacht, denen allen Anregung und Ausgangspunkt gemeinsam sind: nämlich die Nötigung zur Behandlung menschlicher Lebenskonflikte als Anregung und die Grundgedanken Sigmund Freuds als Ausgangspunkt [1]."

Es würde den Rahmen dieser Schrift weit überschreiten, wollte man die wichtigsten Richtungen der Tiefenpsychologie auch nur in den Grundzügen beschreiben. Unsere Aufgabe kann es nur sein, die Ansichten der bedeutendsten Autoren so weit darzustellen, als sie sich mit dem Problem des Stotterns befassen.

Freud selbst hat sich mit dem Stotterleiden im besonderen nicht beschäftigt. Froeschels berichtet, daß Freud vor vielen Jahren sich zu ihm in einem Gespräch dahin geäußert habe, die Psychoanalyse hätte sich in bezug auf das Stottern als nicht erfolgreich erwiesen [2]. Hingegen beschäftigt sich Stekel [3], ein Schüler Freuds, eingehend mit dem Problem des Stotterns. Er verwendet bei der Behandlung psychoanalytische Methoden.

Stekel stellt die Angst vor der Rede in den Mittelpunkt seiner Betrachtungen und sieht in ihr die Ursache des Leidens. Ursprünglich ist es die Angst, durch die Rede ein Geheimnis zu verraten. „Das Stottern ist ein psychischer Verrat, wie das Verreden und Verschreiben. Ein unbewußter Komplex drängt sich zwischen die Silben und Worte. Es sind innere Widerstände, die den freien Abfluß der Rede hemmen, nicht falsche Artikulationen, fehlerhaftes Atmen, undeutliche Vokalisation usw." Stekel untersucht die Bedingungen, unter denen das Stottern entsteht, und beschäftigt sich mit den Situationen, in denen das Leiden in Erscheinung tritt. „Wann stottern normale Menschen im Leben? Ist jemand nicht aufrichtig, ist er in Verlegenheit, so stottert er. Es stottert der Angeklagte, dem die innere Überzeugung fehlt, unschuldig zu sein. Es stottert der Liebhaber, wenn er um die Hand seiner Geliebten anhält, sich aber nicht für würdig hält, sie zu erringen [4]." Im Mittelpunkt des Stotterns steht aber die Angst vor der Rede. „Es ist ein ähnliches Verhältnis wie bei der psychischen Impotenz, wo die Angst als Hemmungsvorstellung den automatischen Ablauf der Funktionen

---

[1] P. R. Hofstätter, Einführung, S. 1.
[2] E. Froeschels, Pathology and Therapy of Stuttering, in: Twentieth Century, Speech and Voice Correction.
[3] W. Stekel, Nervöse Angstzustände und ihre Behandlung, Wien, 1924, S. 500.
[4] Ebenda.

hemmt[1]." Es fehlt bei Stekel nicht an Hinweisen auf sexuelle Momente. „Bei allen Stotterern kann man finden, daß ihr Mund eine erogene Zone darstellt, daß sie Lutscher, Feinschmecker, Kußfanatiker sind. Sie haben die Sprache erotisiert und den Mund genitalisiert[2]."
Bei der Behandlung des Stotterns hält Stekel jede andere Methode als die analytische für überflüssig. Er ist der Ansicht, daß das „unsinnige System der Prüfungen" in den Schulen vielfach am Stottern schuld sei. Es sollte beseitigt und durch eine einfache Beurteilung durch den Lehrer ersetzt werden.
Die *Individualpsychologie* sieht die Ursache der Neurosen in einem Minderwertigkeitsgefühl, das der Patient auszugleichen versucht. „Jede Neurose kann als ein kulturell verfehlter Versuch verstanden werden, sich aus einem Gefühl der Minderwertigkeit zu befreien, um ein Gefühl der Überlegenheit zu gewinnen[3]." — *„Dem Kinde haftet während der ganzen Zeit seiner Entwicklung ein Gefühl der Minderwertigkeit in seinem Verhältnis zu den Eltern und zur Welt an.* Durch die Unfertigkeit seiner Organe, durch seine Unsicherheit und Unselbständigkeit infolge seines Anlehnungsbedürfnisses an Stärkere und wegen der oft schmerzlich empfundenen Unterordnung unter andere erwächst ihm dieses Gefühl der Insuffizienz[4], das sich in seiner ganzen Lebenstätigkeit verrät. Dieses Gefühl der Minderwertigkeit erzeugt die beständige Unruhe des Kindes, seinen Betätigungsdrang, sein Rollensuchen, sein Kräftemessen, sein Vorbauen in die Zukunft und seine körperlichen und geistigen Vorbereitungen. Die ganze Erziehungsfähigkeit des Kindes hängt an diesem Insuffizienzgefühl. Die Zukunft wird dem Kinde ein Land, das ihm die Kompensationen bringen soll; als Kompensation gilt ihm nur, was seine gegenwärtige dürftige Lage dauernd aufhebt und es allen anderen überlegen macht. So kommt das Kind zur Zielsetzung und zum fiktiven Ziele der Überlegenheit, wo sich seine Armut in Reichtum, seine Unterwerfung in Herrschaft, sein Leiden in Freude und Lust, seine Unkenntnis in Allwissenheit, seine Unfähigkeit in Kunst verwandeln wird. Dieses Ziel wird um so höher angesetzt, je mehr es seine Geringschätzung im Leben spürt[5]."
*Die Kompensation gegen das Minderwertigkeitsgefühl ist das Geltungsstreben.* Es ist pluralbezogen. Obwohl es uns als „egozentrisch" erscheint, verlangt es doch nach Verbindungen mit den Mitmenschen. Denn der Mensch ist ein Gemeinschaftswesen, er kann auf die Gesellschaft nicht verzichten.

---

[1] Ebenda.
[2] Ebenda.
[3] Alfred Adler, Praxis und Theorie der Individualpsychologie, München, 1927, S. 16.
[4] Insuffizienz (lat.) = Unzulänglichkeit.
[5] A. Adler, Praxis und Theorie der Individualpsychologie, München, 1927, S. 9 und 10.

Jeder ist dem Geltungsdrang unterworfen, jeder trägt das Ideal der Überlegenheit in sich. Beim Nervösen tritt aber das Streben nach Geltung, nach Überlegenheit, nach Macht in verstärktem Maß zutage. Er will nicht untergeordnet, klein und schwach sein, sondern mächtig, stark und überlegen. Immer wieder zeigt sich die Tendenz, „vom mädchenhaften Gehorsam zum knabenhaften Trotz" durchzubrechen („Männlicher Protest"). Im „männlichen Protest" sieht nun Adler die seelische Ursache des Stotterns. Das stotternde Kind empfindet die Gemeinschaft als übermächtig, es fühlt sich durch ihr Vorhandensein beunruhigt. Es ist kein Zufall, daß es gerade auf dem Gebiet der Sprache, dem Bindeglied von Mensch zu Mensch, zu Störungen kommt, denn die Sprache ist eine soziale, niemals aber eine individuelle Angelegenheit.

Adler macht vier Faktoren für das Zustandekommen von Neurosen verantwortlich. Er entwirft folgendes Schema: *Individuum + Erlebnisse + Milieu + Anforderungen des Lebens = Neurose*[1]. Diese Faktoren werden im einzelnen Fall nicht gleich wichtig und bedeutend sein, sie müssen auch gar nicht alle gleichzeitig auf den Plan treten.

Unter den Begriff „Individuum" reiht Adler Erbfaktoren, Körperbau (Kretschmer), angebliche Sexualkomponenten (Freud), Intro- und Extraversion (Jung), und bei den „Erlebnissen" führt er Sexual- und Inzesterlebnisse (im Sinne Freuds) an.

Einen besonders breiten Raum nimmt bei Adler das *Milieu* ein. Nach seiner Ansicht wirkt die Beschaffenheit des Milieus bestimmend auf die Entwicklung des Kindes. Die familiäre Umgebung bedeutet für das Kind seine Welt. Hier erlebt das Kind die Gemeinschaft im kleinsten Kreis, es entwickelt sich in ihr und bleibt an sie gebunden, bis diese durch ein größeres Gemeinwesen abgelöst wird.

Das „schwächere" Kind in der Familie ist immer seelischen Gefahren ausgesetzt. Man muß sich nur vorstellen, wie trostlos die Lage eines unbegabten Kindes zwischen begabten Geschwistern ist! Alles Lob und alle Anerkennung heimsen die begabten Geschwister ein, und für das schwächere Kind bleibt nur Tadel oder Mitleid. Wenn die Eltern nicht ausgleichend und beruhigend wirken, sind die Voraussetzungen für eine Neurose schon gegeben. Ein zu strenger Vater, eine ungeduldige oder nörgelnde Mutter, ein überlegener Bruder oder eine flinke und rascher begreifende Schwester können ein solches Kind zur Verzweiflung treiben. „Immer wird man in der Umgebung solcher Kinder einen Schädling finden, der durch Unverständnis oder bösen Willen die Seele des Kindes vergiftet[2]." Dabei muß es sich bei dem zurückgesetzten Kind gar nicht um eine schwache Begabung handeln. Schon ein geringes Zurückbleiben, oft nur durch den Altersunterschied be-

---

[1] A. Adler, Praxis und Theorie der Individualpsychologie, München, 1927, S. 28.
[2] Ebenda, S. 237.

dingt, kann ehrgeizige Kinder zum Versagen bringen. Wie oft geben Zweitgeborene oder Jüngste bei durchaus normaler Begabung das Rennen auf und resignieren, bloß deshalb, weil sie einsehen, daß sie den Tüchtigen nicht erreichen, geschweige denn überflügeln können. So vielfältig die Stellung des Kindes in der Familie sein kann: jede Position birgt bei entsprechender seelischer Veranlagung Gefahren für das heranwachsende Kind.

Der Erstgeborene, der lange Zeit der Mittelpunkt der Familie war, sieht sich eines Tages vor die Tatsache gestellt, mit einem zweiten die Liebe und Zuneigung der Eltern teilen zu müssen. Dazu muß er noch erleben, daß der jüngere, wenigstens am Anfang, den größeren Teil der mütterlichen Sorgfalt auf sich zieht. Er ist nicht mehr rückenfrei, jetzt ist ein Rivale hinter ihm, der ihn zu erreichen droht.

Der Zweitgeborene findet vor sich einen anderen, der mehr kann, der stärker ist, der ihm überlegen ist. Wenn der zweite schwachmütig ist, dann resigniert er. Ist er entwicklungsfähig, dann wird er in fortwährender Anspannung leben und den ersten in seinen Leistungen erreichen und übertreffen wollen.

Der Jüngste traut sich im allgemeinen zu wenig zu. Er wird alles von den anderen erwarten. Dagegen zieht er die ganze Liebe und Sorgfalt der Umgebung auf sich. Er wird im Leben nur dann etwas leisten, wenn er sich in einer angenehmen Umgebung befindet. Treten Schwierigkeiten auf, wird er härter angefaßt, dann ist er gleich verstimmt, und seine Leistungen sinken.

Der einzige Knabe unter Mädchen kann ebenso in Schwierigkeiten geraten, wenn die Mädchen unter sich einen festen Zusammenschluß finden, wie umgekehrt das einzelne Mädchen unter Knaben, wenn es von diesen auf den zweiten Platz verwiesen wird.

Man darf aber nach dem Gesagten nicht etwa annehmen, daß immer Komplikationen eintreten müssen. Jeder von uns ist einmal der erste oder der letzte, der ältere oder der jüngere gewesen, ohne daß er einen Schaden davongetragen hätte. Der wachsame Erzieher hat nur die Aufgabe, die Möglichkeiten in Betracht zu ziehen, welche sich aus der Rivalität der Geschwister ergeben können.

Das einzige Kind vereinigt alle Sorgfalt der Eltern auf sich. Daher sind die einzigen meistens sehr verwöhnt, sie stellen hohe Anforderungen an ihre Umgebung[1]. Wohl kennen sie nicht die Rivalität zwischen Geschwistern, es fehlt ihnen aber das Erlebnis der kindlichen Gemeinschaft. Daher können Einzige sich leicht zu Egoisten entwickeln, die gerne nehmen, aber nicht geben wollen.

Wichtig ist die Haltung der Eltern in der Familie. Es ist nicht gleichgültig, ob die Eltern die Gegensätze zwischen den Kindern ausgleichen oder verschärfen, ob sie objektiv oder parteilich sind. Wesentlich ist

---

[1] Es ist nicht verwunderlich, daß wir unter den Stotterern häufig einzige Kinder finden.

die Art der erziehlichen Tätigkeit. Eine demütigende, drakonische oder nörgelnde Erziehung gibt zu dauernden Entmutigungen Anlaß. Ebenso schädlich, wenn auch nicht gleich erkennbar, ist eine inkonsequente oder bevormundende Erziehung. Verzärtelung wirkt sich nicht sofort aus, bereitet aber spätere Entmutigungen vor[1].

Wie bereits erwähnt, führen Eltern die Entstehung des Stotterns bei ihren Kindern oft auf einen Schock, einen Unfall oder bloß auf ein geringfügiges Erschrecken zurück. Demgegenüber wurde auch auf die Bedeutung der psychophysischen Konstitution hingewiesen, zu der als weiterer Faktor eine das Leiden fördernde Umwelt tritt. Karl Heinz Berg spricht von einem „permanenten Leidensdruck", dem der Stotterer unterworfen ist. In diesem Zusammenhang sind die Ergebnisse von Erhebungen interessant, die Berg in einer Statistik zusammengefaßt hat. Daraus geht hervor, daß an der Spitze der Familienproblematik die Beziehungen zu den Geschwistern stehen. Der Bericht K. H. Bergs stützt sich „auf Angaben und Hinweise für 124 Störfaktoren, 19 verschiedener Art, bei insgesamt 81 Patienten[2]". Nachstehend die Rangreihe:

| | | | |
|---|---|---|---|
| Geschwisterproblematik | 21mal | Ablehnung der Mutter | 5mal |
| Überforderung durch die Eltern | 14mal | Ablehnung des Vaters | 5mal |
| Neurotisierende Erziehung | 9mal | Vaterlose Erziehung | 5mal |
| | | Verweichlichung | 5mal |
| Verunsicherndes Milieu | 8mal | Schock | 5mal |
| Nachahmung (5mal Verwandter, 3mal nicht Verwandter) | 8mal | Ehrgeizige Selbstüberforderung | 4mal |
| Isolierung | 7mal | Falsche Geschlechtsfiktion | 4mal |
| Großmuttererziehung | 6mal | Ablehnung durch Vater | 4mal |
| Ablehnung durch Mutter | 6mal | Brutale Erziehung | 1mal |
| Kindergarten-, Schul- und Berufsangst | 6mal | Zeitweilige Abwesenheit der Mutter | 1mal |

Wir sehen also, daß die Geschwisterproblematik an der Spitze steht. Es ist demnach nicht weiter verwunderlich, wenn Seeman in besonderen Fällen empfiehlt, das stotternde Kind von seinen Geschwistern zu trennen[3].

Alle Vorgänge innerhalb der Familie finden im Seelenleben des Kindes

---

[1] Birnbaum spricht von „fernwirkenden Entmutigungen" infolge verzärtelnder Erziehung. Ferdinand Birnbaum, Die seelischen Gefahren des Kindes, Leipzig, 1931.
[2] Karl Heinz Berg, Zur Diagnostik, Typologie und Behandlung stotternder Kinder und Jugendlicher, in: Die Sprachheilarbeit, Heft 1 und 2, 1965, S. 39.
[3] M. Seeman, Sprachstörungen bei Kindern, Berlin – Jena, 1965, S. 333.

ihren Niederschlag. Der erfahrene Heilpädagoge kann oft durch Aussprachen mit den Eltern oder mitunter auch mit einem der Geschwister die Stellung des gefährdeten Kindes verbessern und sein Leben erträglicher machen. Viele Eltern haben nicht die Gabe, zu erkennen, was um sie vorgeht, und machen Fehler, ohne es zu wollen. In vielen Fällen ist es möglich, einem nervösen Kind auf ganz einfache Art und Weise zu helfen. Wir haben es erlebt: so mancher Stotterer atmet sofort auf, wenn er merkt, daß man seine Lage begreift, und wenn er fühlt, daß man ihm helfen und seine Stellung verbessern will. Er schöpft neuen Mut, und die Behandlung vollzieht sich von Anfang an wie unter einem guten Stern.

Bedauerlicherweise zeigen aber die Eltern gar nicht so selten die Tendenz, von ihren Kindern mehr zu verlangen, als diese zu leisten imstande sind. Maschka weist darauf hin, daß manche Eltern oft sogar mit ihren eigenen Konflikten, die ihnen das Leben aufbürdete, nicht fertig geworden sind. Nun wollen sie mehr oder weniger unbewußt ihren Kindern eine Lösung dieser Konflikte zumuten, die diese nicht bewältigen können. Oft sieht sich der Therapeut vor eine Situation gestellt, die ihn zwingt, den Eltern „ihre eigene unheilvolle Mitwirkung an dem Prozeß der Entstehung des Leidens vor Augen zu führen[1]". Gerade in diesen und ähnlichen Situationen muß der Therapeut besonders bemüht sein, die Eltern für die Mitarbeit bei der Behandlung zu gewinnen.

In manchen Fällen allerdings wird der Heilpädagoge keinen Erfolg buchen können, namentlich dann, wenn die Herabsetzung und Demütigung des Kindes von seiner Umgebung bewußt erfolgt. Das ungeliebte, das vernachlässigte, das unterdrückte, das immer benörgelte Kind bietet meistens schlechte Erfolgsaussichten. Aber auch in diesen Fällen darf der Therapeut die Hände nicht in den Schoß legen. Mit zäher Verbissenheit muß er versuchen, seinen Einfluß auf die Eltern geltend zu machen. Gelingt es ihm unter diesen schwierigen Verhältnissen, die Eltern umzustimmen, ihre Haltung zu ändern, so hat er auch hier gewonnenes Spiel.

Ähnlich wie Adler macht auch Appelt für den Aufbau des nervösen Charakters zwei Faktoren verantwortlich, „einmal ein ausgesprochenes, vom Kinde als unerträglich empfundenes Minderwertigkeitsgefühl und zum anderen – als psychische Reaktion – hypertrophische Kompensationsbestrebungen... Je größer das Minderwertigkeitsgefühl ist, desto intensiver macht sich die Sprechangst und die Antizipation fühlbar; die letztere wirkt in manchen Fällen so stark, daß das Wortbildungs-

---

[1] Franz Maschka, Prägungswirksame unbewußte Einflüsse der Eltern auf ihre Kinder und deren Bedeutung für die Entstehung des Stotterns, Vortrag auf dem XIII. Kongreß der Internationalen Gesellschaft für Logopädie und Phoniatrie, 1965, in: De Therapia Vocis et Loquelae, B. 11, S. 297.

zentrum geradezu in einen illuminationsartigen Zustand versetzt wird, und ‚schwere' Buchstaben und Worte sich dann als hohe Hindernisse vor dem geistigen Auge des Leidenden aufstellen[1]."
Stotterer sind fast immer sehr unselbständig. Sie trauen sich selbst wenig zu und erwarten alles von den anderen. Das Anlehnungsbedürfnis ist bei allen Stotterern stark ausgeprägt. „Fast alle finden es leichter zu sprechen, wenn jemand, auf den sie sich verlassen können, mit ihnen ist[2]." Zum Ausgleich dafür findet man aber wieder Trotz, Frechheit, Übermut und Hang zur Auflehnung. „Solange der Stotterer seine Herrschergelüste ohne die leiseste Furcht, auf Widerstand zu stoßen, realisieren kann, hat er in der Regel gar keine oder nur sehr geringe Schwierigkeiten beim Sprechen. Hegt er hinsichtlich seiner Überlegenheit Zweifel, so tritt sofort Stottern auf[3]."
Dem Stotterer sind fast immer gemeinschaftsfeindliche Tendenzen zu eigen. Er befindet sich im Widerspruch zu seiner Umgebung, sein Gemeinschaftsgefühl ist aber keineswegs erloschen. „Immer handelt es sich um entmutigte Ehrgeizlinge, die sich unter der Wirkung eines ungemein verstärkten Minderwertigkeitsgefühls gezwungen sahen, den Rückzug vor dem Leben anzutreten[4]."
Der innere Widerspruch zwischen dem übertriebenen Geltungsdrang und dem immerhin noch wachen Gemeinschaftsgefühl verstärkt die Unsicherheit beim Sprechen.
Die Therapie des Stotterns stellt sich zur Aufgabe, diesen Widerstreit zwischen dem Geltungsdrang und dem Gemeinschaftsgefühl zu beseitigen. Appelt stellt drei Gesichtspunkte in den Vordergrund seiner Behandlung: 1. Abbau des überhitzten Geltungsdranges, 2. Beseitigung des Minderwertigkeitsgefühls, 3. Entfaltung des Gemeinschaftsgefühls und des Mutes. Als Ziel schwebt ihm vor, den Stotterer von der Meinung des anderen weitgehend unabhängig zu machen. Dabei müssen wir das Anlehnungsbedürfnis des Kindes abbauen, indem wir es anleiten, selbständig zu denken und selbständig zu handeln.

## 6. Grundzüge der tiefenpsychologischen Behandlung[5]

a) Die Herstellung des Kontaktes

Wir müssen trachten, gleich zu Beginn der Behandlung mit dem Kind in innigen Kontakt zu kommen. Güte und Verstehen sind dazu die

---

[1] A. Appelt, Fortschritt in der Stotterbehandlung, in: „Heilen und Bilden" von A. Adler und C. Furtmüller, München, 1927, S. 228 und 237.
[2] Ebenda.
[3] Ebenda.
[4] A. Appelt, Das stotternde Kind, Dresden, 1926.
[5] Nach O. Spiel, Am Schaltbrett der Erziehung, Wien, 1948.

unumgänglich notwendigen Voraussetzungen. Es gilt vor allem, das Vertrauen des Schülers zu erwerben. Denn bald kommt die Zeit, wo wir Anforderungen an das Kind stellen müssen, die ihm unangenehm sind. Niemand ändert gerne seine Lebensgewohnheiten, und liebgewonnene Fehler und Fehlhaltungen werden nicht gerne abgelegt, wenn sie auch zum Teil schmerzlich sind. Das Kind soll aber im Erzieher den Retter aus der Not sehen; es muß ihm folgen können, selbst wenn größere Schwierigkeiten auftreten und höhere Anforderungen gestellt werden.

b) Die Entlastung

Unser Ziel ist es, den Schüler in die Gemeinschaft zurückzuführen, ihm den Sinn der Gemeinschaft klarzumachen und ihn zur Bei- und Unterordnung zu erziehen. Dabei dürfen wir dem Kind nicht als Autorität gegenübertreten und unbedingten Gehorsam verlangen. Wir müssen vielmehr versuchen, gemeinsam mit dem Kind einen Ausweg zu finden. Mitunter ist die Lage des Kindes wirklich nicht leicht. Das Vorhandensein von Geschwistern gibt zu allerlei Konflikten Anlaß, und auch die Eltern entwickeln nicht immer die besten Eigenschaften. Das Kind muß sie hinnehmen, wie sie sind, denn es ist in die Familie hineingeboren. Allerdings ist häufig der Stotterer selbst der Unzufriedene, der Angreifer, der von seiner Umgebung mehr verlangt, als diese zu erfüllen imstande ist. Immer aber bedeutet es für den Stotterer eine Erleichterung, wenn er fühlt, daß wir seinen Standpunkt begreifen und daß wir bestrebt sind, ihm zu helfen.

c) Die Analyse

Der schwierigste Teil der Behandlung ist die Analyse des Lebensplanes. Die Enthüllung des Lebensplanes soll dem Stotterer zeigen, daß er auf dem Weg zu einem falschen Ziel war. Das Kind muß lernen, sich selbst zu durchschauen; es muß angeleitet werden, sich auch selbst zu erziehen. Das setzt allerdings voraus, daß der Erzieher selbst klar sieht, wie der Lebensplan und das fiktive Ziel des Kindes beschaffen sind. Voraussetzung dafür ist die möglichst genaue Kenntnis der Lebensgewohnheiten und der Umgebung des Kindes. Durch eine enge Fühlungnahme mit dem Elternhaus werden wir uns die notwendige Klarheit verschaffen. Eine möglichst genaue Anamnese ist also die unerläßliche Grundlage für die weitere Behandlung. Es wird häufig notwendig sein, daß die Eltern ihre Haltung gegenüber dem Kind unseren Anweisungen gemäß abändern. Wir müssen verhindern, daß die Eltern durch falsche Erziehungsmaßnahmen alles wieder zerstören, was wir mühsam in langen Gesprächen mit dem Kind aufgebaut haben. Man kann fast behaupten, daß wir die Eltern mitziehen müssen, eine Aufgabe, die den Erzieher oft vor ernste Schwierigkeiten stellt.

Fast immer müssen wir mit einer übersteigerten Empfindlichkeit des Stotterers rechnen, die unglücklicherweise mit einer erhöhten Aggressivität gepaart ist. Abbott[1] nimmt eine unterdrückte Feindseligkeit gegen jeden an, mit dem der Stotterer spricht. Dabei stellen sich Schuldgefühle ein, und aus diesen resultiert wieder die unsichere Haltung gegenüber demjenigen, der die Sprache sicher beherrscht.

## d) Die Belastung

Hat nun das Kind die Einsicht gewonnen, daß es einen geeigneten Weg gibt, der es aus seiner Lage herausführen wird, dann beginnen wir mit der Belastung, mit dem Training. Oft schreckt die Erstmaligkeit der Ausführung die Kinder zurück. Neue Situationen rufen besondere Schwierigkeiten auf den Plan. Hier gilt es, die Kinder so weit vorzubereiten, daß sie im Ernstfall nicht versagen. Zwei Dinge stören vor allem den unsicheren Sprecher: „Respektspersonen", Vorgesetzte und eine Mehrzahl oder Vielzahl von Menschen. Hier müssen wir durch bewußtes „Gedankentraining" und „Tattraining" dem Kind die Scheu nehmen. Die Situation, daß das Kind Botschaften an den Klassenlehrer oder an den Leiter der Schule oder auch an Personen, die im Haus einen erhöhten Rang einnehmen, überbringt, wird geübt (gespielt). Ebenso kann das Sprechen vor einer kleinen Klassengemeinde, dargestellt durch mehrere Schüler, die im Sprachheilkurs anwesend sind, improvisiert werden. Erst dann wird dem Stotterer zugemutet, das Spiel mit der Wirklichkeit zu vertauschen. Er muß nun tatsächlich Botschaften ausrichten und vor einer Klassengemeinschaft sprechen. Es ist klar, daß man vorher mit den betreffenden Personen Fühlung nehmen muß und daß die Klasse, in welcher der Stotterer auftreten soll, vorher instruiert wird. Der Erzieher spielt dabei die Rolle des Regisseurs. Bisher war nur von der Einzeltherapie die Rede. Amerikanische Autoren vertreten den Gedanken der Gruppentherapie[2]. Personen mit verschiedenen Sprachdefekten werden in Gruppen zusammengefaßt. Die Gruppe sorgt für normale Sprechsituationen. Man geht von der Tatsache aus, daß die Sprache ein sozialer Prozeß ist, der auf dem Weg über die Gemeinschaft am besten beeinflußt werden kann. Nach einer Einzelunterweisung als Vorbereitung folgt dann die Gruppenunterweisung in der Anwendung der Sprache in verschiedenen Situationen und in gemeinsamen Übungen für die Beherrschung der Haltung und des Benehmens. Den Abschluß bildet die Anwendung der erlernten Sprech-

---

[1] James A. Abbott, Repressed Hostility as a Factor in Adult Stuttering, in: „The Journal of Speech Disorders", Vol. 12, December 1947, Nr. 4.
[2] Ollie L. Backus and Harriet M. Dunn, Intensive Group Therapy in Speech Rehabilitation, in: „The Journal of Speech Disorders", Vol 12, March 1947, Nr. 1.

formen für wirkliche Lebenssituationen. Die Gruppenbehandlung kann sich sowohl auf Personen mit verschiedenen Sprachstörungen als auch auf Stotterer allein beschränken[1]. Versuche damit wurden bisher vorwiegend bei Erwachsenen (Studenten) angestellt; es ist möglich, daß auch bei Kindern damit Erfolge zu erzielen sind.

## 7. Die Methode Seemans

Miloslav Seeman führt „die Behandlung des Stotterns grundsätzlich als komplexe Behandlung durch... Sie besteht aus der Psychotherapie, der Übungsbehandlung und der medikamentösen Behandlung[2]". Von einer „komplexen Therapie des Stotterns" sprechen schon F. Doubek und E. Pakesch[3].
Seeman bezeichnet die Psychotherapie als die Grundlage der Behandlung. „Sie muß aber mit der Übungsbehandlung untrennbar verbunden sein[4]." Wenn nun der Autor die Hauptaufgabe in der Umerziehung der Persönlichkeit des Stotterers sieht, nähert er sich unmißverständlich den Gedankengängen K. C. Rothes.
Nachdrücklich weist Seeman auf die Umweltverhältnisse, in denen das stotternde Kind lebt, hin. Die Beziehungen der Eltern und der Geschwister zum stotternden Kind müssen „nicht nur für die Zeit seiner Behandlung, sondern auch für später geregelt werden[5]". Seeman geht sogar so weit, daß er in besonders gelagerten Fällen dafür eintritt, das stotternde Kind vorübergehend in einer Familie, die dazu geeignet ist, unterzubringen; namentlich dann, wenn die Anwesenheit eines oder mehrerer Geschwister sich als drückend oder beunruhigend erweisen sollte.
Jedenfalls müssen die Eltern im Verlauf der Behandlung „darüber belehrt werden, wie sie mit dem stotternden Kinde umgehen sollen[6]".
Während der Behandlung muß alles versucht werden, was geeignet ist, die Sprechangst des Kindes zu beseitigen, da die bestehende Sprechangst „zur krankhaften Selbstbeobachtung und zu Minderwertigkeitsgefühlen führt[7]". Die Erziehung zur Selbstdisziplin und zur Selbstbeherrschung unterstützt die Umerziehung der Persönlichkeit. Wenn wir dann erfahren, daß die Umerziehung des Stotterers die „Hauptaufgabe der Psychotherapie ist", erkennen wir zugleich, daß es sich bei der Psychotherapie im wesentlichen um eine sinnvolle Reihe pädagogischer Maßnahmen handelt.

---

[1] Lucile Cypreansen, Group Therapy for Adult Stutterers, ebenda: Vol. 12, December 1948, Nr. 4.
[2] M. Seeman, Sprachstörungen bei Kindern, Berlin – Jena, 1965, S. 332.
[3] Wiener Medizinische Wochenschrift, 1952, S. 687 ff.
[4] M. Seeman, Sprachstörungen bei Kindern, Berlin – Jena, 1965, S. 332.
[5] Ebenda.
[6] Ebenda, S. 333. — [7] Ebenda.

Bei der Übungsbehandlung, die der Psychotherapie untergeordnet sein soll, werden zunächst „die krampfhaften Artikulations- und Phonationsbewegungen" des Stotterers entspannt, indem die Aufmerksamkeit des Kindes „von der Artikulation und dem Sprechmechanismus abgelenkt wird". Atemübungen werden wohl gemacht, sie stehen jedoch nicht im Mittelpunkt der Therapie. Immerhin weist Seeman darauf hin, daß die Atemübungen sowohl zu einer „Stärkung des Willens" als auch zur „Erhöhung des Stoffwechsels und Einwirkung auf das vegetative Nervensystem" führen[1].

Die Entspannungsübungen erstrecken sich vorwiegend auf die Konsonanten und die Konsonantenverbindungen. Da nun beim Normalsprechenden „die musikalischen Akzente der Sprache" der Artikulation übergeordnet sind, müssen wir uns in dem Bestreben, uns der normalen Sprache anzugleichen, bemühen, „die Aufmerksamkeit vom konsonantischen auf das vokalische Element und auf die musikalischen Akzente der Sprache zu lenken"[2].

Einen breiten Rahmen widmet Seeman den Assoziationsübungen. „Bei der Auslösung und Bildung der Sprache spielen die Assoziationen eine große Rolle... Jeder Mensch hat in seinem Gedächtnis eine große Menge Vorstellungen aufgespeichert, die er im Laufe seines Lebens erworben hat. Beim Sprechen werden die Vorstellungen in Wörter umgewandelt[3]."

Die Durchführung der Assoziationsübungen wird uns sofort vertraut, wenn wir erfahren, daß sowohl „Übungen der Wortbereitschaft" als auch „Übungen im schnellen Bilden von Sätzen"[4] planmäßig betrieben werden. Ganz besonders wichtig ist in dem Kapitel „Assoziationsübungen" der Abschnitt, der von den „Übungen von Wortkomplexen" handelt. Seeman geht von dem Gedanken aus, daß die Sprache des Kindes lange Zeit unvollkommen ist, wenn sie auch rein äußerlich den Anforderungen zu entsprechen scheint. „Es dauert lange, ehe ein Kind die höhere Integrationsfähigkeit erwirbt. Seine Begriffe sind lange ungeordnet, und es kann sie lange nicht richtig in Gattungen einordnen[5]." Nach den Beobachtungen Seemans ist diese Erscheinung bei sprachgestörten Kindern besonders auffällig.

Daher werden in die Therapie regelrechte Sprechübungen eingebaut, die der rascheren Entwicklung der inneren Sprache dienen sollen. Im wesentlichen handelt es sich bei diesen Übungen darum, die begrifflichen Zusammenhänge sprachlich richtig darzustellen und zu formulieren. So zum Beispiel werden die Familienmitglieder der Reihe nach

---

[1] M. Seeman, Sprachstörungen bei Kindern, Berlin – Jena, 1965, S. 335.
[2] Ebenda, S. 337.
[3] Ebenda, S. 338.
[4] Ebenda.
[5] Ebenda, S. 339.

aufgezählt, oder es werden bekannte Blumen, Vögel, Fische eingeordnet. Die Handwerksberufe werden aufgezählt und die dazugehörigen Werkzeuge genannt. Es werden unter anderem die Bestandteile der Möbel, der Kleidung u. ä. zusammengestellt.
Eine andere Übung besteht im Benennen von Gegenständen, die bei verschiedenen Arbeiten gebraucht werden. Auch verschiedene Kontraste werden einander gegenübergestellt. Es werden Wörter gesucht, die mit demselben Buchstaben beginnen, oder man stellt Wörter zusammen, die gleich klingen, d. h. denselben Vokal enthalten. Man kann auf diese Weise bis zur Aufzählung ganzer Wortfamilien gelangen, ohne Grammatikunterricht im engeren Sinn zu betreiben. Immer aber müssen die Übungen dem Alter und der Auffassungsstufe des Kindes angepaßt sein.
Solche Übungen sind in hohem Maße geeignet, „die Konzentration des Denkens, die Gewandtheit beim Auslösen von Wortvorstellungen, die Schnelligkeit des Denkens und den Scharfsinn bei der Wortfindung[1] zu fördern.
Sobald diese einfachen Übungen geläufig sind, folgt das schnelle Bilden von Sätzen. Auch hier finden wir eine Reihe fruchtbarer Anregungen. Nach einem Stichwort muß der Schüler sofort einen einfachen Satz sprechen. Später, bei größerer Gewandtheit, werden auch längere Sätze angestrebt. „Wir fordern den Patienten auf, immer nur das zu sprechen, was ihm geläufig ist, was er aus eigener Erfahrung kennt und was er in seiner Umgebung erlebt hat. Nur so können wir beim Stottern eine lebendige Sprache mit einer persönlichen Note entwickeln sowie eine unpersönliche und gekünstelte Redeweise verhindern[2]."
Über die medikamentöse Behandlung finden wir bei Seeman eine Reihe von richtungsweisenden Angaben für Ärzte[3].

## 8. Die Therapie nach Helene Fernau-Horn

Die deutsche Sprachtherapeutin Helene Fernau-Horn geht in bezug auf die Theorie und Therapie des Stotterns in vieler Hinsicht neue Wege. Sie machte in jahrzehntelanger Einzelarbeit an einer sehr großen Patientenzahl die zunächst überraschende Beobachtung, daß es sich bei diesem Leiden „keineswegs um ein Krankheitsbild einheitlicher Prägung" handelt, daß gerade solche Stotterer, die große Sprechangst und auffallende Symptome zeigen, in der Behandlung wesentlich besser ansprechbar sind als andere mit nur geringfügigen Symptomen, die in bezug auf ihre Gehemmtheit im Sprechen eher Gleichgültigkeit an

---

[1] M. Seeman, Sprachstörungen bei Kindern, Berlin – Jena, 1965, S. 340.
[2] Ebenda, S. 341.
[3] Ebenda, S. 343–345.

den Tag legen, dafür aber charakterlich schwierig sind. Diese Erfahrungen führten Frau Fernau-Horn zu der Einsicht, daß auch die Stotterneurosen ebenso verschiedene Aufbauformen haben können, wie sie nach der Einteilung des bekannten Neurosenforschers Professor J. H. Schultz die Neurosen überhaupt zeigen.
Schon in ihrer ersten Publikation über das Stottern[1] im Jahre 1936 unterschied sie darum die *zentripetale* von der *zentrifugalen* Form der *Sprachneurose,* wobei mit dem Zentrum der Kern der Persönlichkeit gemeint ist. „Bei den zentripetalen Neurosen handelt es sich entweder um die leichteren *Randneurosen,* die somato-psychischen Ursprunges sind und eine falsche Gewöhnung darstellen, oder um die tiefer eingedrungenen, affektbedingten *Schichtneurosen*[2]." Während die randneurotische Form des Stotterns mehr den Charakter einer sogenannten *Erwartungsneurose* hat, handelt es sich bei der schichtneurotischen um eine ausgesprochene *Angstneurose.* Maßgebend für die Diagnose ist aber in beiden Fällen, daß der Kern der Persönlichkeit gesund ist.
Dem randneurotischen wie dem schichtneurotischen Stottern liege immer ein Störungsautomatismus, der sogenannte *Hemmungszirkel,* zugrunde. Dieser entwickle sich meist aus einem präneurotischen Stotterstadium, d. h. einem beginnenden leichten Stottern noch ohne Störungsbewußtsein, und zwar aus einer *Kette* von vier ineinandergreifenden Hemmungsgliedern: Psychische Erregung führt zur Atemhemmung, die Atemhemmung zur Tonhemmung, die Tonhemmung zur Unterbrechung des Sprechablaufes, d. h. zum Stottern. Im Augenblick nun, wo sich das Kind der Sprechstörung bewußt wird, schließt sich die Kette zu einem *Zirkel:* Sobald gesprochen werden soll, taucht jetzt die Vorstellung des Versagens auf (Punkt 1 des Zirkels). Diese Vorstellung ruft im Sekundenbruchteil Schreck oder Angst vor der unausbleiblichen Blamage hervor (Punkt 2). Die Gemütserregung bewirkt einen augenblicklichen Stillstand der Atmung (Punkt 3). Da aber der Atemstillstand reflektorisch einen Stillstand der Stimmlippen zur Folge hat – auf Grund der Abhängigkeit des Kehlkopfzentrums vom Atemzentrum im verlängerten Mark –, bleibt der Ton aus (Punkt 4). Erst der willkürliche Versuch, diese Atem-Ton-Hemmung zu überwinden, hat dann die sprachlichen Symptome zur Folge, anfangs die klonischen Wiederholungen, später die Toni unter Inanspruchnahme der Bauchdecke und schließlich die Mitbewegungen (Punkt 5). Das erneute Versagen verstärkt die alte Vorstellung, und so dreht sich dieser Hem-

---

[1] H. Fernau-Horn, Entstehung und Aufbau der Sprachneurosen, Hippokrates-Verlag, Heft 27, 1936.
[2] H. Fernau-Horn, Neue Gesichtspunkte für die Behandlung von Sprechneurosen, in: International Association of Logopedics and Phoniatrics, Padua, 1962.

mungszirkel unablässig weiter: Je mehr der Stotterer sich anstrengt, desto fester „zieht er die Sprachbremse". Mit dem Augenblick, in dem der Zirkel geschlossen wird, ist auch die Störung neurotisch geworden [1].
Diese Art des Stotterns mit zunehmender Verschlimmerung der Symptomatik bezeichnet Frau Fernau-Horn als „progressives Stottern". Ihm gegenüber steht das „traumatische Stottern" mit ganz andersartigen Symptomen: Langes Verstummen oder Atemvorschieben nach Schreckschock, tönendes Langziehen der Vokale im Wortinnern nach Angstschock und verschiedene Formen des Schluchzens nach seelischer Aufgewühltheit. Im Gegensatz zu den Symptomen des progressiven Stotterns werden die traumatischen Symptome sofort fixiert und unverändert beibehalten. Doch unterliegt die Genese wie die Therapie beider Symptomarten der Funktionsfolge in den Zirkeln.

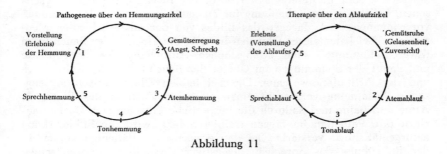

Abbildung 11

Die sogenannten „traumatischen Symptome", das Atemvorschieben, Langziehen und Schluchzen in seinen verschiedenen Formen, haben nach Fernau-Horn ihre besondere Genese, unterliegen aber ebenfalls der Funktion des Störungsautomatismus [2].
Die *Therapie* dieser häufigsten Formen der Stotterneurose, der Sprecherwartungs- bzw. Sprechangstneurose, ergab sich für Fernau-Horn, wie sie ausführt, von selbst: „Es galt, an Stelle des *Hemmungszirkels* einen genau entsprechenden *Ablaufzirkel* mit positiven Vorzeichen mit großer Sorgfalt einzuschleifen. Die positive Vorstellung des gelingenden Sprechablaufes wird im Ablaufzirkel aber zur 5. Phase, denn sie

---

[1] H. Fernau-Horn, Hemmungszirkel und Ablaufzirkel in der Pathogenese und Therapie des Stotterns, in: Medizinische Monatsschrift, Heft 5, 1952.
[2] H. Fernau-Horn, Über die Beziehungen zwischen Symptom und Ursache beim Stottern, in: Archiv für Ohren- usw. Heilkunde, Bd. 169 (Kongreßbericht 1956). – Über die traumatischen Symptome des Stotterns, in: Die Sprachheilarbeit, 7. Jg., Heft 3, 1962.

soll erst erarbeitet werden. Die erste Phase ist somit die Schaltung auf Ruhe und Gelassenheit. Aus der Ruhehaltung aber vollzieht sich der Atem-Ton-Sprechablauf mit selbstverständlicher Mühelosigkeit. Der Stotterer wird sofort in der ersten Sitzung in einer Ruheübung zum unmittelbaren *Erlebnis* des gelingenden Sprechvollzuges geführt, und damit wird der Ablaufzirkel erstmals geschlossen[1]."
Das Training, das nun dazu führen soll, daß aus dem einmaligen Ablauferlebnis allmählich die Ablaufvorstellung entsteht, bezeichnet Fernau-Horn folgerichtig als *Ruhe- und Ablauftraining*[2]. Bei der Durchführung des Ruhetrainings verfolgt sie eine Methode, die nahe Beziehungen zum autogenen Training von Professor J. H. Schultz hat, nur werden körperliche und seelische Entspannung und Beruhigung nicht über das Schwere- und Wärmeerlebnis, sondern über die Rhythmisierung der Atmung erreicht. Bei Kindern im Schulalter bedient sie sich dabei der Demonstration an einem Blasebalg, der rasch gehoben und langsam wieder heruntergelassen wird, bei Jugendlichen und Erwachsenen, bei denen die Ruheübung im Zustand „meditativer Versenkung" vorgenommen wird, dagegen des Bildes von der ausrauschenden Meereswelle. Bei jeder dieser Übungen bewirkt die Hebung der Bauchdecke (Zwerchfellatmung!) eine zwangsläufige Aufhebung der Bauchpresse und damit der Spannungen im Gebiet der Bauchdecke, des Kehlkopfes und der Artikulationsorgane. Die bei beiden Übungsweisen verlangsamte Ausatmung verursacht einen stärkeren Zustrom des Blutes in Arme und Beine und dadurch die körperliche Entspannung. Da Fernau-Horn ihre Patienten im Liegen trainieren läßt, wird die Ruhewirkung naturgemäß noch verstärkt. Bei den erwachsenen Patienten kommt in der Ruheübung das Sprechen suggestiver rhythmischer Formelreihen hinzu, durch die das Erlebnis des Atem-Ton-Sprechablaufes, das Gefühl der Ruhe, Sicherheit und Zuversicht nach und nach ins Unterbewußtsein eindringen, ähnlich wie durch einen eintönigen Tropfenfall in einer Höhle nach und nach felsenfeste Tropfsteingebilde entstehen. — Dieses Ruhetraining findet seine notwendige Ergänzung im eigentlichen *Sprechablauftraining,* das dem jeweiligen Schweregrad der Störung entsprechend sorgfältig gestuft aufgebaut wird, aber stets den Sprechablauf als Ganzes und in natürlichem Tonfall berücksichtigt und von jeder Übung physiologischer Teilfunktionen — wie Atemübungen, Stimmübungen, Artikulationsübungen — bewußt absieht. Besondere

---

[1] H. Fernau-Horn, Neue Gesichtspunkte für die Behandlung von Sprachneurosen, International Association of Logopedics and Phoniatrics. Proceeding of the XII[th] International Speech and Voice Therapy Conference, Padua, 1962.
[2] H. Fernau-Horn, Ruhe- und Ablauftraining in der Behandlung schwerer Sprachangstneurosen, in: Bericht über die 1. Hauptversammlung der Arbeitsgemeinschaft für Sprachheilpädagogik in Deutschland, Hamburg, 1955.

Sorgfalt wird im weiteren Verlauf des Übungstrainings der Pflege des Rhythmus, besonders des Sprachrhythmus, zugewandt[1]. Die notwendige Ergänzung zum *Ruhe- und Ablauftraining* bildet in der Methode von Fernau-Horn das stets nebenhergehende *Ermutigungs- und Ertüchtigungstraining*, also eine psychagogische Umerziehung, wie sie ja unter anderem auch schon von K. C. Rothe angestrebt wurde.

Für die zentrifugalen, also *charakterogenen Stotterfälle*, die nach Fernau-Horn nur einen geringen Prozentsatz aller Sprechneurosen ausmachen, ist die Pathogenese eine andere. Hier liegt nicht ein Störungsautomatismus im Sinne des Hemmungszirkels vor, sondern es tritt ein *Kurzschluß* ein nach dem Gesetz: „Gefahr im Verzug! Ventil schließen!" Auch die Symptomatik dieser Stotterer sei eine andere, sehr viel weniger auffällige. Demgemäß müsse aber auch die Therapie hier ganz andere Wege einschlagen. Bei rein charakterogenen Fällen verspricht das *Ruhe- und Ablauftraining* keinerlei Erfolg. Es ist vielmehr stets eine tiefenpsychologische, wenn nicht zuweilen sogar eine psychiatrische Behandlung angezeigt. Daher bestehen bei der Behandlung kernneurotischer Stotterer die größten Schwierigkeiten und zugleich die geringsten Heilungsaussichten.

Helene Fernau-Horn hat das ganze Problem des Stotterns dargestellt in ihrer Monographie „Die Sprechneurosen, Aufbauformen, Wesen, Prinzip und Methode der Behandlung", Stuttgart, 1969.

## 9. Die integrierte Psycho- und Übungstherapie nach Gerhard Heese

„Der jahrzehntelang um die Frage geführte Streit, ob eine Übungsbehandlung oder aber die Psychotherapie das Mittel der Wahl bei der Bekämpfung des Stotterns sei, ist weitgehend einer anderen Fragestellung gewichen: Wie können die Übungsbehandlung und die Psychotherapie am besten, d. h. möglichst organisch, miteinander verbunden werden[2]?" So fragt Professor Heese und meint, daß eine Übungsbehandlung auch beim Stottern mit psychischen Ursachen unbedingt notwendig sei, denn die Störungen der Sprechkoordination müssen auch beim psychisch bedingten Stotterer behandelt werden. Ebensowenig kann auf die Psychotherapie des Stotterns verzichtet werden, und zwar weder beim Stottern auf psychischer noch bei dem auf somatischer Grundlage. Denn auch beim Stottern auf somatischer Grundlage sind als Folge der Umweltreaktionen in den meisten Fällen sekundäre neurotische Erscheinungen vorhanden.

---

[1] H. Fernau-Horn, Rhythmus als therapeutischer Faktor bei Sprachgehemmten, Hippokrates-Verlag, Heft 18, 1958.
[2] Gerhard Heese, Zur Verhütung und Behandlung des Stotterns, Berlin-Charlottenburg, 1962, S. 21.

## a) Psychotherapie

„Die ebenso behutsam wie zielstrebig ausgeführte, möglichst erschöpfende Anamnese ist bereits eine wichtige Vorstufe der Psychotherapie[1]." Das gilt im besonderen für diskret aufschließende Fragen an den Stotterer nach seiner Stellung zu den Eltern, nach der Art der Beziehung zu seinen Geschwistern, nach der Hin- oder Abneigung zu einzelnen Schulfächern und nach der positiven oder kritischen Einstellung zu seinem Lehrer und zu seinen Mitschülern. Der vertrauensvolle Kontakt zwischen dem Therapeuten und dem Stotterer ist die unbedingte Voraussetzung für einen Erfolg.

„Eine wichtige Voraussetzung für den therapeutischen Erfolg liegt darin, dem Stotterer und seinen Angehörigen von Anfang an die Gewißheit zu vermitteln, daß die Behandlung erfolgreich sein werde, wenn er nur ausdauernd mitarbeitet[2]." Diese Erfolgsgewißheit muß man dem Stotterer so wahrscheinlich wie möglich machen, denn ohne den Mut zur Heilung ist der Erfolg von vornherein in Frage gestellt. In den meisten Fällen ist es sehr schwer, den Stotterer von der Gewißheit des Erfolges zu überzeugen, unter der Voraussetzung, daß er selbst das gesteckte Ziel mit aller Macht anstreben müsse. Denn viele Stotterer scheuen die Anstrengung und sind so mutlos, daß sie schwer von der Möglichkeit eines Erfolgs zu überzeugen sind.

Heese ist der Meinung, daß bei der Therapie des Stotterns die Sitzungen von vornherein zeitlich begrenzt werden sollen, und tritt für eine relativ kurze, aber intensive Behandlung ein. In der Regel sollen 20 Sitzungen genügen, die etwa um 5 – 10 Sitzungen verlängert werden können.

Die Grundlagen der Psychotherapie von Heese sind die ätiologischen und therapeutischen Vorstellungen aus der Individualpsychologie Adlers und seiner Schüler. (Hier sei auf das vorhergehende Kapitel verwiesen, in dem die Grundzüge der Individualpsychologie und ihrer therapeutischen Anwendung dargestellt werden.)

## b) Übungstherapie

„Jeder Übungstherapie liegt die Absicht zugrunde, einen normalen Sprechablauf unter besonders günstigen Bedingungen wieder einzuüben, wobei die Ablenkung von der Beachtung der Sprechmotorik eine wichtige Rolle spielt[3]." Außerdem ist es notwendig, „den Stotterer zu einer sprechmelodisch stärker bewegten Sprechweise zu veranlassen[4]". Es ist eine bekannte Tatsache, daß die meisten Stotterer über eine

---

[1] G. Heese, Zur Verhütung und Behandlung des Stotterns, Berlin-Charlottenburg, 1962, S. 22.
[2] Ebenda, S. 23.
[3] Ebenda, S. 28.
[4] Ebenda, S. 29.

matte, nur gering bewegte Sprechmelodie verfügen. Homburger wies vor vielen Jahren (1925) darauf hin, daß die Pflege des melodischen, des rhythmischen, des dynamischen Elementes eine gute Hilfe für den Ablauf der fließenden Sprache ist.
„Von der verstärkten Heranziehung des melodischen und des dynamischen Akzents versprechen wir uns viel, weil es sich dabei um sehr urtümliche, stammesgeschichtlich alte Mittel der Verständigung handelt. Darum fordert und fragt das Kind ja auch zuerst mit der Sprechmelodie und -dynamik, bevor es die morphologischen und syntaktischen Mittel des Wunsches, des Befehls und der Frage beherrscht [1]."
„Das melodisch und dynamisch stark betonte Sprechen ist durchaus eine Übungssprache, wie sie fast jede sprachtherapeutische Richtung zur Einübung eines ungestörten Sprechablaufes verwendet [2]." Heese gibt als Beispiel ein Vier-Linien-System an, mit dessen Hilfe die gesprochene Sprache in einfacher Form dargestellt werden kann (nach Otto von Essen) [3].
Eine zweite Möglichkeit, die Akzente im Klassen- oder Kursunterricht darzustellen, gibt eine sogenannte Steckrahmentafel, die von H. Schneider konstruiert wurde. Diese Steckrahmentafel ist auf der Seite 32 des Buches von G. Heese abgebildet und mit den nötigen Erklärungen versehen. Auch die Zuhilfenahme der „Sprechspur" bei gleichzeitigem Sprechen und Schreiben soll in diesem Zusammenhang erwähnt werden [4]. In manchen Fällen ist es möglich, die „Mitbewegungen" durch diese Maßnahme in die Schreibmotorik abzuleiten.
„Im Zusammenhang mit den Sprechakzenten darf auch der dritte, der temporale Akzent, nicht unbeachtet bleiben, denn auch das Sprechtempo des Stotterers muß in der Übungstherapie Berücksichtigung finden [5]."

## 10. Schillings Ansicht über die Behandlung des Stotterns

Nach mehreren Veröffentlichungen zu diesem Thema hat Anton Schilling eine umfangreiche Abhandlung über die Behandlung des Stotterns geschrieben [6]. Sie ist in der Zeitschrift „Folia Phoniatrica" erschienen

---

[1] F. Kainz, Psychologie der Sprache, Bd. II, S. 22.
[2] G. Heese, Zur Verhütung und Behandlung des Stotterns, Berlin-Charlottenburg, 1962, S. 31.
[3] O. v. Essen, Grundzüge der hochdeutschen Satzintonation, Ratingen (Henn), 1956, S. 14.
[4] Emanuel Bernart, Die heilpädagogische Bedeutung der Sprechspur, in: Praxis der Kinderpsychologie, 9, 1960, S. 301.
[5] G. Heese, Zur Verhütung und Behandlung des Stotterns, Berlin-Charlottenburg, 1962, S. 34.
[6] A. Schilling, Die Behandlung des Stotterns, in: Folia Phoniatrica, Vol. 17, Nr. 4-6, 1965, S. 365-458.

und hat das Hauptreferat Schillings auf dem XIII. Internationalen Kongreß für Logopädie und Phoniatrie als Grundlage.
Wenn man diese Arbeit durchdenkt, muß man zur Überzeugung kommen, daß das Problem der Stotterbehandlung vorher kaum in solcher Breite und Vielfalt aufgerollt wurde. Schilling stützte sich nicht nur auf die einschlägige Literatur, sondern er versuchte auch durch briefliche Umfragen bei vielen Fachleuten (insgesamt waren es 150) und durch die Verarbeitung eigener Untersuchungen ein klares Bild über die Therapie des Stotterns nach dem letzten Stand der Forschung zu entwerfen. Nach Schilling gibt es zwei Hauptrichtungen in der Behandlung des Stotterns, die entweder für sich allein oder in irgendeiner Form miteinander verbunden aufscheinen: erstens die „Psychotherapie" und zweitens die „Logopädische Therapie".
Die Psychotherapie ist eine kausale Therapie. Sie strebt den Umbau der gesamten Persönlichkeit des Patienten an. Die logopädische Therapie setzt es sich zur Aufgabe, durch den systematischen Abbau der Störungsmomente in der Sprache des Stotterers zu einer symptomfreien Sprache zu gelangen. „Zwischen diesen beiden extremen Polen zeichnet sich eine vermittelnde Richtung ab, die der multifaktoriellen Ätiologie des Stotterns dadurch gerecht zu werden versucht, daß sie die beiden Flügel, Psychotherapie und logopädische Übungstherapie, in sich vereinigt (komplexe Therapie im Sinne von Seeman)[1]."
Die Psychotherapie wird nicht von allen Autoren in der gleichen Art gehandhabt. Immer aber ist sie eine „kausale Therapie", die bestrebt ist, die seelischen Konflikte an der Wurzel zu fassen. „Ihr Ziel ist nicht die Symptombeseitigung, sondern eine Umstrukturierung der Stotterpersönlichkeit[2]."
Dieses Ziel wird, laut Schilling, je nach der Richtung, die die behandelnden Phoniater vertreten, auf ärztlich-psychagogischem Weg, auf psychiatrischem Weg oder mittels analytischer Verfahren angestrebt. Wann ist nun der Psychotherapie — gegenüber der logopädischen Therapie — der Vorzug zu geben? Schilling meint, daß bei jeder Art von neurotischem Stottern die psychologisch ausgerichteten Behandlungsweisen indiziert sind. „Eine logopädische Übungstherapie allein wäre hier unangebracht, da sie zwar das Symptom zum Verschwinden bringen kann, keinesfalls jedoch dazu geeignet ist, den Kern der Störung zu beheben[3]."
Eingehend beschäftigt sich Schilling mit der Individualpsychologie Alfred Adlers[4]. Die einzelnen Phasen der individualpsychologischen Behandlung werden kurz, aber prägnant geschildert. Da jedoch der

---

[1] Schilling, Folia Phoniatrica, S. 374.
[2] Ebenda.
[3] Ebenda, S. 375.
[4] Ebenda, S. 377, 378.

Behandlung des Stotterns nach individualpsychologischen Prinzipien in diesem Buch bereits ein breiter Raum gewidmet wurde, kann an dieser Stelle auf eine ausführliche Darstellung verzichtet werden. Bemerkenswert ist jedenfalls die Tatsache, daß sich bei Schillings Rundfrage über die Anwendung verschiedener Methoden von 150 Autoren 54, das ist ein Drittel, zur individualpsychologischen Behandlungsmethode bekannten [1]!

Die logopädische Sprachübungstherapie ist nach Schilling nicht auf den Kern der psychischen Störung gerichtet. Sie konzentriert sich auf die Symptombeeinflussung. „Die Problematik aller dieser Methoden besteht in dem Nachteil, daß sie den ganzheitlichen Sprechvorgang in einzelne Teilfunktionen aufspalten. Sie versuchen, harmonische Funktion in getrennten Schritten zu erreichen; daher werden diese Methoden auch als ‚Synthetische Methoden' bezeichnet (Froeschels 1952) [2]."

Wenn die Gegner dieser Richtungen der Meinung sind, daß jedes Hinlenken der Aufmerksamkeit auf den Vorgang des Sprechens sich ungünstig auf den Sprechablauf auswirken müsse, so haben sie in jedem Fall recht, wo das Sprechtraining nur auf den äußerlichen, vorwiegend artikulatorischen Teil der Sprache gerichtet ist. Es ist aber nicht von der Hand zu weisen, daß geschickt durchgeführte Symptombehandlungen „neben ihrer korrigierenden Einwirkung auf die Atmungs- und Phonationsfehler auch durch Vermittlung von Erfolgserlebnissen dazu beitragen, den Circulus vitiosus zu durchbrechen, der über Sprech- und Erwartungsangst immer wieder zum Stottern führt [3]". Die Beeinflussung bzw. die Korrektur der Atemtätigkeit wird bei der logopädischen Behandlung sehr häufig eine wesentliche Rolle spielen, weil die Störung der Atmungsfunktion sich im Erscheinungsbild des Stotterns besonders aufdrängt. Oft wird sie als die hauptsächlichste Ursache des Stotterübels betrachtet.

Viele Autoren lehnen jedoch eine direkte Beeinflussung der Atmung in Form von Übungen ab. Dazu bemerkt Frau Professor Wlassowa (zitiert bei Schilling): „Unseren Beobachtungen an über 2000 in unserer Heilanstalt behandelten Kindern nach sind Störungen der Atmung (und der Stimme) bei Stotternden eine Erscheinung zweiter Ordnung [4]."

Schilling selbst hält besondere Atmungsübungen nur in einzelnen Fällen für notwendig. „Von besonderer klinischer Bedeutung ist der ‚pathologische Hochatmungstyp', ein Hochziehen der Schultern mit Verkrampfungen im Bereich des oberen Brustkorbes und Schultergürtels (von psychologischer Seite wird ein ähnliches Phänomen als ‚Angst-

---

[1] Schilling, Folia Phoniatrica, S. 378.
[2] Ebenda, S. 383.
[3] Ebenda, S. 385.
[4] Ebenda, S. 389.

atmung' beschrieben). Die pathologische Hochatmung ist notwendig mit einem Verlust bzw. mit dem Fehlen der atemtechnisch guten ‚Stütze' (Appoggio) verbunden[1]."
Es ist interessant, zu erfahren, daß sich von 150 Autoren immerhin noch 44 in irgendeiner Form der Atmungstherapie bedienen.
Eine sehr wichtige und sehr verbreitete Art der Behandlung ist die Entspannungstherapie. Sie wird oft mit der logopädischen Atemtherapie verbunden. Rund ein Drittel der befragten Autoren wenden entspannende Maßnahmen an. „Auch wir selbst schließen uns dieser Meinung an und glauben, daß dosierte Entspannungsübungen verschiedener Art bei der Therapie stotternder Patienten indiziert sein könnten[2]." Die wohl bedeutendste Vertreterin der Entspannungstherapie ist Helene Fernau-Horn. Ihre Behandlungsweise wird in diesem Buch in einem eigenen Kapitel dargestellt, wobei gesagt werden muß, daß hier bloß Hinweise gegeben werden konnten, die zu einem gründlichen Studium anregen sollen. (Ruhe- und Ablauftraining nach Fernau-Horn: siehe Seite 112!)
Über die sogenannten auditiven Methoden kann man heute noch kein Urteil fällen. Ihre Anfangserfolge sind allerdings verblüffend. Ob sich auf diesem Weg ein Dauererfolg einstellen wird, ist aber noch ungewiß. Das Wesen dieser Methoden besteht darin, die auditive Kontrollfunktion von außen her durch einen Apparat (Echo-Hörer) zu beeinflussen. Die Meinungen über die „Wirkungsweise der verzögerten Sprachrückkopplung sind noch uneinheitlich[3]".
Schon vor Jahren wiesen Doubek und Pakesch darauf hin, daß die „komplexe Genese des Stotterns, die in körperlich-somatischen Reizerscheinungen, in psychischen Abwegigkeiten und in Störungen in der Sprechphysiologie besteht", mithin auch eine „komplexe Therapie des Stotterns" erfordert. Schilling ist im wesentlichen derselben Ansicht. „Das Stotterleiden hat sicher kein einheitliches Krankheitsbild. Sowohl in seinen Wurzeln als auch in seinen Erscheinungsformen stellt es sich komplex und vielschichtig dar." Auch Seeman tritt für die Anwendung einer „komplexen Therapie" ein. „Andere Autoren sprechen von ‚Kombinierter Therapie' (Krech), andere verwenden den Terminus ‚Mehrdimensionale Therapie' (Kretschmer). Allen diesen Richtungen ist die Grundidee gemeinsam, eine breit aufgerollte therapeutische Phalanx zu entfalten und das Stotterleiden von verschiedenen Seiten her anzugehen[4]."
Da das autogene Training nach J. H. Schultz im Gesamtplan der Therapie von Schilling in manchen Fällen mitverwendet wird, ist ein kurzer Hinweis notwendig:
„Das autogene Training eignet sich vorwiegend für Erwachsene, in

---

[1] Schilling, Folia Phoniatrica, S. 385 f.
[2] Ebenda, S. 390.
[3] Ebenda.
[4] Ebenda, S. 391 f.

günstig gelagerten Fällen aber auch für jugendliche Patienten. Die untere Grenze ist in unserem Krankengut das zwölfte Lebensjahr. Wir bevorzugen es bei den Leitsymptomen: Angst und gesamtkörperliche Verspannung... Während die Methode Fernau-Horn bei uns vorwiegend in der Einzelbehandlung eingesetzt wird, arbeiten wir mit dem A. T. auch in Gruppen, bevorzugt in der Kleingruppe (drei bis sechs Personen)[1]." Schilling weist darauf hin, daß die Erfolgsaussichten bei einer Behandlung mit dem A. T. und dem darauf aufbauenden „Signaltraining" auffallend gut seien. Das „Signaltraining" von A. Schilling beruht „auf der Kopplung von zwei bzw. drei Methoden (dem Autogenen Training von J. H. Schultz und dem Ablauftraining nach Fernau-Horn) sowie auf ihrer letztlichen Zusammenführung, Verschmelzung und Weiterführung unter einem übergeordneten Gesichtspunkt als Glied eines neuen Ganzen. In geeigneten Fällen wird – nicht obligatorisch – die Kaumethode nach Froeschels mit einbezogen[2]".

„Die Signale, die jeweils das reflektorische Sicheinstellen dieser Gesamtheit von positiven Bedingungen auslösen, sind je nach Vorstellungstyp und Vergegenwärtigungsweise des Patienten sehr verschieden[3]." Oft ist es eine Geste, „vergleichbar der Gebärde, die man unwillkürlich bei einer freudigen Begegnung vollzieht, ist mit einem fast lächelnden Einatmungszug bei leicht geöffneten Lippen verbunden, die automatisch zur ‚Tiefatmung' nach Art der kombinierten Zwerchfell-Flankenatmung führt und auch die Sensation des ‚weichen Anhubs' (Fernau-Horn) mit sich bringt[4]".

„Immer kommt es darauf an, daß durch dieses Signal eine Weiche gestellt wird, durch welche der sprachliche Funktionskreis jeweils in die neuen Bahnen gelenkt wird[4]." Es handelt sich im wesentlichen darum, nicht etwa „den alten Funktionskreis durch Sprechübungstherapie zu flicken oder zu korrigieren, sondern darum, ... einen völlig neuen Funktionskreis aufzubauen und einzuschleifen[5]".

Am Ende dieser Abhandlung soll noch auf einen Handbuchartikel von Schilling hingewiesen werden, in dem alle Sprech- und Sprachstörungen nach dem neuesten Stand der Sprach- und Stimmheilkunde behandelt werden. Der Artikel enthält eine besonders wertvolle Zusammenfassung über Ursachen, Pathogenese und Erscheinungsformen des Stotterns, die in dem Wiener Referat von Schilling nicht untersucht wurden[6].

---

[1] Schilling, Folia Phoniatrica, S. 421.
[2] Ebenda, S. 425.
[3] Ebenda, S. 426.
[4] Ebenda.
[5] Ebenda.
[6] A. Schilling, Sprech- und Sprachstörungen, Handbuchartikel in Berendes, J. – Link, R. – Zöllner, F., Hals-, Nasen- und Ohrenheilkunde, ein kurzgefaßtes Handbuch, Bd. II., Teil 2, Stuttgart, 1963, S. 1189–1259.

## 11. Bildung, Erziehung und Therapie stotternder Kinder (Klaus-Peter Becker)

Schon die Überschrift zeigt an, daß Becker die Behandlung des stotternden Kindes auf eine breite Basis stellt und daß er das Ziel verfolgt, die Gesamtpersönlichkeit des Kindes zu erfassen. Dieser Zielsetzung liegt die Auffassung zugrunde, daß das Stottern keine isoliert zu betrachtende Störung der Sprache ist. Auf Grund verschiedener Ursachen entwickelt sich das Stottern als eine Störung, die allmählich die gesamte Persönlichkeit des Kindes erfaßt. Im allgemeinen wird das Stottern als Neurose bezeichnet. Ihre Entstehung kann in den meisten Fällen bis in die Zeit der Sprachentwicklung zurückverfolgt werden.

Becker stellt für die Behandlung des Stotterns zwei Forderungen auf: 1. Die Behandlung müsse „so früh wie möglich einsetzen", das ist womöglich im Alter von 3 bis 8 Jahren, und 2. die Behandlung des Stotterns müsse „so umfassend wie möglich sein[1]". „Unter ‚umfassend' werden einmal die Einbeziehung aller Bereiche der Persönlichkeit einschließlich ihrer sozialen Bindung in die Behandlung und zum anderen die an der Behandlung beteiligten Personen verstanden[1]."

Becker betont, daß er unter „umfassender Behandlung" eine „Komplexe Therapie" versteht, und weist nach, daß K. C. Rothe bereits vor Jahrzehnten eine komplexe Behandlung nach folgenden Gesichtspunkten verlangt habe: 1. Somatische Diätetik, 2. psychische Diätetik, 3. engere logopädische Therapie und 4. Pädagogik (Umerziehung)[2].

Im Anschluß an Rothe bestimmt Becker vier Bereiche, „auf die sich die medizinische und die logopädische Behandlung erstrecken müssen: 1. Die Konstitution, der gegenwärtige allgemeine Körperzustand und der neurologische Status des Stotterers, 2. das Verhalten, die psychischen Sekundärerscheinungen und die Leistungen des Stotterers, 3. die sprachlichen Äußerungsformen des Stotterers, 4. die sozialen Lebensbedingungen des Stotterers[3]".

Mit diesen vier Bereichen ist zugleich auch das Programm der Stottererbehandlung in seinen wesentlichsten Punkten festgelegt.

„Die medizinischen Maßnahmen erstrecken sich allgemein auf die Verbesserung der Konstitution des Stotterers und auf seine körperliche Kräftigung. Hiebei sind alle Sonderbehandlungen dieser Art zu nennen, vor allen Dingen aber die Einstellung auf eine hygienische Lebensweise[4]." Im weiteren wird auf die Wichtigkeit der absoluten Ruhestellung (Schlaf) und auf die vernünftige Ernährungsweise, die vom Arzt kontrolliert wird, hingewiesen. Auf die medikamentöse The-

---

[1] K. Becker, Die Sonderschule, 2. Beiheft, Berlin, 1965, S. 26, 27.
[2] K. C. Rothe, Das Stottern, die assoziative Aphasie und ihre heilpädagogische Behandlung, Wien, 1925, S. 99.
[3] K. Becker, Die Sonderschule, 2. Beiheft, Berlin, 1965, S. 27.
[4] Ebenda.

rapie einzugehen würde den Rahmen dieser Schrift überschreiten, doch werden in diesem Zusammenhang hier ebenso wie bei Seeman hauptsächlich Sedativa (Beruhigungsmittel) verabreicht.
Von besonderem Interesse sind für uns die heilpädagogischen Maßnahmen. Becker meint, daß „die reichen Erfahrungen der Stotterertherapie lehren, daß es praktisch keine erfolgversprechende Behandlungsmethode für das ausgeprägte Stottern gibt, die ohne Sprachübungsbehandlung auskommt[1]". Man darf sich dabei aber nicht mit formalen Übungen begnügen, meint Becker, sondern man muß auch die Festigung der Sprache nach ihrem Inhalt anstreben. Für die logopädische Arbeit mit stotternden Schülern verwendet der Verfasser neun „Sprechleistungsstufen":
1. Gebundenes Sprechen. Auf Grund unmittelbarer oder mittelbarer Anschauung spricht der Logopäde dem Kind einfache Sätze, wie „Das ist ein ..." u. ä., vor und wiederholt gemeinsam mit dem Kind den Satz.
2. Nachahmendes Sprechen. Wie unter 1., aber das Kind wiederholt den Satz allein.
3. Beantwortung von Fragen. Vorliegende oder abgebildete, dem Kind bekannte Gegenstände oder Handlungsabläufe sollen vom Kind mit einfachen Sätzen bezeichnet werden. Der Logopäde bedient sich dabei der Fragenstellung: „Was ist das?", „Was tut...?" und „Wie ist...?".
4. Bildbeschreibung. Vorliegende Bilder oder Situationen werden vom Kind beschrieben, wobei der Logopäde den Schwierigkeitsgrad der zu verwendenden Satzkonstruktionen im Sinne einer Steigerung vom Einfachen zum Komplizierten durch die Führung des Gesprächs zu bestimmen hat.
5. Lesen. Die Einordnung des Lesens in die Stufenfolge hängt ab von dem jeweils erreichten Grad des Lesevermögens der Kinder.
6. Nacherzählen. Gehörte oder gelesene Erzählungen vom Charakter einer kindertümlichen Fabel oder eines Märchens werden vom Kind nacherzählt. Dabei können auch in der Klasse oder Kindergruppe Rollenspiele mit Gewinn verwendet werden.
7. Erlebnisberichte. Episoden vom Schulweg, Ereignisse in der Familie und andere Erlebnisse werden berichtet. Besonders gut eignen sich Unterrichtsgänge für eine derartige Auswertung.
8. Themengebundenes Unterrichtsgespräch.
9. Freie Rede[2].
Becker lehnt den Gebrauch einer Kunstsprache als Überbrückung bei der Therapie ab. „Der Logopäde soll sich bei der Verwendung der Sprechleistungsstufen einer gepflegten Umgangssprache in etwas verlangsamtem Tempo bedienen[3]."

---

[1] Ebenda, S. 28.
[2] Ebenda, S. 19.
[3] Ebenda, S. 31.

Weitere Grundsätze für die Behandlung ergeben sich aus folgenden Programmpunkten: Logopädische Rhythmik, Umerziehung und Einflußnahme auf das Milieu. Becker verbindet die „Bewegungserziehung" mit der logopädischen Rhythmik im engeren Sinn und empfiehlt mit Göllnitz die „Organschulung", die „Haltungsschulung" und die „Förderung der zielgerichteten Willkürbewegungen [1]". — „Die Schulung der Sprechmotorik bleibt der individuellen Sprachtherapie und ebenfalls der logopädischen Rhythmik vorbehalten... Das Ziel der logopädischen Rhythmik ist es, die der Gymnastik eigenen Aufgaben mit denen der Logopädie zu verbinden und dabei den Rhythmus als das organisierende Element zu verwenden. Die Musik wird zur leitenden Grundlage der Bewegung [2]."

Die Übungen sollen soweit wie möglich „mit dem Wort verbunden werden", und am Beginn soll immer der Gesang stehen. Denn das Singen „übt eine starke emotionale und charakterbildende Wirkung aus und reguliert ohne Mühe die Respiration, Phonation und Artikulation...". Becker sieht die „Logopädische Rhythmik" anders als Maschka. Denn dieser verlangt neben den allgemeinen rhythmisierenden Übungen in der speziellen logopädischen Rhythmik das Hervorheben der Akzente der Sprache.

Ein besonderes Augenmerk richtet Becker auf die psychischen Faktoren, denn das Wesentliche beim Stottern sei nicht, im Sinne von Seeman, „das Steckenbleiben in der Rede, sondern die affektive Reaktion darauf [3]". Bei den meisten Stotterern könne man erhöhte Reizbarkeit und oft augenfällige Labilität des Gefühlslebens und des Willens feststellen.

Wenn auch diese Eigenschaften häufig der „Ausdruck einer Leistungsinsuffizienz des gesamten Gehirns" sind, so bestehe doch die Möglichkeit, sie durch eine entsprechende Erziehung auszugleichen. Das bedeutet aber in den meisten Fällen eine Umgestaltung der gesamten Schülerpersönlichkeit. Keineswegs dürfe man die Erfolgsaussichten richtig durchgeführter Erziehungsmaßnahmen von vornherein unterschätzen.

„Alle Einwirkungen auf das Verhalten stotternder Kinder werden mit Rothe als Umerziehung bezeichnet... Das Ziel der Umerziehung besteht darin, die Kinder wieder adäquat auf die gesellschaftlichen Verhältnisse und Forderungen einzustellen [4]."

Die Behandlung des stotternden Kindes muß also durch die Beeinflussung seiner Umwelt ergänzt werden. „Sofern es sich um die Aufklärung der Eltern handelt, ist die Aufgabenstellung noch relativ un-

---

[1] G. Göllnitz, Die Bedeutung der frühkindlichen Hirnschädigung für die Kinderpsychiatrie, Leipzig, 1954.
[2] K. Becker, Die Sonderschule, 2. Beiheft, Berlin, 1965, S. 33.
[3] Ebenda.
[4] Ebenda, S. 34.

problematisch. Die Einbeziehung der Eltern in heilpädagogische Maßnahmen bereitet dagegen schon mehr Schwierigkeiten. Kritisch wird die Situation, wenn Eltern und sonstige Miterzieher überzeugt und veranlaßt werden müssen, ihre Lebensführung und ihr Verhalten dem Kinde gegenüber zu ändern[1]."
Daher müssen die Eltern mit größter Geduld und mit viel Einfühlungsvermögen zu der Überzeugung gebracht werden, daß ihre Einstellung und ihr Verhalten dem Kind gegenüber für den Erfolg der Behandlung entscheidend ist. Bei aller Behutsamkeit in den Aussprachen mit den Eltern „muß aber von vornherein auf die Durchführung aller als unbedingt notwendig erkannten Maßnahmen gedrungen werden[2]".
Am günstigsten und nachhaltigsten gestaltet sich der Behandlungserfolg, wenn es gelingt, die Eltern so weit zu bringen, daß sie selbst durch bewußte Umstellung zu guten pädagogischen Vorbildern werden. Als günstigste Organisationsformen für die Bildung, Erziehung und Therapie stotternder Kinder haben sich nach Beckers Versuchen aufeinanderfolgend der Sprachheilkindergarten[3], die Sprachheilschule[4] in Gestalt der Tagesschule und für besonders schwierige Fälle das logopädische Spezialheim[5] erwiesen.

## 12. Spiel, Bewegung, Musik und Rhythmik als heilpädagogische Faktoren

Ein umfangreiches Kapitel widmet Anton Schilling der *Spieltherapie*. Er erwähnt das „Sceno-Spiel" von Frau von Staabs, das auf psychoanalytischer Basis aufgebaut ist, das „Logopädische Heilspiel" von Rudolf Schilling und die „Sprachheilpädagogische Spielserie" von Arno Schulze. Darüber hinaus ermöglicht „die Aufdeckung spezieller motorischer Mängel... eine gezielte motorische Übungstherapie[6]... Nur unter Einbeziehung der Groß- und Feinmotorik, nur mit Ausnutzung der phylogenetisch und ontogenetisch tief verwurzelten psychomotorischen Koordination von Sprechmotorik und gesamtkörperlicher

---

[1] Ebenda, S. 35 f.
[2] Ebenda, S. 36.
[3] K. Becker, Die komplexe Behandlung von stotternden Kindern im Sprachheilkindergarten, in: Bericht über die Gemeinschaftstagung für allgemeine und angewandte Phonetik, Hamburg, 1960.
[4] K. Becker, Bildung, Erziehung und Therapie stotternder Schüler, in: Die Sonderschule, 2. Beiheft, Berlin, 1965.
[5] K. Becker – D. Daskalov – G. Stange, Erziehung, Bildung und Therapie stotternder Schüler unter den Bedingungen eines Kuraufenthaltes in Thalheim, in: Wiss. Z. Humboldt-Universität Berlin, Ges.-Spr.-Reihe, Jg. XII (1963).
[6] A. Schilling, Die Behandlung des Stotterns, in: Folia Phoniatrica, Vol. 17, Nr. 4–6, 1965, S. 399.

Ausdrucksmotorik... kann die Sprechübungstherapie in sinnvoll gelenkte großmotorische Bewegungsabläufe eingebaut werden[1]."
Wenn aber Schilling weiter ausführt, „daß in der modernen Logopädie die deutliche Tendenz spürbar ist, von der alten ‚Vis-à-vis'-Therapie der steifen Schulstubensituation loszukommen", so dürfte dabei übersehen worden sein, daß gerade die Pädagogen als erste dazu übergegangen sind, die Spiel-, Bewegungs- und Musiktherapie in die Sprachübungsbehandlung organisch einzuordnen. Die moderne Schule ist ja geradezu für Spiel, Bewegung und Musik prädestiniert! Man kann heute sagen, wenn irgendwo noch eine alte und vielleicht auch steife „Vis-à-vis"-Therapie anzutreffen ist, so keinesfalls in einer Sprachheilklasse oder Sprachheilschule. Auch die „Logopädische Rhythmik" findet in der pädagogischen Fachwelt ihren größten Widerhall, die größte Anerkennung und die weiteste Anwendung.

Der Begriff der „Logopädischen Rhythmik" wird von verschiedenen Autoren verschieden verwendet, und wenn auch nicht immer der gleiche Vorgang darunter verstanden wird, so ist doch eine gleiche oder zumindest ähnliche Tendenz aller dieser Bestrebungen unverkennbar. Das eine Mal handelt es sich um „Lockerung und Kräftigung der Muskulatur", um das „Üben von Gewandtheit und Geschicklichkeit[2]", zum andern Mal um die „Erziehung zur Gesamtpersönlichkeit des Kindes mit dem Ziel, seinen Bewegungsapparat zu üben...[3]". Sowohl Frau Wlassowa als auch W. A. Griner bauen im Rahmen ihrer komplexen Therapie „logorhythmische Übungen" ein. „Die Musik als eine der zugänglichsten Künste mit ihrem gewaltigen emotionellen Einfluß, mit ihren reichen Ausdrucksmitteln gibt die Möglichkeit, die Bewegungsformen und den Charakter der logorhythmischen Übungen in weiten Grenzen zu variieren (Wlassowa, 1964, zitiert bei Schilling)."

Daß die meisten Stotterer bei allen motorischen Äußerungen ungeschickt sind, darf wohl als erwiesen angenommen werden; darum werden in neuerer Zeit häufig logorhythmische Übungen durchgeführt. In Wien befassen sich damit Franz Maschka und Walter Elstner, in München Anni Braun und Otto Klein und in Hamburg Johannes Wulff und seine Mitarbeiter, um nur einige von ihnen zu nennen. Elemente dieser Übungen sind: Bewegung, Musik und Sprache.

Dem Aufsatz „Logopädische Rhythmik" von H. Kaleja ist zu entnehmen, daß W. A. Griner und A. Beger den logopädischen Rhythmus im wesentlichen im Hinblick auf rhythmische Bewegungen des Körpers, wohl auch kombiniert mit Gesang, Reim und Sprüchen, verstehen. Das geht auch aus der Zusammenstellung der Übungsfolgen klar hervor.

---

[1] A. Schilling, Die Behandlung des Stotterns, in: Folia Phoniatrica, Vol. 17, Nr. 4–6, 1965, S. 400.
[2] A. Beger, Logopädische Rhythmik, in: Die Sonderschule, 1961, S. 250.
[3] W. A. Griner, Kurze Darstellung des Lehrganges der logopädischen Rhythmik für Vorschulkinder, in: Die Sonderschule, 1960, S. 94.

Kaleja sagt jedoch, daß beide Autoren den Sprechvorgang recht plötzlich einsetzen lassen, aber nicht genau präzisieren, „auf welche Weise die Kinder sprechen, ob es ein rhythmisch langsames Sprechen ist oder bereits in der Spontansprache geantwortet wird[1]". Immer handelt es sich um eine Rhythmikstunde mit einem festgelegten Aufbau. Dabei wird das Orffsche Instrumentarium mitverwendet oder wenigstens das Tamburin zur Unterstützung herangezogen.

In mehreren Sprachheilschulen innerhalb des deutschen Sprachraumes wird das Orffsche Instrumentarium im Sinne einer aktiven Musiktherapie verwendet. Das Musizieren nach Orff gibt den Kindern die Möglichkeit, sich frei zu entfalten und ihren Bewegungsdrang in einer frischen und frohen Art abzureagieren. Dabei begreifen die Kinder sehr wohl, daß sie sich übergeordneten Gesetzen fügen müssen, die sich eben aus dem geordneten Ablauf des musikalisch-rhythmischen Geschehens (der musikalischen Vorgänge) von selbst ergeben. In manchen Klassen der Oberstufe lassen sich beachtenswerte Erfolge damit erzielen. Die Kombination von Spiel, Bewegung, Musik und Rhythmik schafft die besten Voraussetzungen für eine erfolgreiche Sprachbehandlung. Anni Braun, Rektorin der Sprachheilschule in München, ist aber der Meinung, „daß alle Rhythmik, ganz gleich welcher Art, nur Vorbereitung und Unterstützung ist, um die so wesentliche logopädische Rhythmik zu erreichen. Rhythmische Erziehung begegnet der motorischen Ungeschicklichkeit, diszipliniert zugleich (was bei Stotterern auch sehr wichtig ist) — ein Allheilmittel ist sie nicht[2]".

## 13. Der „Logopädische Rhythmus" als neuer Sachverhalt in der Therapie (Franz Maschka)

Das Studium der Literatur und der Praxis der oben geschilderten „logopädischen Rhythmik" führt zur Erkenntnis, daß unter diesem Terminus im wesentlichen heilpädagogische Maßnahmen zu verstehen sind, die man in synonymer Ausdrucksweise auch als „musikalisch-rhythmische Erziehung" bezeichnen könnte. Demgegenüber grenzt Maschka sein Verfahren des „logopädischen Rhythmus" als gänzlich andersartig fundierte Therapie deutlich ab. Durch die hier angegebene Behandlungsweise wird tatsächlich der dem Logos und dem Satz innewohnende spezifische Rhythmus dem Bewußtsein zu therapeutischen Zwecken eindringlich vor Augen geführt und mit entsprechenden akustischen und motorischen Ausdrucksmitteln dargestellt. Mit dem Sprachablauf eng verbunden, stellt er sozusagen die Urform der rhythmisch gegliederten Sprache dar.

Der logopädische Rhythmus schöpft seine Kraft aus den Akzenten der

---

[1] H. Kaleja, Logopädische Rhythmik, in Die Sonderschule, Heft 2, 1964.
[2] Siehe auch: Hans-Joachim Reckling, Rhythmisch-musikalische Erziehung in der Sprachheilschule, Berlin-Charlottenburg, 1965.

Sprache[1]. Die urtümliche Form des Ausdrucks soll durch den logopädischen Rhythmus belebt werden und ein deutlicheres Profil erhalten. Wenn Maschka den Rhythmus als therapeutisches Hilfsmittel in der Stottererbehandlung anführt, meint er nicht den Rhythmus im Sinne der Heilgymnastik Scheiblauers (den allgemeinen Körperrhythmus), auch nicht den Rhythmus im Sinne einer Auflockerung im sprachlichmotorischen Sektor, sondern den speziellen Sprechrhythmus im engeren Sinn. Die hirnphysiologische Grundlage für die tiefreichende günstige Wirkung des speziellen Sprechrhythmus findet Maschka in folgendem Hinweis Rudolf Schillings sehr einleuchtend dargestellt: „Man weiß jetzt, daß sich den von der Großhirnrinde ausgehenden und in den Pyramidenbahnen weitergeleiteten Impulsen auch noch von den subthalamischen, im Zwischenhirn gelegenen Zentren, dem striopallidären Gangliensystem, ausgehende mächtige Impulse beigesellen, durch welche die zielhaften Körperbewegungen ihre Weichheit und Abrundung, ihren Schwung und ihre Geschmeidigkeit wie auch ihre persönlich-individuelle Note erhalten. Beim Fehlen dieser Impulse sind die Bewegungen langsam und schwunglos, steif und starr auf das Ziel zugespitzt... In der Sprechkoordination verleihen die extrapyramidalen Bahnen der Sprache ihre melodisch-rhythmische, dynamische und individuelle Gestaltung, ihre Weichheit und Klangfarbenfülle[2]."
Die praktische Arbeit im Sprachheilkurs beginnt danach mit dem Erleben des Wesens und der Bedeutung des Rhythmus. Vorerst wird das Erraten von Melodien geübt. „Man muß dabei aus dem bloßen Klatschen mit den Händen ein bestimmtes Lied erkennen und es auch benennen[3]." So lernen die Kinder die schweren und leichten Takte in Melodie und Text erfassen. „Der Sprachrhythmus ist demnach in der Hauptsache das Ergebnis der unterschiedlichen Schwereabstufung der Silben, wie sie vor allem im temporalen Akzent und im dynamischen Akzent durch das Gewicht der Betonung zum Ausdruck kommt[4]."
Im weiteren Verlauf beruft sich Maschka auf Christian Winkler, der im Ablauf der Sprache in bezug auf die Silben 4 Schwerestufen unterscheidet: a) überschwere Silben (die Hauptsilben der Wörter – sie enthalten den sinngemäßen Höhepunkt), b) vollschwere (jene Silben, die zweitwichtige Teilvorstellungen bezeichnen), c) kaumschwere („auch wichtige Silben"), d) leichte (alle übrigen Silben)[5]. Von dieser Vielzahl

---

[1] Wir unterscheiden drei Arten von Akzenten: 1. den dynamischen Akzent (die Stärke), 2. den melodischen (Tonhöhe) und 3. den temporalen Akzent (Länge bzw. Kürze).
[2] F. Maschka, Das Problem des Stotterns im Rahmen der Reflexlehre, in: Die Sprachheilarbeit, Heft 2, 1961, S. 44.
[3] Ebenda.
[4] R. Schilling, Das kindliche Sprechvermögen, Freiburg im Breisgau, S. 259 f.
[5] Christian Winkler, Deutsche Sprechkunde und Sprecherziehung, Düsseldorf, 1954.

verwendet Maschka aus praktischen und didaktischen Gründen nur zwei, nämlich die schweren und die leichten Silben.
Der nächste Schritt ist von wesentlicher Bedeutung. Es gilt, von der gebundenen Rede, die in zahlreichen Sprüchen und Gedichten geübt wird, zum Rhythmus der Prosa überzuleiten. Zu diesem Zweck wird das Tamburin als Arbeitsmittel verwendet. Es soll den Übergang erleichtern, indem es dreierlei Leistungen anbahnt: „1. Es hilft dem Kind, den Rhythmus zu erfassen und darzustellen. 2. Die Bedienung dieses Instrumentes erfordert eine Großmuskelbewegung, die das motorische Zentrum erregt, wodurch eine Entlastung und eine Enthemmung des blockierten motorischen Sprachzentrums eintritt. 3. Der Aufforderungscharakter des Tamburins ist für ein Kind so groß, daß auch von der psychologischen Seite her eine bedeutende Hilfe erwächst[1]."
Maschka läßt zunächst mit Hilfe des Tamburins den Rhythmus an einzelnen Wörtern heraushören und vom Kind selbst erarbeiten. Später wird das Nachsprechen ganzer Sätze geübt, „immer begleitet von den rhythmusangebenden Schlägen auf dem Tamburin[2]". Die Leistungen werden durch das Nachsprechen längerer Texte gesteigert. Es folgen kurze Erzählungen, Märchen und Sagen. Es muß darauf geachtet werden, daß die Kinder „leicht in den Rhythmus hineinfinden". Sie müssen ihn spüren und miterleben. Nie dürfen sie aus dem Rhythmus herausgleiten.
Zur Erläuterung der praktischen Durchführung gibt Maschka den Stufengang bekannt, „der von den ersten tastenden Versuchen im rhythmischen Sprechen zum fließenden Spontansprechen führt:
1. Vorführung des rhythmischen Sprechens durch den Sprachheillehrer (unterstützt durch das Tamburin), das Kind hört aufmerksam zu.
2. Der Lehrer schlägt den Rhythmus auf dem Tamburin, das Kind spricht dazu.
3. Das Kind spricht und schlägt selbst den Rhythmus dazu.
4. Nach angemessener Zeit, die bei jedem Kind verschieden ist, erfolgt die Loslösung vom Instrument. Das Kind schlägt während des Sprechens den Rhythmus mit dem Schläger in der Luft.
5. Statt des Schlägers zeigt die Hand, später nur ein Finger, während des Sprechens den Rhythmus an.
6. Der betonte Rhythmus wird nur mehr durch den Atemdruck, den Wechsel der Tonhöhe und Tonstärke und durch die deutliche Unterscheidung der schweren und leichten Silben zum Ausdruck gebracht...
Die Wirkung des logopädischen Rhythmus ist demnach eine bipolare: Enthemmung und Aufbau.
7. Die weitere Behandlung erfolgt in der üblichen Weise über das

---

[1] F. Maschka, Das Problem des Stotterns im Rahmen der Reflexlehre, in: Die Sprachheilarbeit, Heft 2, 1961, S. 44.
[2] Ebenda.

Nacherzählen zum Spontansprechen, zunächst noch immer erleichtert durch die stark rhythmische Sprechweise[1].

Die zusätzliche Verwendung von Klangstäbchen, Triangel und anderen Instrumenten schafft Möglichkeiten der Bereicherung und Abwechslung. Maschka hat diese Methode konsequent weitergeführt und die reichen Möglichkeiten des graphischen Bereiches miteinbezogen. Schwere und leichte Silben werden – in teilweiser Analogie zur graphischen Darstellung von Hebung und Senkung in der Metrik – durch große und kleine zügig verbundene Bogen versinnbildlicht. Damit kann die therapeutische Funktion der enthemmenden Großmuskelbewegungen in Verbindung mit dem rhythmischen Sprechen in einer neuen Dimension zur Geltung kommen.

Um die Veranschaulichung des Rhythmus der Sprache vorzubereiten, werden den Kindern halbkreisförmige Schablonen aus Tuchtafelpapier in zweierlei Größen zur Verfügung gestellt; diese Schablonen werden an die Tuchtafel geheftet. Von ihnen wird die graphische und sprachlich-rhythmische Gliederung der Sätze abgeleitet. (Siehe Abbildung 12!)

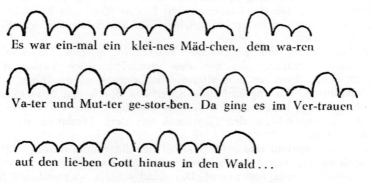

Abb. 12    Darstellung des logopädischen Rhythmus nach Maschka

Ist das Kind imstande, sprechend und gleichzeitig (an der Tafel oder im Heft) „schreibend" eine Nacherzählung, einen Bericht oder spontane Mitteilungen fließend wiederzugeben, so ist ein Teilziel auf dem Weg zu ungehemmtem Sprechen erreicht.

Eine ausführliche Darstellung seiner Methode hat Maschka in einem Tonfilm unter dem Titel „Der logopädische Rhythmus in der Theorie des Stotterns" wiedergegeben.

---

[1] F. Maschka, Das Problem des Stotterns im Rahmen der Reflexlehre, in: Die Sprachheilarbeit, Heft 2, 1961, S. 44.

## 14. Die sprachheilpädagogische Spielserie (Arno Schulze)
(Spiel-, Beschäftigungs- und Übungsserie für stotternde Kinder und Jugendliche)

Arno Schulze geht von der Tatsache aus, daß beim Stottern nicht nur die Sprache allein gestört ist, sondern daß das stotternde Kind häufig eine gestörte Persönlichkeit ist. Beim Stottern fällt nicht nur das gestörte Sprechen auf, sondern der genaue Beobachter findet sehr bald auch eine ganze Reihe von Abweichungen vom Normalverhalten des Kindes, wie z. B. „starke Schädigung der Grob- und Feinmotorik, allgemein geringe Körperbeherrschung und Handgeschicklichkeit, große Konzentrations- und Willensschwäche, geringes Durchhaltevermögen, plötzliche psychische Sättigung, schnelle Entmutigung und starke Selbstunsicherheit, die sich oft in groben Minderwertigkeitskomplexen äußert". „Viele Stotterer sind übersteigert aggressiv, andere wiederum allzu stark gehemmt[1]."

Das stotternde Kind ist häufig neurotisch verändert, es fügt sich schwer in eine Gemeinschaft und ordnet sich ungern in sie ein. Es wäre also falsch, wollte man sich mit einer Sprechübungsbehandlung allein begnügen; vielmehr muß der Therapeut bemüht sein, durch eine „fachpädagogisch-psychologische Einzel- *und* Gruppenerziehung" das stotternde Kind fähig zu machen für eine „soziale Einordnung" und „Eingliederung in die Gemeinschaft"[1]. Schon vor vielen Jahren empfahl K. C. Rothe die *Umerziehung des Stotterers* als wirksamste und dauerhafteste Therapie.

Der Grundgedanke der heilpädagogischen Bestrebungen von Arno Schulze gipfelt in der Forderung, das Spiel, „das bekanntlich ein umfassendes Erziehungs- und Therapiemittel darstellt", in breitem Umfang mit in die Behandlung einzubeziehen. Ferner wären noch „Übungen zur Verbesserung der Motorik, der Konzentrationsfähigkeit" und „zur Stärkung des Willens" einzuschalten.

Schulze bringt die „Erziehungs- und Therapiemittel" Spiel, Beschäftigung und Übung in einem wohlgeordneten System an das sprachgestörte Kind heran. Er unterscheidet fünf Abschnitte dieser Spiele und Übungen.

Am Beginn steht das freie Spiel. Es kann „einzeln und in Kleinstgruppen (Paar- und Dreier-Gruppe)" durchgeführt werden. Es werden „darstellende Spiele mit Kasperl- und Biegepuppen" und auch „Rollenspiele im Sinne eines Psychodramas"[2] durchgeführt. Möglichkeiten „zum Malen, Kneten und Schmieren" sollen geboten werden. „Das Ver-

---

[1] Arno Schulze, Die sprachheilpädagogische Spielserie, 12. Folge der „Übungsblätter zur Sprachbehandlung", Hamburg, 1961, S. 3 und 4, Verlag Wartenberg & Söhne.
[2] Ebenda, S. 28 und 29.

halten der Kinder beim Einzel- und Gruppenspiel, das gewählte Spielzeug und die Spielthemen geben dabei reiche Hinweise auf die Probleme und Konflikte der Kinder[1]." Die Hauptwirkungen, die damit erzielt werden sollen, sind: „Enthemmung, Katharsis (Ausleben von Affekten, Darstellen und Abreagieren von Konflikten usw.)[2]."
Im 2. Abschnitt steht noch immer das freie Spiel im Vordergrund. Das Spiel wird jedoch in zunehmendem Maße vom Fachpädagogen gelenkt. Die Gruppe kann jetzt schon größer sein als im 1. Abschnitt, die Zahl von 6 Kindern soll aber nicht überschritten werden. Der Übergang zu „Spielen mit bestimmten Spielregeln" soll angebahnt werden. Es können bereits „Würfel- und Gesellschaftsspiele" verwendet werden. Als Ziel gilt jetzt die „Steuerung hauptsächlich der Expansions- und Aggressionstendenzen ... und des Bereiches von Macht und Geltung durch die Spielregeln und durch die Gruppe[2]".
Schon im 2. Abschnitt bietet der Verfasser eine stattliche Reihe von Spielen (im ganzen sind es 23), und im 3. Abschnitt wird die Reihe der Spiele fortgesetzt. Die bereits im 2. Abschnitt angebahnte „sprachliche Beeinflussung durch Sprechmuster, Sprechhilfen und Steuerung des Sprechvorganges durch den Sprachheilpädagogen"[2] erfährt im 3. Abschnitt eine wesentliche Erweiterung.
Die Spielmöglichkeiten im 3. Abschnitt dienen „der allgemeinen Beruhigung, Beherrschung, Erhöhung der Konzentrationsfähigkeit und Stärkung des Willens[3]".
Im 4. Abschnitt stehen Würfel- und Gesellschaftsspiele im Vordergrund. Sprechübungen und Sprechhilfen leiten zum „gebundenen Sprechen nach vorgegebenen Sprechmustern" über. Die hier verwendeten Spiele sind sehr zahlreich (35) und bieten viele Anregungen und Möglichkeiten zum Sprechen. Diese Sprechmuster haben den Zweck, dem Stotterer das hemmungsfreie Sprechen zu erleichtern.
Der 5. Abschnitt dient der „Schulung der Spontan- und Umgangssprache und der Überleitung zur einwandfreien sprachlichen Verständigung mit der Umwelt[3]".
Die 5 Abschnitte mit ihren verschiedenartigen Spielen stellen eine systematisch geordnete Entwicklungsreihe mit 5 Teilzielen und einem abschließenden Gesamtziel dar. Dieses Gesamtziel lautet: „Um- und Nacherziehung und positive Umstrukturierung der Gesamtpersönlichkeit des geschädigten Kindes[4]." Der Verfasser selbst nennt sie „eine ganzheitlich orientierte, kindertümliche Mehrfaktorentherapie".

---

[1] A. Schulze, Die sprachheilpädagogische Spielserie, in: „Die Sprachheilarbeit", 1959/1.
[2] A. Schulze, Die sprachheilpädagogische Spielserie, Hamburg, 1961, S. 28 und 29.
[3] Ebenda, S. 30 und 31.
[4] A. Schulze, „Die Sprachheilarbeit", 1962/3.

## 15. Die sensorische Rückkopplung und ihre Auswirkungen

Im Jahre 1950 veröffentlichte B. S. Lee eine übersichtliche Darstellung von Untersuchungen über das Sprechen „mit einem speziellen akustischen Effekt". Dieser akustische Effekt wird durch ein Tonbandgerät erzeugt, das über ein Kehlkopfmikrophon, verbunden mit einem Kopfhörer, die Sprache der Versuchsperson mit zeitlicher Verzögerung wiedergibt. Es handelt sich um ein spezielles Tonbandgerät mit einer „unendlichen" Bandschleife. „Über ein Mikrophon spricht man auf einen festsitzenden Sprechkopf. Mit einem verschiebbaren Abhörkopf können die Verzögerungszeiten der Wortwiedergabe von 70 Millisekunden (ms) bis 486 ms eingestellt werden. Über einen Kopfhörer wird dem Sprecher seine Sprache verzögert wieder angeboten[1]." Er hört also dauernd das Echo seiner eigenen Sprache.
„Wesentlich ist bei der Apparatur die Möglichkeit, dieses Echo gleitend durch die verschiedenen Verzögerungszeiten zu führen. Hinter dem Abhörkopf befindet sich ein Löschkopf[2]." Die Auswirkungen dieser zeitlich verzögerten Wiedergabe der eigenen Sprache auf das Sprechen bezeichnet man nunmehr als Lee-Effekt.
Beim Sprechen mit dem Lee-Effekt treten folgende Veränderungen in der Sprache auf: Die Atmung wird unregelmäßig, es kommt zu Wiederholungen von Lauten und Silben, und die Stimme wird in den meisten Fällen lauter. „Melodie und Rhythmus sind eingeebnet, sodaß oft der Eindruck einer monotonen Sprechweise entsteht. Häufig sind Laut-, Silben- und Wortumstellungen innerhalb des Satzgefüges, was eine sinnentstellende Aussage zur Folge haben kann ... Oft entsteht ein Pseudostottern mit Polterkomponente[3]."
Forschungen über den Lee-Effekt wurden zuerst bei normalsprechenden Personen durchgeführt, und das Ergebnis waren die obengeschilderten Beobachtungen. Später ging man dazu über, Personen mit Sprachstörungen den gleichen Versuchsbedingungen zu unterwerfen. Die Wirkung auf Stotterer war in den meisten Fällen völlig konträr. Bei richtiger zeitlicher Einstellung des Apparates hatte die Sprachrückkopplung in der Mehrzahl der Fälle ein völliges Verschwinden der Stottersysteme zur Folge. So berichtet Lotzmann: „Alle Sprechhemmungen im Erscheinungsbild des Stotterers werden entweder total ausgeschaltet oder aber wesentlich reduziert. Das betrifft klonische Iterationen[4] und tonische Spasmen. Atemstörungen, die als Teilsymptom des Krankheitsbildes diagnostiziert werden, sind unterbunden[5]."

---

[1] Otto Brankel, Der Lee-Effekt, in: Die Sprachheilarbeit, Heft 1, 1964, S. 134.
[2] Ebenda.
[3] Geert Lotzmann, Die verzögerte Sprachrückkopplung als mögliche Variante der Stotterer-Therapie, in: Die Sprachheilarbeit, Heft 2, 1962, S. 166.
[4] Iteration (lat.) = hier: Wiederholung von Silben.
[5] Geert Lotzmann, Die verzögerte Sprachrückkopplung als mögliche Variante der Stotterer-Therapie, in: Die Sprachheilarbeit, Heft 2, 1962, S. 166.

Bemerkenswert ist, daß nach den Aussagen verschiedener Autoren alle Mitbewegungen und Grimassierungen schlagartig verschwinden. „Vor dem Mikrophon sitzt ein entspannter, allseitig gelöster Mensch, der eine hemmungsfreie Sprechweise demonstriert und damit den unmittelbaren Kontakt zur Sprache als Information wieder gefunden hat[1]."
„Das Sprechen mit dem Lee-Effekt bedeutet eine akustische Führung des Stotterers und macht ihm die Notwendigkeit der guten Artikulation und die Regulierung von Sprache und Stimme bewußt[2]." Demnach bewirkt das Sprechen mit dem Lee-Effekt eine Normalisierung der Sprache, wenn die wichtigste Voraussetzung erfüllt wird, nämlich die richtige Einstellung der Verzögerungszeit, in der dem Stotterer die eigene Sprache wiedergegeben wird. Im allgemeinen beträgt die Differenz etwa 70 bis 110 ms. Mitunter läßt sich die Sprache auch bei der Rückkopplung mit einer Verzögerungsdauer von 300 bis 400 ms bessern (nach Brankel). Die Einstellung der Verzögerungszeit erfolgt von seiten des Versuchsleiters. Sie läßt sich rasch durchführen und bietet kaum nennenswerte Schwierigkeiten.

Hier drängen sich zwangsläufig folgende Fragen auf: Bewirkt die verzögerte Rückkopplung bloß eine Ablenkung vom Sprechakt, oder ist die auditive Unterstützung durch den Apparat so ausschlaggebend, daß sich sofort das Gefühl der Sicherheit einstellt, das geeignet ist, weitere therapeutische Maßnahmen erfolgreich in Angriff zu nehmen? Oder ist darüber hinaus die auditive Hilfe sogar so wirksam, daß nach längerem Gebrauch des Gerätes die Erscheinungen des Stotterns wesentlich herabgemindert oder gar zum Verschwinden gebracht werden?

Nach Schilling sind die Meinungen über die Wirkungsweise der verzögerten Sprachrückkopplung derzeit noch uneinheitlich. „Es besteht allerdings Übereinstimmung darüber, daß es sich nicht lediglich um einen Vertäubungseffekt handelt[3]."

Es dürften aber viele Stotterer unter dem Einfluß der Rückkopplung sofort zur normalen Sprechweise zurückfinden. Das wäre für die weitere Behandlung immerhin ein wesentlicher Anfangserfolg. Ob sich damit ein dauernder Erfolg anbahnt, kann noch nicht mit voller Sicherheit gesagt werden, obwohl schon eine ganze Reihe von Versuchen vorliegt.

Geert Lotzmann führte im Jahre 1962 eine sehr genaue Testreihe durch, indem er außer der Mechanik der verzögerten Sprachrückkopplung auch Tonbandaufnahmen in seiner Stottertherapie verwendete. Er sagt: „Der Einbau der Tonbandaufnahme in die Stotterer-

---

[1] Geert Lotzmann, Die verzögerte Sprachrückkopplung als mögliche Variante der Stotterer-Therapie, in: Die Sprachheilarbeit, Heft 2, 1962, S. 176.
[2] Otto Brankel, Der Lee-Effekt, in: Die Sprachheilarbeit, Heft 1, 1964, S. 135.
[3] A. Schilling, Die Behandlung des Stotterns, in: Folia Phoniatrica, Vol. 17, Nr. 4–6, Basel – New York, 1965, S. 390, 391.

therapie ist an besondere Bedingungen geknüpft. Diese Bedingungen werden durch die verzögerte Sprachrückkopplung in einem weiten Maße erfüllt. Wenn der wesentliche Sinn der Stottererbehandlung darin liegt, daß der Kranke den kommunikativen Kontakt mit seiner Umwelt zurückerhält, so muß ihm zunächst in irgendeiner Form das Bewußtsein des ungehemmten Sprechenkönnens wiedergegeben werden [1]."

„Wir haben die fast normalisierten Sprechabläufe dem Stotterer nach jeder Sitzung einige Male vorgeführt und konnten dabei die Beobachtung machen, daß der anfängliche positive Schock eine stetige Umwandlung in ein Wissen um das Können erfuhr [2]." Lotzmann kommt dabei zu dem Ergebnis, „daß eine anhaltende Wirkung unmittelbar nach erfolgter Verzögerung gegeben ist, wobei sich die Dauer der Einwirkung im Rahmen unserer Testreihe nicht genau bestimmen läßt. Diese anhaltende Wirkung vermag entweder alle Sprechhemmungen, Atemstörungen und Mitbewegungen total auszuschalten oder in einem beträchtlichen Maße zu vermindern [3]".

Bei der Frage nach der Ursache des Stotterns stellen M. Moravek und J. Langova den „Praephonations- oder Initialtonus" in den Vordergrund und messen diesem Faktor grundlegende Bedeutung bei. Sie weisen darauf hin, daß bis jetzt noch nicht klar geworden sei, auf welchem Funktionsniveau die Störung sich befindet. Keinesfalls könne mit Sicherheit angenommen werden, daß die Ursache des Stotterns „in einer Störung der akustischen Afferenz und der Verarbeitung des akustischen Informationsmaterials [4]" zu suchen sei. Aus einer „komplizierten Matrix [5] von Nervenprozessen" erfolgen Impulse für eine sprachliche Kundgabe, „die für die Muskeln bestimmt sind, die zu stimmloser und stimmhafter Tätigkeit führen sollen [6]". Bei dem Durchgang durch den Subkortex „tritt eine unnötige, höchstwahrscheinlich durch Emotion entstandene Muskelaktivität hinzu [7]" und verändert die ursprünglichen Impulse. „Es erscheint daher logisch, bei der Behandlung dieser Hauptbeschwerden der Stotterer den Weg entweder in einer Herabsetzung des gesamten Muskeltonus zu suchen oder in einer quantitativen Verstärkung der akustischen Signale [8]."

---

[1] G. Lotzmann, Die verzögerte Sprachrückkopplung als mögliche Variante der Stotterer-Therapie, in: Die Sprachheilarbeit, Heft 3, 1962, S. 204 f.
[2] Ebenda, S. 207.
[3] Ebenda, S. 178.
[4] M. Moravek und J. Langova, Sensorische Rückkoppelung beim Stottern, Vortrag auf dem XIII. Internationalen Kongreß für Logopädie und Phoniatrie, in: De therapia vocis et loquelae, Wien, 1965, S. 429.
[5] Matrix (lat.) = Mutterboden.
[6] M. Moravek und J. Langova, Sensorische Rückkoppelung beim Stottern, in: De therapia vocis et loquelae, Wien, 1965, S. 430.
[7] Ebenda.
[8] Ebenda.

Der Erfolg der Behandlung hängt nach Moravek und Langova im wesentlichen davon ab, wieweit es gelingt, die durch den Subkortex hervorgerufene übermäßige motorische Aktivität durch zusätzliche akustische Signale auszugleichen.
Die Hamburger Schule, die eine ganze Reihe von technischen Hilfsmitteln verwendet, arbeitet bereits seit einigen Jahren mit Hilfe der sensorischen Sprachrückkopplung. K. und E. Leites stellten fest, daß mit Hilfe des Lee-Effektes den Stotterern vielfach geholfen werden kann. „Die beschriebenen Methoden des Einsatzes der Technik in der Logopädie stellen nicht das ‚Ei des Kolumbus' dar, bieten aber soviel diagnostische und therapeutische Hilfe, daß man zugunsten einer intensiveren und auch verkürzten Therapie auf sie nicht verzichten dürfte[1]."
Nach den bisherigen Ergebnissen scheint es empfehlenswert, daß der Sprachgestörte einen Apparat in entsprechender Form ständig bei sich trägt und ihn im Bedarfsfall zu Hilfe nimmt. Bei Erwachsenen und bei älteren Kindern (etwa bei Studierenden) ist dagegen kaum etwas einzuwenden. Jüngere Kinder wären wie bisher nach den konventionellen Methoden zu unterrichten.
Nach mehreren Versuchen ist es gelungen, ein tragbares und sehr leichtes Sprechhilfe-Gerät für Stotterer auf Grundlage des Lee-Effektes zu konstruieren. Das Sprechhilfe-Gerät, „Logotron" genannt, besteht aus drei Hauptteilen: Sprachspeicher, Kehlkopfmikrophon und Knopfhörer mit Ohrplastik.
Der *Sprachspeicher* enthält in einem Kästchen eine Tonband-Speichereinrichtung zur Sprachverzögerung. Die Verzögerungszeit ist von 100 bis 300 ms kontinuierlich wählbar.
Das *Kehlkopfmikrophon* wird mittels Halsspange an den Kehlkopf angelegt. Durch Verwendung des Kehlkopfmikrophons an Stelle eines Luftmikrophons wird erreicht, daß der Sprecher wenig behindert wird und nur die eigene Sprache, nicht aber die des Gesprächspartners verzögert hört.
Der *Knopfhörer* wird wie bei Schwerhörigen-Geräten mit einer individuell angepaßten oder mit einer Standard-Ohrplastik im Ohr getragen.
Das Sprechhilfe-Gerät „Logotron" wird von der Wiener Firma „Viennatone"[2] hergestellt. Es ist sehr klein und handlich, sodaß der Sprachgestörte die Möglichkeit hat, den Apparat ständig bei sich zu tragen und bei Bedarf zu verwenden.

---

[1] Konrad und Erika Leites, Die Technik in der Logopädie. Aus der Entwicklung und Arbeit des Hamburger Sprachheilwesens, in: Beiträge Hamburger Fachpädagogen und Fachärzte, zusammengestellt von W. Günther und K. H. Hahn, Oktober 1962, S. 54, 55.
[2] Viennatone, Wien I, Franz-Josefs-Kai 3–5.

# POLTERN

## I. BESCHREIBUNG

Ein sonderbarer Sprachfehler, der mit dem Stottern eine gewisse Ähnlichkeit hat und mit diesem oft verwechselt wird, ist das Poltern. Diese Sprachstörung hat die Eigenart, daß sie dem Träger häufig gar nicht oder nur schwach bewußt ist oder daß sie ihm belanglos erscheint. Meistens ist es die Umgebung des Polterers, die sich gegen die rasche und undeutliche Sprechweise auflehnt, weil sie dem Sprecher nicht folgen kann und weil es besondere Mühe kostet, ihn zu verstehen.
*Das Poltern besteht im wesentlichen in einer Überhastung der Sprache.*
Die meisten Polterer sprechen in viel zu raschem Tempo. Dabei werden Silben, Wörter, ja oft ganze Satzteile ausgelassen, die Wortenden werden häufig verstümmelt. Die Artikulation ist undeutlich und verwaschen, und die Fehler durch Versprechen und Verlesen treten so häufig auf, daß sie den Ablauf der Rede stören. Mehrsilbige Wörter und Fremdwörter werden besonders in Mitleidenschaft gezogen. Die Sprache ist nicht so exakt, wie der Zuhörer es wünscht oder verlangen kann.
Wie kommt es nun zum Poltern? „Für den normalen Ablauf der Rede ist es vor allem notwendig, daß ein geordnetes geistiges Verhältnis zwischen dem auszusprechenden Gedanken und den auszusprechenden Worten besteht. Beobachten wir uns selber, wenn wir einen Satz sagen wollen, so finden wir, daß vor allem der Gedanke entweder vollkommen vollendet vorhanden ist oder doch wenigstens in groben Umrissen besteht, ehe wir darangehen, ihn mitzuteilen[1]." Häufig vollenden wir den Gedanken erst während des Sprechens.
„Wir können sagen, daß für ein gehaltvolles Sprechen eine gründliche Vollendung des Gedankens nötig ist, ehe die Sprachwerkzeuge in Bewegung gesetzt werden, und daß auch eine genaue Beaufsichtigung der inneren Sprache vorhanden sein muß, damit die passendsten Worte und zugleich die präziseste Satzform zustande kommt. Es muß die Aufmerksamkeit voll und ganz auf den Gegenstand gerichtet sein[2]."
Bei den meisten Polterern ist der Gedankenablauf insofern gestört, als er zu rasch und zu ungenau vor sich geht. Die Gedanken eilen der schwerfälligen und ungeschickten Sprechmuskulatur voraus, und der Gedankenablauf ist so flüchtig, daß die Sprechmuskulatur nur unter Verzicht auf die Exaktheit der Ausführung nachkommen kann. „Durch

---

[1] E. Froeschels, Lehrbuch der Sprachheilkunde, Leipzig und Wien, 1931, S. 393.
[2] Ebenda.

die nervöse Überhastung taucht das gedachte Wort so früh und so stark auf, daß es sich in Bewegung umsetzt und an Stellen im Satz erscheint, wo es noch gar nichts zu suchen hat[1]."
Der Polterer hat die Gewohnheit, Wörter vorwegzunehmen. Andererseits läßt er Wörter, die er zu sprechen hätte, aus. Wenn es häufig zu Wiederholungen kommt, dann nähern sich die Erscheinungsformen dem Stottern. Am auffallendsten sind wohl die Auslassungen des Polterers. Sie können sich auf Silben, Wörter, ja ganze Sätze erstrecken. Auch das Versprechen und Verlesen muß als typisches Symptom des Polterns gewertet werden.
Liebmann[2] unterscheidet vier Formen des Versprechens: 1. Zwei aufeinanderfolgende Laute werden vertauscht, z. B.: „Der Mann wiebt den Schagen (schiebt den Wagen)." 2. Ein Laut wird in einem folgenden Wort noch einmal wiederholt, z. B.: „Der Mann mutzt (putzt) die Laterne." 3. Ein Laut wird aus einem folgenden Wort bereits vorweggenommen, z. B.: „Die Kame (Dame) kauft Obst." 4. Der Schüler schwankt zwischen zwei Sätzen und zieht dabei zwei Wortformen in eine zusammen, z. B.: „Die Soldaten musieren die Straße" anstatt „Die Soldaten marschieren durch die Straße" und „Die Soldaten machen Musik".
Das Versprechen des Polterers ruft oft recht komische, mitunter aber auch sehr peinliche Überraschungen hervor. So berichtet Kußmaul von einem Tischredner, dem das Mißgeschick passierte, anläßlich der Tagung einer großen gelehrten Gesellschaft die Gäste statt zur „fröhlichen Festfeier" zu einer „fröhlichen Freßfreude" zu bewillkommnen.

## II. UNTERSCHEIDUNG VON POLTERN UND STOTTERN

Das Poltern tritt beim freien Sprechen ganz besonders stark hervor, seltener beim Lesen, nie aber beim Singen. Damit verhält es sich ähnlich wie beim Stottern. Auch der Stotterer hat am meisten bei der freien Rede zu kämpfen, Lesen ist nur selten gestört, und beim Singen wird fast nie gestottert (nur etwa 1 – 2 % der Kinder stottern auch beim Singen). Wenn auch das Stottern mit dem Poltern in verschiedener Hinsicht gewisse Ähnlichkeit aufweist, so ist es doch von diesem leicht zu unterscheiden.
Das Poltern verschwindet beim langsamen Sprechen sofort. Je mehr der Polterer die Aufmerksamkeit auf die Sprache lenkt, desto besser spricht er. „Die Aussprachestörungen sind ferner nicht an bestimmte

[1] H. Gutzmann, Sprachheilkunde, Berlin, 1924, S. 389.
[2] A. Liebmann, Vorlesungen über Sprachstörungen, 4. Heft.

und stets gleichbleibende Laute gebunden, sondern regellos und immer wechselnd über den ganzen Sprechvorgang verteilt[1]." Vor Vorgesetzten und Fremden spricht der Polterer besser, der Stotterer hat gerade in diesen Situationen die größten Schwierigkeiten.
Beim Polterer fehlen vor allem die schweren Symptome, die für den Stotterer typisch sind, die Atemstörungen, das Pressen und die Mitbewegungen. Der Polterer gleitet mit Leichtigkeit über das Sprechen hinweg, während der Stotterer den Eindruck des Mühseligen und Beladenen macht. Der Stotterer strengt sich beim Sprechen an, der Polterer nicht. Lediglich die Silbenwiederholungen und die Unsicherheit bei der Texierung erinnern an das Stottern.
„In der Hast seiner Rede, bei dem Aneinanderprallen zweier gleichzeitig beabsichtigter Lautbewegungen kommt es ferner vor, daß der Polterer steckenbleibt und einen Augenblick keinen Laut zustande bringt[2]." Dabei bleibt der Polterer ebenso wie der Stotterer mitten in der Rede stecken. Dann ist aber die Ursache der Unterbrechung beim Polterer darin gelegen, daß er zwischen zwei Lautstellungen hin und her schwankt, bis er sich endlich entschließt, eine davon zu wählen. Bemerkenswert ist, daß beim Polterer die logischen Pausen fehlen, die beim normalen Sprechen die Rede gliedern.
Beim Stotterer ist vielfach eine neurotische Veranlagung als Nährboden vorhanden, während wir beim Polterer eher Eigenheiten des Temperaments als Grundlage annehmen können. Nadoleczny nennt als Ursache „Gedächtnisschwäche für Wortformen infolge Unaufmerksamkeit". Nach Froeschels schenken die Polterer nicht nur der eigenen Sprache geringe Aufmerksamkeit, sondern auch der Sprache der Umgebung. Sie fassen nur die Hälfte von dem auf, was die anderen sagen. Polterer sind nicht nur schlechte Sprecher, sondern auch schlechte Zuhörer. Ihr Wesen ist durch Hast und Oberflächlichkeit gekennzeichnet.
H. Freund (zitiert bei Luchsinger[3]) hat die typischen Charakterzüge beider Gruppen in einer psychologischen Gesamtschau zusammengefaßt und einander gegenübergestellt. Demnach wäre der Stotterer „schüchtern, verschlossen, zurückhaltend, introvertiert, gehemmt, zögernd und langsam im Handeln". Hingegen sei der Polterer „aggressiv, mitteilsam, aufbrausend, extravertiert, impulsiv, unkontrolliert, hastig und überbeschäftigt".
Die Gehörseindrücke werden infolge der Unaufmerksamkeit nur ungenau fixiert, daher haben die meisten Polterer Schwierigkeiten bei der Formulierung der Wörter. Sie leben in beständiger Unruhe, weil sie

---

[1] R. Luchsinger und G. E. Arnold, Lehrbuch der Stimm- und Sprachheilkunde, Wien, 1949, S. 399.
[2] E. Froeschels, Lehrbuch der Sprachheilkunde, Leipzig und Wien, 1931, S. 394.
[3] R. Luchsinger, Poltern (Erkennung, Ursachen und Behandlung), Berlin-Charlottenburg, 1963, S. 33.

befürchten, der Text der Rede könne ihnen entgleiten. Das Haschen nach Wortformen beschleunigt immer wieder ihr Sprechtempo. Beim Polterer geht alles rasch, auch die Atmung. Ein- und Ausatmung sind hastig, die Luft wird verschwendet. Es fehlt aber das krampfhafte Ringen nach Luft, wie wir es beim Stotterer häufig beobachten können.

## III. DIE BEHANDLUNG DES POLTERNS

Die Behandlung des Polterns erfordert die genaue Beobachtung der Symptome und viel psychologisches Feingefühl.
Gutzmann geht bei der Therapie des Polterns einen ähnlichen Weg wie bei der Behandlung des Stotterns. Er beginnt mit Übungen der Atmung und der Artikulation, setzt mit systematischen Leseübungen fort und findet den Übergang zu einer geordneten Spontansprache in Sprechübungen, die sich aus dem Gelesenen ergeben und die auf die Lesetexte Bezug nehmen.
Liebmann trennt bei der Therapie des Polterns den Ablauf der Sprechbewegungen zeitlich von der Textierung der Rede. Die Sprechbewegungen müssen warten, „bis die innere Sprache mit dem Text fertig ist... Während dann aber die Sprechbewegungen ablaufen, darf die innere Sprache anderseits nicht zur Eile antreiben, um möglichst bald Raum für einen neuen Text zu schaffen[1]". Es ist zweckmäßig, Denkpausen zwischen die einzelnen Sätze einzuschalten.
Wie bei der Behandlung des Stotterns, so verwendet Liebmann auch bei der Therapie des Polterns Bilder, die zur Unterstützung des gesprochenen Wortes dienen. Der Gang der Übungen läßt fünf Stufen erkennen. Zuerst werden dem Schüler Bilder gezeigt, die nur *eine* Szene darstellen, damit er lernt, seine Gedanken zu konzentrieren. An Hand dieser Bilder wird das Nachsprechen einzelner Sätze geübt. Dabei erfolgt das Vorsprechen „mit präziser, aber nicht deklamatorischer Artikulation". Dann wird die Zahl der Bilder und damit die Zahl der Sätze allmählich bis auf zwanzig gesteigert.
Als zweites verwendet Liebmann große Bilder mit vielen Einzelfiguren. Er beginnt auch hier mit einzelnen Sätzen und steigert die Leistung auf fünf, zehn und zwanzig Sätze. „Anfangs bestimmt der Therapeut die Reihenfolge der Sätze, später wählt sie der Patient[2]."
Auf der dritten Stufe der Behandlung folgen Sprechübungen in derselben Art, aber ohne Zuhilfenahme von Bildern. Mit Einzelsätzen wird begonnen und mit „ganzen Geschichten" wird die Übungsreihe abgeschlossen.

[1] A. Liebmann, Vorlesungen über Sprachstörungen, 4. Heft.
[2] Ebenda.

Auf der vierten Stufe werden dem Schüler schon kleine Unterhaltungen zugemutet. Dabei werden auch dritte Personen herangezogen, um das Kind, ähnlich wie bei der Behandlung des Stotterns, an das richtige Sprechen vor Fremden zu gewöhnen.
Schließlich (fünfte Stufe) läßt man den Schüler innerhalb der Familie und bei genügender Fertigkeit auch im Kreise fremder Personen frei sprechen. Es ist aber zweckmäßig, wenigstens für die erste Zeit Erkundigungen über die Sprache des Schülers, namentlich aus dem Kreis der Familie, einzuholen, damit man nicht ohne Kontrolle über die Fortschritte des Kindes bleibt.
Während der Übungen muß man die Aufmerksamkeit des Polterers immer wieder auf die Sprache lenken. Nicht die geringste Nachlässigkeit beim Sprechen darf geduldet werden. (Im Gegensatz zur Behandlung des Stotterers. Dieser muß vom Sprechakt abgelenkt werden.)
Zeigt der Polterer auch beim Lesen Symptome, dann hilft ein Mittel, das seit alters her von erfahrenen Pädagogen bei schlechten Lesern mit Erfolg angewendet wird, nämlich das „Lesefenster". Wenn man aus einem Karton einen länglichen, rechteckigen Spalt ausschneidet, der ungefähr der Länge einer Wortgruppe oder eines Satzes entspricht, und diesen Karton mit dem Schlitz über dem Text weiterbewegt, hindert man den Schüler am zu raschen Weitergleiten der Augen und damit am zu raschen Sprechen. Das Blickfeld ist klein, und das Kind wird dadurch gezwungen, sich auf den jeweils im Fenster auftauchenden Satz zu konzentrieren.
Wichtig ist die *psychische Behandlung* des Polterers. Wenn auch das polternde Kind im allgemeinen keine Scheu vor dem Sprechen hat, so ist es doch vielfach mutlos und glaubt nicht, daß es seine schlechten Sprachgewohnheiten wird ablegen können. „Wo es irgend geht, muß man die Gelegenheit wahrnehmen, die Sprache des Patienten zu loben, um ihm Mut zu machen und ihn zu neuen Anstrengungen zu ermuntern[1]." Liebmann macht auch darauf aufmerksam, daß zu einer richtigen Behandlung des Polterns die „Sanierung der Umgebung" gehört, ein Begriff, der für die Behandlung des Stotterers ebenso wichtig ist wie für die Behandlung des Polterers.
Die Sprache des Polterers wird bei Ermüdung schlechter, eine Eigentümlichkeit, die wir auch bei der Sprache des Normalen beobachten können. Alle Symptome finden sich in abgeschwächter Form in der Sprache des Normalen wieder, wenn er überarbeitet oder übermüdet ist. Das ist nicht verwunderlich, da auch in diesem Fall die Aufmerksamkeit herabgesetzt ist und die Kontrolle über die Ausführungsorgane der Sprache nicht im selben Maße funktioniert wie bei völliger Frische. Nur handelt es sich beim normalen Sprecher um eine zeitweilige Erscheinung, beim Polterer aber um eine dauernde.
Die Aussichten für die Heilung des Polterns sind im allgemeinen gut,

---

[1] A. Liebmann, Vorlesungen über Sprachstörungen, 4. Heft.

vorausgesetzt, daß der Polterer die nötige Willenskraft und Selbstbeherrschung aufbringt. Beim Poltern in Verbindung mit Stottern ist die Prognose weniger günstig. Die Behandlung gestaltet sich dann schwierig. Wohl muß man zuerst das Sprechtempo herabsetzen, aber bei der Therapie soll doch in erster Linie das Stottern berücksichtigt werden. Luchsinger ist der Ansicht, daß beim Überwiegen der Stotterkomponente vorerst die Stotterertherapie angewendet werden soll. Wenn man jedoch im Zweifel ist, welche der beiden Komponenten vorherrscht, soll man mit der Polterbehandlung beginnen[1]. Dabei muß man aber bemüht sein, die auditive Aufmerksamkeit des Schülers zu erhöhen, da man immer wieder beobachten kann, daß das Hörgedächtnis bei Polterern unternormal ist.

Im Hinblick auf den bleibenden Erfolg hat der Polterer gegenüber dem Stotterer einen wichtigen Vorteil: er kann seinen Fehler immer wieder selbst korrigieren, wenn er einmal eine Übungsbehandlung durchgemacht hat, wie ja überhaupt die Anleitung zur Selbstbeherrschung, d. h. zur Selbsterziehung, die wichtigste Aufgabe bei der Behandlung des Polterns ist.

[1] R. Luchsinger, Poltern, Berlin-Charlottenburg, 1963, S. 33.

# AGRAMMATISMUS

## I. DIE NORMALE ENTWICKLUNG DER KINDERSPRACHE VOM ERSTEN BIS ZUM DRITTEN LEBENSJAHR

Werfen wir zunächst einen Blick auf die Sprachentwicklung des normalen Kindes. „Die ersten eigentlichen Sprachleistungen des Kindes treten gewöhnlich um oder nach Vollendung des ersten Lebensjahres auf[1]." Bis dahin hat das Kind schon eine Reihe von Vorübungen hinter sich, die ihm die Fähigkeit verleihen, mit dem eigentlichen Sprechen zu beginnen. Es kommt an die Sprache von drei Seiten heran: vom Lallen, vom sinnlosen Nachahmen und vom sprachlosen Verstehen. Der Übergang zum Spontansprechen vollzieht sich im Zeitraum vom vierten Viertel des ersten Lebensjahres bis zum ersten Viertel des zweiten Lebensjahres.

„Ihrer äußeren Beschaffenheit nach haben die kindlichen Sprachanfänge durchwegs interjektionale und substantivische Form mit starkem Überwiegen der naturhaften Symbole. Die Interjektionen sind spontane lautliche Ausdrucksbewegungen, die meisten Substantiva Schallmalereien oder Lallwörter[2]." Wir müssen aber gemäß den Erkenntnissen der Sprachpsychologie daran festhalten, daß die natürliche Einheit der menschlichen Rede nicht das Wort, sondern der Satz ist. „Denn ein Wort ist der Ausdruck für einen wirklichen Bewußtseinsinhalt; ein Satz dagegen ist der Ausdruck für eine einheitliche (vollzogene oder zu vollziehende) Stellungnahme zu einem Bewußtseinsinhalt[3]."

Beim normalen Kind dauert das Stadium, in dem der Satz nur aus einem Wort besteht, verhältnismäßig kurze Zeit, etwa ein halbes Jahr oder drei Vierteljahre.

Um die Mitte des zweiten Lebensjahres beginnt das Kind mit dem Sprechen von Mehrwortsätzen. Die ersten dieser Sätze bestehen zunächst nur aus zwei Gliedern, die in einem erkennbaren logischen Zusammenhang stehen, aber biegungslos sind. Wenn dann die Fähigkeit des Zusammensetzens und Hintereinander-Abrollens zweier Wörter einmal erworben ist, dann gibt es für die Verbindung mehrerer Glieder keine Schwierigkeiten mehr. Aber die Form der Sätze bleibt zunächst noch agrammatisch. Die einzelnen Satzglieder haben keinen anderen Zusammenhang als den der Reihe, des Nacheinanderseins. Gedanklich (logisch) gehören sie aber zusammen.

---

[1] Clara und William Stern, Die Kindersprache, Leipzig, 1922, S. 143.
[2] Ebenda, S. 164.
[3] Ebenda, S. 165.

Durch die nun rasch ansteigende Wortzahl wird es für das Kind immer schwieriger, die einzelnen Bestandteile seiner Rede in die richtige Ordnung zu bringen und den logischen Zusammenhang auch bei einer größeren Wortzahl zu wahren. Der größere Reichtum des sprachlichen Geschehens wirkt mit, daß das Kind aus dem Stadium der biegungslosen Satzkette herausstrebt.

Die Zeit, in der das Kind in agrammatischen Sätzen spricht, ist verschieden lang. Sie kann ein halbes Jahr dauern, aber sie kann, wenn auch selten, ein volles Jahr überschreiten. Für gewöhnlich hat das Kind diese primitive Stufe der Sprachentwicklung mit zwei bis zweieinhalb Jahren überwunden. Es kommt nun zu einer reicheren Gliederung des Gedankeninhaltes und wird hiemit reif für die reiche und differenzierte Sprachgliederung, wie sie den modernen Kultursprachen eigen ist. Indirekte Fragesätze, Temporalsätze und Relativsätze machen den Anfang, bald folgen aber jene Nebensätze, welche die logischen Beziehungen von Grund und Folge, von Bedingungen und Bedingtem, von Mittel und Zweck darstellen[1].

Haben wir bisher nur die Entwicklung der Syntax beobachtet, so wenden wir unsere Aufmerksamkeit jetzt der Entwicklung der Wortklassen und Wortformen (der Grammatisierung) zu. Wie wir uns erinnern, waren die ersten Wortklassen, die sich aus der vorgrammatischen Epoche herauskristallisierten, die Interjektionen und Substantiva. Später folgen die Verba nach. „Zuletzt stellen sich die Wortklassen ein, durch welche Merkmale und Beziehungen ausgedrückt werden: Adjektiva, Adverbia, Pronomina, Numeralia, Präpositionen usw.[2]" Mit dem gleichzeitig einsetzenden Gebrauch der Biegungen erfährt nun die grammatische Mannigfaltigkeit eine weitere Steigerung.

Ernst Bauer hat nach Angaben von Cl. und W. Stern und anderen Autoren folgende Tabelle der Sprachentwicklung des Kleinkindes zusammengestellt[3]:

| | |
|---|---|
| Erste Mehrwortsätze | 1;1 – 2;0 |
| Erste Satzketten | 1;2 – 2;6 |
| Korrekte Sätze | 3;0 – 3;6 |
| Gebrauch der Geschlechtswörter | 2;0 |

Fragen:

| | |
|---|---|
| Wo? (Grund dafür: das Kind möchte die Dinge haben) | 1;5 – 2;3 |
| Was ist das? | 2;0 |
| Entscheidungsfrage (z. B. „die essen darf ich?") | 1;10 – 2;3 |
| Zeitfragen (weniger konkret als Ortsfragen) | 2;4 – 2;11 |

---

[1] Nach Cl. und W. Stern, Die Kindersprache, Leipzig, 1922, S. 216.
[2] Ebenda.
[3] E. Bauer, Beiträge zur Erfassung der sondererzieherischen Aufgabe am sprachleidenden Kinde, Zürich, 1950, S. 44, 45.

| | |
|---|---|
| Warumfrage | 2;8 – 3;2 |
| Volitional-affektives Nein | 1;0 – 2;0 |
| Konstatierendes Nein | 1;8 – 2;0 |
| Ja | 1;6 – 1;10 |
| Ortsadverbien | 1;4 – 2;6 |
| Zeitadverbien: Gegenwart und nächste Zukunft | 2;0 – 2;6 |
| Vergangenheit (Verwechslungen aber noch häufig) | 2;6 – 3;0 |
| Präpositionen | 2;6 |
| Zahlwörter (als bloße Nachahmung auch früher) | 2;0 |
| Ordnungszahlen | 2;6 – 3;6 |
| Adjektive: Farbenbezeichnungen (noch viele Verwechslungen) | 2;6 |
|     Komparative eingliedrig | 2;6 |
|     Komparative zweigliedrig | 3;6 |
| Zeitformen: Partizip | 2;0 |
|     Passivformen | 2;6 |
|     Zukunft (zuerst durch adverbiale Zusätze: dann, morgen) | 3;0 – 4;0 |
|     Futurum exaktum | 4;6 – 5 |
| Erstes Erzählen = Sprechen von abwesenden Dingen | 1;3 |

Zusammenfassend können wir also feststellen: In der Sprachentwicklung des Kindes gibt es einen längeren Zeitraum, in dem das Kind agrammatisch spricht. Er beginnt mit den ersten spontan gesprochenen Wörtern und endet mit dem Gebrauch aller Wortarten, der Anwendung der Biegung bei Haupt- und Zeitwörtern und mit der Bildung von Haupt- und Nebensätzen.

Dieses Ziel soll vom Kind noch vor Abschluß des dritten Lebensjahres erreicht werden. Eine Verlängerung dieses Zeitraumes über das dritte Lebensjahr muß als pathologisch bezeichnet werden. Kinder, die erst nach vollendetem zweiten Lebensjahr oder noch später zu sprechen beginnen, holen diese Zeit nicht mehr so rasch auf und sprechen noch im vierten und fünften Lebensjahr agrammatisch. In schwereren Fällen ziehen sich die agrammatischen Störungen bis ins sechste und siebente Lebensjahr hinein und bereiten noch in der Schule erhebliche Schwierigkeiten.

## II. BESCHREIBUNG DES AGRAMMATISMUS

Das Wesen des Agrammatismus besteht in dem Unvermögen, einem richtig gedachten Sachverhalt die gebräuchliche grammatische Form zu geben.

Wir müssen uns vor Augen halten, daß es sich dabei eigentlich um eine doppelte Fehlleistung handelt: 1. um die grammatischen Fehler im engeren Sinn in bezug auf Deklination und Konjugation und 2. um die syntaktischen Verstöße gegen die Regeln der Wortfügung und Wortfolge, Satzfügung und Satzfolge.

In Wirklichkeit greifen Syntax und grammatische Form so ineinander wie die Zähne zweier aufeinander abgestimmter Zahnräder; es sind also theoretische Erwägungen, die uns veranlassen, beide gesondert zu betrachten.

Dazu kommt noch, daß fast immer ein Nebeneinander von Agrammatismus und begrenztem Wortschatz besteht, sodaß zu den grammatischen und syntaktischen noch verbale Schwierigkeiten hinzutreten.

Die Begrenztheit des Wortschatzes ist wieder auf eine verminderte Fähigkeit der Wiedergabe von Wortreihen, Silbenreihen und Zahlenreihen zurückzuführen. Die Wiederholung eines Wortes erfordert eine gewisse „Hörgedächtnisspanne". Nach Froeschels versteht man darunter die Fähigkeit, eine Anzahl sinnloser Silben oder Ziffern fehlerfrei zu wiederholen. Für normale Kinder beträgt diese Hörgedächtnisspanne für 4 Jahre − 4 Silben, für 7 Jahre − 5 Silben, für 10 Jahre − 6 Silben und für 14 Jahre − 7 Silben.

Das Sprachverständnis der Agrammatiker ist meist ziemlich gut entwickelt. Auch der Tonfall, wie er der Art des Satzes entsprechen soll, ist bis auf wenige Ausnahmen vorhanden. Aussagesatz, Frage-, Ausrufoder Wunschsatz werden unverkennbar in der richtigen Satzmelodie ausgedrückt. Mimik und Gebärden sind normal, manchmal sogar übersteigert.

Die Tatsache, daß beim Agrammatiker die Satzmelodie in den meisten Fällen vorhanden ist, veranlaßte Froeschels dazu, die Störung mit „Paragrammatismus" zu bezeichnen. Und Zuckrigl meint in bezug auf den Agrammatismus: „Es kommt jedoch nur bei den schwersten Störungen dieser Art vor, daß die Sprache im vollen Sinne des Wortes agrammatisch ist. In den meisten Fällen handelt es sich nur um eine mehr oder minder große Störung der Fähigkeit zur grammatisch und syntaktisch richtigen Formulierung der Sprache. Darum wird der alte Begriff des Agrammatismus bzw. Paragrammatismus in der neueren Literatur von der Bezeichnung Dysgrammatismus abgelöst. Die griechische Silbe ‚dys' will zum Ausdruck bringen, daß es mit der grammatikalischen Richtigkeit der Sprache ‚schlecht' bestellt ist [1+2]."

---

[1] Alfred Zuckrigl, Sprachschwächen (Der Dysgrammatismus als heilpädagogisches Problem), Villingen, 1964, S. 1.
[2] Wir finden die Bezeichnung „Dysgrammatismus" bereits bei R. Luchsinger und G. E. Arnold, Lehrbuch der Stimm- und Sprachheilkunde (2. Auflage 1959), auf S. 499 in der Überschrift. Im nachfolgenden Text verwendet Arnold jedoch den ursprünglichen Ausdruck „Agrammatismus".

## III. URSACHEN DER AGRAMMATISCHEN STÖRUNGEN

Nach der Auffassung von Beebe[1] ist der Agrammatismus häufig mit jener Form des Stammelns kombiniert, die wir „asoziales Stammeln" nennen. Dieses unterscheidet sich von der gewöhnlichen Art dadurch, daß nicht immer die gleichen Ersatzlaute gebraucht werden. Die Fehlleistungen sind demnach nicht auf die Unfähigkeit, die richtigen Laute zu bilden, sondern auf mangelnden Willen zurückzuführen. Sie sind der Ausdruck einer gesellschaftsabweisenden Einstellung.

Liebmann sieht als ursächliches Moment für diese Sprachstörung eine „hochgradige Aufmerksamkeitsstörung gewöhnlich auf mehreren Sinnesgebieten, verbunden mit motorischer Ungeschicklichkeit".

Gutzmann weist auf den Zusammenhang zwischen Schwachsinn und Agrammatismus hin. „Man darf nicht außer acht lassen, daß eben auch die gesamte geistige Schwäche, der Intelligenzdefekt als solcher, sehr häufig die Erwerbung einer grammatisch und syntaktisch richtigen Sprache unmöglich macht[2]."

Auch eine abklingende Hörstummheit setzt sich sehr häufig in hartnäckigen grammatischen und syntaktischen Mängeln fort.

„Die *Hörstummheit* ist ein Zustand, in dem sich jedes Kind in jenem Alter befindet, in welchem es, obwohl es hört, noch nicht sprechen kann. In dem Maße, wie es sprechen lernt, verliert sich nun dieser Zustand, was meist im ersten bis zweiten Lebensjahr zutrifft. Dauert er jedoch über das dritte Lebensjahr hinaus, so ist er mit Sicherheit *krankhaft* zu nennen...

Bei rein motorischen Fällen von Hörstummheit ist ein halbwegs gutes Sprachverständnis vorhanden. Die Patienten machen einen intelligenten Eindruck und kommen allen an sie gerichteten Aufforderungen oft nach...

Eine zweite Gruppe *motorisch* Hörstummer zeichnet sich dadurch aus, daß sie eine Abneigung gegen das Sprechen aufweisen. Hier ist die Behandlung weitaus schwieriger, denn es ist nicht oder nicht *nur* die Ungeschicklichkeit der Sprachwerkzeuge zu beseitigen, sondern auch die Unlust und Trägheit zum Sprechenlernen...

Die *sensorischen* Fälle von Hörstummheit sind weitaus häufiger als die motorischen. Unter letzteren verstehe ich die Fälle, bei denen entweder anatomische Hindernisse der Sprachorgane oder motorische Ungeschicklichkeit derselben oder endlich Willenlosigkeit bei genügendem Sprachverständnis und bei ausreichender Aufmerksamkeit vorliegen.

---

[1] H. H. Beebe, Paragrammatism in Children, in „Speech and Voice Correction" von E. Froeschels, 1948.
[2] H. Gutzmann, Sprachheilkunde, Berlin, 1924, S. 351.

Wo entweder das Sprachverständnis oder die Aufmerksamkeit mangelhaft sind, nehme ich dieses Moment als Grund der Sprachstörung an und spreche von sensorischen Fällen[1]."
Eine umfassende Darstellung der Ursachen des Agrammatismus (Dysgrammatismus) finden wir bei Alfred Zuckrigl[2]. Auf rund 60 Seiten werden nicht weniger als 12 Arten von Ursachen genannt: 1. Die Dysphasie (Aphasie), 2. der Schwachsinn, 3. Aufmerksamkeitsstörungen, 4. Kontaktstörungen mit den Untergruppen „Asoziales Stammeln" und „Mutismus[3]", 5. Hospitalismus, 6. endokrine (innersekretorische) Störungen, 7. erbliche Sprachschwäche, 8. Mehrsprachigkeit in der Umgebung und abrupter Milieuwechsel, 9. Schwerhörigkeit, 10. der Dysgrammatismus als Leitsymptom der verzögerten Sprachentwicklung, 11. psychotische Krankheiten, die sich hauptsächlich in Dysphrasien[4] und Paragrammatismen äußern, und 12. Gefühle der Insuffizienz[5], die zu Redestörungen verschiedener Art führen können.

## IV. DIE STUFEN DES AGRAMMATISMUS

Entsprechend den drei Stufen des natürlichen (physiologischen) Agrammatismus unterscheiden wir mit Liebmann bei der Beurteilung des eigentlichen (pathologischen) Agrammatismus drei Grade:
1. Auf der untersten Stufe können die Kinder Sätze weder von selbst bilden noch nachsprechen. Die zusammenhanglos aneinandergereihten Ausrufungsformen entsprechen den frühesten Stufen der normalen Sprachentwicklung und sind daher nur durch begleitende Gebärden, durch den Tonfall oder aus der Situation verständlich. Die Sprache beschränkt sich meist auf den „Einwortsatz", wenn auch gelegentlich Aneinanderreihungen von zwei oder mehreren Wörtern vorkommen (ungrammatischer Mehrwortsatz). Der Ausdruck ist noch sehr dürftig, sodaß bei diesen sprachlichen Äußerungen mehrere Deutungen möglich sind.
2. Auf der mittleren Stufe ist das Kind bereits imstande, kleine Sätze richtig oder mit nur geringen grammatischen Fehlern nachzusprechen. Die Spontansprache ist aber noch durchaus biegungslos. Der Gebrauch

---

[1] E. Froeschels, Lehrbuch der Sprachheilkunde, Leipzig und Wien, 1931, S. 183–188.
[2] A. Zuckrigl, Sprachschwächen, Villingen, 1964, S. 16 ff.
[3] Mutismus (lat.) = Schweigesucht.
[4] Dysphrasie (gr.) = Sprachstörung.
[5] Insuffizienz (lat.) = Unzulänglichkeit, Untüchtigkeit.

der Zeitwörter erfolgt ausschließlich in der Nennform (Infinitivsprache).
3. Die dritte Stufe ist dadurch gekennzeichnet, daß das Kind kurze Sätze fehlerlos nachspricht. Nur bei größeren Sätzen ist das Nachsprechen gestört. Die Spontansprache ist noch mit zahlreichen „verschrobenen" Redewendungen durchsetzt, Wortverwechslungen und falsche Syntax (Verstöße gegen die Regeln der Wortfügung und Wortfolge) sind häufig.

## V. DIE BEHANDLUNG DES AGRAMMATISMUS

Die Behandlung des Agrammatismus ist sehr mühevoll, sie erfordert viel Geduld und Ausdauer von seiten des Lehrers. Daher sollte man diese Aufgabe nur einem erfahrenen und gewissenhaften Pädagogen anvertrauen.

Zunächst muß man den Grad der Störung feststellen, und danach wird man den Gang der Behandlung einrichten (aufbauen).

Es ist selbstverständlich, daß man vor Beginn der Behandlung eine Überprüfung der Sprache des Kindes vornimmt. (Siehe nachstehende Tabelle!)

*Überprüfung agrammatisch sprechender Kinder nach H. Staps*[1]

1. Wir beobachten das Kind beim Sprechen und notieren etwa zwei Dutzend Sätze wörtlich genauso, wie das Kind sie spricht.
2. Ergebnis (Spontansprache): Datum
   Das Kind spricht von sich aus nur solche Sätze richtig, die nicht mehr als        Wörter enthalten.
3. Wir sprechen dem Kind Sätze vor, die 3, 4, 5 und mehr Wörter enthalten, und lassen diese Sätze nachsprechen. Wir beobachten, bei wieviel Wörtern es regelmäßig versagt (d.h. es verwechselt die richtige Reihenfolge, läßt Wörter aus oder verändert die grammatischen Formen).
4. Ergebnis (Nachsprechen): Das Kind kann alle Sätze nachsprechen, die        Wörter enthalten. Bei Sätzen mit        Wörtern versagt es schon oft; bei        Wörtern versagt es immer.

---

[1] Aus O. Lettmayer und A. Rumler, Anleitung zum Erkennen von Sprachstörungen, Linz, 1961.

*Prüfsätze mit*

**2 Wörtern:**

| | | |
|---|---|---|
| Ich schlafe. | Otto spielt. | Du schreibst. |
| Ich stehe. | Franz zeichnet. | Du rechnest. |
| Ich sitze. | Rudi turnt. | Du arbeitest. |

**3 Wörtern:**

| | | |
|---|---|---|
| Ich wache auf. | Anton freut sich. | Du bist brav. |
| Ich wasche mich. | Poldi schreibt schön. | Du bist folgsam. |
| Ich kämme mich. | Helene rechnet gut. | Du bist schön. |

**4 Wörtern:**

| | | |
|---|---|---|
| Ich schlafe im Bett. | Ich ziehe mich an. | Franz hat einen Apfel. |
| Ich stehe im Zimmer. | Der Bub ist schlimm. | Der Apfel ist rot. |

**5 Wörtern:**

Ich laufe in den Wald.
Ich falle auf die Nase.
Ich suche im Wald Pilze.
Franz hat den Schneeball geworfen.
Der Vater ist spät gekommen.
Der Lehrer hat mich gelobt.

**6 Wörtern:**

Der Bub läßt den Drachen steigen.
Poldi ist auf den Baum geklettert.
Die Schwester führt die Puppe spazieren.
Erich hat eine Tafel Schokolade gegessen.

**7 Wörtern:**

Ich werde heute der Mutter fleißig helfen.
Die Mutter hat gestern die Wäsche gewaschen.
Maria hat in der Kirche andächtig gebetet.
Rudi ist in der Schule aufmerksam gewesen.

**8 Wörtern:**

Ich habe in der Schule einen Einser bekommen.
Wir sind am Sonntag in die Kirche gegangen.
Die Mutter wird heute die großen Fenster putzen.

**9 Wörtern:**

Im Sommer fährt Rudi mit den Eltern nach Italien.
Zu Weihnachten bekomme ich vom Christkind einen neuen Roller.
Der Lehrer hat die Aufgabe an die Tafel geschrieben.

**10 Wörtern:**

Die Mutter wird heute die Küche und das Schlafzimmer putzen.
Am Ostersonntag müssen die Kinder schon sehr früh Ostereier suchen.
Die Ostereier sind im Garten und auf der Wiese versteckt.

Ist das Kind noch auf der Stufe des Einwortsatzes, dann muß man von Grund auf beginnen. Der Weg, den wir einzuschlagen haben, ist durch die Entwicklung der Kindersprache vorgezeichnet. Zunächst werden wir die Vorstellungswelt des Kindes bereichern, indem wir an Hand von (womöglich bunten) Bildern das Kind zum Sprechen („zum Erzählen") anregen.
Zuckrigl weist darauf hin, daß die Redefreudigkeit des Dysgrammatikers meist unter dem Durchschnitt liegt. „Daraus folgt zwingend, daß der Heilpädagoge alles daransetzen muß, zunächst die Redefreudigkeit zu fördern. Dieses Ankurbeln der Redefreudigkeit hat zunächst den Vorrang vor der grammatikalischen Richtigkeit der Sprechleistungen. Wer zu früh und zu eindringlich die Schüler auf ihre Fehlleistungen aufmerksam macht, muß Schiffbruch erleiden, noch ehe er mit der eigentlichen Arbeit begonnen hat[1]."
Man muß sich immer wieder vor Augen halten, daß die „Sprachschwäche" des Dysgrammatikers nicht nur dem mangelhaften Erfassen der syntaktischen und grammatischen Formen zuzuschreiben ist, sondern auch dem geringen Sprechantrieb. Dem widerspricht durchaus nicht die Erfahrung, daß Agrammatiker zuweilen auch gesprächig sein können. Aber auch diese begnügen sich mit ihrer Sprechweise, wenn sie merken, daß sie von den Eltern und von den Geschwistern verstanden werden. Gerade beim Agrammatismus muß die Behandlung sich jedem einzelnen Fall anpassen. Heese empfiehlt, „Situationen zu schaffen, z. B. im Spiel, aus denen heraus man ganz bestimmte Äußerungen des Kindes erwarten kann. Bei diesen Spielen darf das Kind nach Herzenslust befehlen, kommandieren – die Ausführung wird nur dann geleistet, wenn richtig gesprochen wird! Das Kind will ja, daß ihm gehorcht wird, also spricht es sehr bald richtig in Satz- und Wortform[2]". Mit Recht sagt Zuckrigl: „Es geht um die Spontansprache, die geweckt werden muß, und nicht etwa um ein veraltetes Frage- und Antwortspiel zwischen Lehrer und Schülern[3]." Das schließt aber nicht aus, daß ein Therapieplan vorhanden sein muß, allerdings ein elastischer Plan, der allen Gegebenheiten Rechnung trägt und beliebig variiert werden kann.
Gleichzeitig werden wir versuchen, den Wortschatz des Kindes zu vermehren, indem wir Zeichnungen, Bilder und Gegenstände vorzeigen und diese benennen lassen. Günstig ist es, wenn wir Skizzen von Personen, Tieren und Gegenständen vor den Augen des Kindes entstehen lassen, weil die Bewegung (das Geschehen, das Werden) die Aufmerksamkeit des Kindes fesselt. Man kann z. B. auch kleine vor-

---

[1] A. Zuckrigl, Sprachschwächen, Villingen, 1964, S. 88, 89.
[2] G. Heese, Dysgrammatismus als Leitsymptom der verzögerten Sprachentwicklung, nach W. Held, in: Süddeutsche Schulzeitung, Heft 1, 1963, S. 10–11.
[3] A. Zuckrigl, Sprachschwächen, Villingen, 1964, S. 89.

bereitete Bilder in einem Bildrahmen oder in einem Fenster erscheinen und durch das Kind benennen lassen.
Verwendet man Gegenstände oder Figuren, so sollen auch diese womöglich bewegt werden. Sie kommen auf den Tisch herauf oder sie treten durch eine Tür und werden so dem Kind entgegengebracht. Das Kind darf auch selbst diese Figuren (Personen, Tiere) oder Gegenstände (Wagen, Auto u. ä.) an einem Fenster vorbei oder durch eine Tür schieben und dabei sprechen. Immer aber muß man bei der Anschauung bleiben, nie dürfen leere Worte an das Ohr des Kindes tönen! Man darf sich auch nicht scheuen, einfach mit dem Kind zu spielen.
Selbstverständlich handelt es sich bei den obenangeführten Maßnahmen um Anregungen, die jederzeit beliebig erweitert werden können. Unsere eigentliche Aufgabe beginnt aber erst mit dem Erwerb der grammatischen Formen. Dieser muß von Anfang an unser Ziel sein, darauf müssen wir hinarbeiten. Wenn das Kind bisher durch bloßes Aneinanderreihen von Wörtern (der „Satzkette") seine Gedanken zum Ausdruck gebracht hat, so müssen wir nun dem Gedankenablauf des Kindes die entsprechende grammatische und syntaktische Form geben. Wir unterscheiden drei Kategorien in der kindlichen Wortentwicklung. „Am frühesten wird die konkreteste Kategorie, die des Gegenständlichen, erfaßt: *Substanzstadium*. Es folgt die genauere Apperzeption der an den Gegenständen ablaufenden und von ihnen vollzogenen Vorgänge: *Aktionsstadium*. Als letzte treten die abstraktesten Seiten der Welt über die Schwelle der Auffassung: die den einzelnen Dingen anhaftenden Merkmale und die zwischen mehreren Dingen obwaltenden Beziehungen: *Relations- und Merkmalstadium*[1]."
In der Entwicklung der kindlichen Sprache von der ersten zur zweiten Kategorie sind schon die Voraussetzungen für die einfachste syntaktische Form gegeben.
Wie wir wissen, sind, wenn wir von den Interjektionen absehen, das Hauptwort und das Zeitwort die ersten Wortarten, die das Kind erwirbt. Selbst bei erheblicher Verzögerung in der Sprachentwicklung und bei schwerem Agrammatismus verfügen die Kinder über eine größere Zahl von Wörtern dieser beiden Wortarten.
Wir müssen nun darangehen, die Struktur „des reinen, einfachen Satzes" zu entwickeln und gleichzeitig die dazu notwendigen Wörter mit der zugehörigen Biegung zu versehen. Dabei stoßen wir gleich auf große Schwierigkeiten, denn das Kind verwendet nur das Hauptwort schlechthin, ohne Artikel und ohne Fallbiegungen. Das Zeitwort wird nur in der Nennform gebraucht (daher der Name „Infinitivsprache"). Die Bildung des Satzes setzt einen Denkakt voraus: das Inbeziehungsetzen von Subjektsbegriff und Prädikatsbegriff. Diese Verbindung wird zunächst durch das Wörtchen „ist" hergestellt, welches das Kind zu-

---

[1] Cl. und W. Stern, Die Kindersprache, Leipzig, 1922, S. 212.

nächst ebenso verwendet wie das „und" zwischen Subjekt und Objekt oder zwischen zwei Objekten. Die Verbindung zwischen dem Subjekt und dem Prädikatsnomen gehört auch beim normalen Kind zu den ersten grammatischen Errungenschaften [1].
Bald folgen die Hauptzeitwörter nach, vorerst noch eingeschränkt auf die dritte Person Einzahl (sitzt, steht, geht, läuft). Wir setzen die Behandlung wieder mit Unterstützung von Zeichnungen fort. Bilder, die z. B. einen sitzenden, gehenden, laufenden ... Mann, Hund, Hasen ... usw. darstellen, nebeneinandergereiht, ergeben bereits eine größere Anzahl von Übungssätzen. Dort, wo das Verbum eine bildliche Darstellung nicht zuläßt, wird es ohne Bild gesprochen. Das Bild des dazugehörigen Subjekts erscheint in bunter Abwechslung, z. B. in einem Fensterrahmen: das Kind sieht zum „Fenster" hinaus. „Wer kommt?" — „Der Vater kommt, die Tante kommt, der Briefträger kommt" usw.
Die Entwicklung geht nun in zwei Richtungen weiter: 1. In der Einführung der ersten und zweiten Person sowie im Gebrauch der Mehrzahlformen und 2. in der Erweiterung des reinen einfachen Satzes in Richtung „Ergänzung" und „adverbiale Bestimmung".
Wenn das Kind die Struktur des einfachen Satzes begriffen hat und wenn es ihre Anwendung beherrscht, dann sind auch die größten Schwierigkeiten überwunden. Ergänzung und Umstand ergeben reiche Möglichkeiten zur Übung der Fallbiegungen des Hauptwortes und zur Anwendung des Artikels.
Frühzeitig, schon beim Sprechen von Einwortsätzen, vergesse man nicht auf den Tonfall: Ausruf- und Wunschsätze müssen mit der entsprechenden Satzmelodie geübt werden. Diese gehen bei der Entwicklung der normalen Kindersprache voran, sie müssen bei der Behandlung des Agrammatikers besonders berücksichtigt werden. Den breitesten Raum werden aber bei zunehmender Sprachfertigkeit die Aussage- und Fragesätze einnehmen.
Bei allen diesen Übungen bleibe man zunächst im Rahmen des gleichgeordneten Satzes. Während nämlich das normale Kind ziemlich rasch die Fähigkeit der Satzfügung erwirbt, ist für den Agrammatiker die Bildung von Nebensätzen noch lange sehr schwierig.
Erst beim Erzählen kurzer Geschichten (Märchen und Fabeln) beginne man mit der Einflechtung von Nebensätzen, aber nur dann, wenn die verstandesmäßigen Voraussetzungen gegeben sind.

---

[1] „In der allerersten Zeit herrschen solche Sätze vor, bei denen ein Glied durch einen Vokativ oder eine Interjektion gebildet wird, während das andere Glied das eigentliche Beziehungszentrum der Mitteilung darstellt; sehr bald überwiegen Sätze mit korrelativen Satzteilen, so Subjekt + Objekt, Verb + adverbiale Bestimmung, Subjekt mit Prädikatsnomen. Besonders häufig scheint die Kombination Verb + Objekt zu sein ..." (Cl. und W. Stern, Die Kindersprache, Leipzig, 1922, S. 183.)

Die übrigen Wortklassen, also jene, durch die Merkmale und Beziehungen ausgedrückt werden, sind so, wie es der Satzbau erfordert, nach und nach zu verwenden. Das aussagende Eigenschaftswort ist anfangs leichter anzuwenden als das beifügende. Interrogativ-[1] und Personalpronomina, Adverbia sowie Numeralia werden leicht erlernt, namentlich letztere. Schwieriger ist der Gebrauch der Präpositionen, da die richtige Verwendung des Umstandes schon ziemlich hohe Forderungen an den Agrammatiker stellt.

Die Behandlung des agrammatischen Kindes darf keineswegs trocken und allzu systematisch ablaufen. Die Übungen sollen sich auf keinen Fall wie langweilige Grammatikstunden abwickeln. Immer muß man von den Fähigkeiten, vom Willen und vom Interesse des Kindes ausgehen und die Übungen so anordnen, daß das Kind mit Freude bei der Arbeit ist. Anschauung und Lebendigkeit seien die wichtigsten Grundsätze dieser Sprachbehandlung.

In diesem Zusammenhang muß wieder auf die Arbeitsbehelfe hingewiesen werden. An Hand des Übungsmaterials wird das Kind spielend und zwanglos zum Sprechen von Übungsreihen angeregt, die ihm jenes grammatische Gerüst vermitteln, das seine Sprache stützen und in die richtige Form bringen soll. Bildtafeln können auch bei der Behandlung vorschulpflichtiger Kinder mit gutem Erfolg angewendet werden [2].

Den Abschluß der Behandlung bilden Erzählungen, Märchen und Fabeln, die vom Kind zunächst nachgesprochen, später aber spontan erzählt werden. Auch hier ist die Verwendung von Bildern bzw. Bildreihen zu empfehlen. Anfangs wird nur in kurzen, knappen Sätzen gesprochen, später werden die Sätze reichhaltiger, und man hat nun Gelegenheit, den Schüler nach und nach in das System der Nebensätze einzuführen.

Auf dieser Stufe kommt es anfangs noch zu vielen Fehlleistungen und „verschrobenen Redewendungen", die aber mit der Zeit abnehmen und einer größeren sprachlichen Gewandtheit Platz machen.

## VI. AGRAMMATISMUS IN VERBINDUNG MIT STAMMELN

Mit dem Agrammatismus ist häufig mehr oder weniger schweres Stammeln verbunden. – Die davon betroffenen Kinder haben zumeist – laut Angabe der Eltern – sehr spät, oft erst nach dem zweiten oder

---

[1] Das fragende Fürwort spielt eine wichtige Rolle, beherrscht es doch eine ganze Satzkategorie.
[2] Reiches Übungsmaterial bietet auch „Die Kinderwelt von A bis Z", Österreichischer Bundesverlag, Wien; Ensslin & Laiblin, Reutlingen.

sogar nach dem dritten Lebensjahr zu sprechen begonnen. Für diese Kombination von Stammeln und Agrammatismus infolge eines verspäteten Spracherwerbes wurde die Bezeichnung „Verzögerte Sprachentwicklung" geprägt.
In schweren Fällen von Stammeln fehlt eine ganze Reihe von Lauten, oder sie werden durch andere Laute ersetzt, von denen manche an sich richtig, aber an dieser Stelle fehl am Platz sind. Mit dem Lautstammeln stehen häufig auch das Silben- und das Wortstammeln in Verbindung.
In leichteren Fällen sind es vorwiegend drei Lautgruppen, die den Kindern längere Zeit hindurch besondere Schwierigkeiten bereiten:
1. Die *Gaumenlaute* (k, g) fehlen entweder ganz oder werden durch die fast ähnlich klingenden Laute des zweiten Artikulationsgebietes (t, d) ersetzt (Parakappazismus, Paragammazismus). – Das velare (hintere) ch ist meistens vorhanden.
2. Die *Zischlaute* (s, z, sch) können nicht erzeugt werden oder klingen stark entstellt. Häufig ist die interdentale Form des s und z. In der Mehrzahl der Fälle werden auch einzelne oder alle übrigen Laute des zweiten Artikulationsgebietes (t, d, n, l) interdental gesprochen. Bisweilen wird das sch durch ein richtiges oder durch ein interdentales s ersetzt. Für die Laute s und z gebrauchen manche Kinder das d oder t (Parasigmatismen). Das palatale (vordere) ch fehlt (Chitismus), oder es wird durch ein richtig klingendes s ersetzt (Parachitismus).
3. Es ist weiter nicht verwunderlich, daß fast immer auch der *R-Laut* fehlt. Weder das Zungenspitzen-R noch das Zäpfchen-R wurden entwickelt. Meist sind kaum Ansätze dazu vorhanden, weil die „Zitter"-Bewegung nicht beherrscht wird. Das r wird häufig durch das leichter zu sprechende l vertreten (Pararhotazismus).
Ein weiteres Merkmal der verzögerten Sprachentwicklung ist *die mangelhafte Beherrschung der „Konsonantenverbindungen"*. Wir verstehen darunter die Aufeinanderfolge zweier verschiedener Mitlaute, wie sie in der deutschen Sprache so häufig vorkommt: pl, bl, kl, gl, schl; pr, br, tr, dr usw. Die Aufeinanderfolge von drei Konsonanten fällt dem Kind besonders schwer: pfl, spr, str.
Neben schweren Stammelfehlern tritt uns hier die kleinkindhafte Form der Sprache in einem Alter entgegen, wo dieses Stadium längst schon überwunden sein sollte. Dagegen sind in leichteren Fällen überhaupt nur die Symptome der „Para"-Bildungen oder der fehlenden Konsonantenverbindungen festzustellen (anstatt zweier Konsonanten wird jeweils nur einer gesprochen).
Da das Stammeln in verschiedenen Graden auftritt und es beim Agrammatismus mehrere Stufen gibt, ist auch das Bild der verzögerten Sprachentwicklung außerordentlich abwechslungsreich. Von dem einfachen Weglassen eines der beiden aufeinanderfolgenden Konsonanten in Konsonantenverbindungen (z. B. bl = b, dr = d usw.), verbunden

mit leichtem Paragrammatismus, bis zu einer nach Lautbestand und Syntax fast unverständlichen Sprache treten alle Formen auf. Nicht einmal die Störungsgrade im Bereich des Stammelns und des Agrammatismus gehen parallel. Es gibt Kinder mit vielen Lautausfällen und grammatikalisch ziemlich geordneter Sprache, und wir treffen Kinder an, die bei einem fast vollständigen Lautbestand völlig agrammatisch bzw. asyntaktisch sprechen.

Arnold[1] gibt für das Zustandekommen der verzögerten Sprachentwicklung eine Reihe von idiotypischen Ursachen an: Mangelhafte Ausbildung des sprachlichen Antriebes und des Nachahmungstriebes, Hemmungen, die aus dem „Gemüt" des Kindes kommen, wie Schüchternheit, Sprechunlust oder Sprechscheu; Aufmerksamkeitsmängel, motorische Ungeschicklichkeit und Linkshändigkeit.

Auf den Zusammenhang zwischen den schweren Entwicklungshemmungen der Sprache und der *„verzögerten Markreife"* (Myelinisation)[2] soll hier nicht näher eingegangen werden. Es ist aber wahrscheinlich, daß die verspätete Myelinisation eine wesentliche Rolle nicht nur bei der verzögerten Sprachentwicklung, sondern auch bei anderen Sprachstörungen spielt.

Schließlich führt Arnold noch eine Reihe von paratypischen Ursachen an: Geburtsschädigungen und wiederholte schwere Erkrankungen in den ersten drei Lebensjahren, „Chronische Krankheiten, wie Tuberkulose und Rachitis, Häufung akuter Infektionskrankheiten", „frühkindliche Enzephalitis mit ihren Folgeerscheinungen[3]". Auch die „Vernachlässigung des Kindes durch Mangel an Pflege und sprachlicher Anregung[4]" kann zu Entwicklungshemmungen in der Sprache des Kindes führen.

---

[1] R. Luchsinger und G. E. Arnold, Lehrbuch der Stimm- und Sprachheilkunde, Wien, 1949, S. 232.
[2] Ebenda, S. 232: „Einen weiteren erbbiologischen Beitrag zur Frage des familiären Auftretens von verzögerter Sprachentwicklung, Lispeln, Stottern, motorischer Ungeschicklichkeit und Linkshändigkeit lieferte *Eustis* (1947)..."
Als gemeinsame Ursache solcher Entwicklungshemmungen nimmt der amerikanische Kinderarzt eine „familiäre Neigung zu verzögerter Markreife" (Myelinisation) der motorischen und assoziativen Nervenbahnen an (myelós [gr.] = Mark).
[3] Ebenda, S. 234.
[4] Ebenda.

# ARBEITSBEHELFE

Da in den letzten Jahren viele neue Arbeitsmittel geschaffen wurden und manche Arbeitsbehelfe aus früherer Zeit eine Verbesserung erfuhren, erscheint es notwendig, sie in einem besonderen Kapitel zu besprechen und eine umfassende Übersicht zu geben. Die durchwegs von Pädagogen geschaffenen Arbeitsmittel unterstützen die Behandlung fast aller Arten von Sprachstörungen. Es ist dem pädagogischen Geschick des Therapeuten überlassen, die richtige Auswahl zu treffen:

## A. *In einfachen Druckverfahren hergestellt:*

a) Wortreihen (Anhang: Spezialwortreihen) 46 Blatt DIN A 4 in Einfachmappe.
b) SCH-Geschichten von E. Eisenberger, DIN A 5, 44 Seiten, Mindestabnahme: 3 Hefte.
c) S, X, Z-Übungssätze von E. Eisenberger, DIN A 5, 28 Seiten, Mindestabnahme: 3 Hefte.
d) R-Übungssätze von E. Eisenberger, DIN A 5, Mindestabnahme: 3 Hefte.
e) Bildgeschichten, entworfen von F. Meixner, 30 Bildblätter, DIN A 5, Estrella geprägt, Textteil, in Flügelmappe.
f) Trainingsbilder nach W. Elstner: 10 verschiedene Bildblätter, DIN A 4, Anleitung und Wortgutsammlung, in Einfachmappe.
g) Funktionsübungen I (Konkreta) von Inge Hartmann, 30 verschiedene Blätter, schwarz-weiß, DIN A 4, geklebt, mit Anleitung, Verbrauchsgut.
h) Funktionsübungen II (Abstrakta), sonst wie g).
i) Logopädische Übungsblätter in Wort und Bild, herausgegeben von A. und K. Ryker, eine Bilderfolge von mehr als 100 Bildern mit beigefügten Wortreihen. Format: 20 x 30 cm. Anschrift: OSR Karl Ryker, 1060 Wien, Mollardgasse 83.

Von a) bis h): herausgegeben von der Österreichischen Gesellschaft für Sprachheilpädagogik, A-1170 Wien, Kindermanngasse 1, für Mitglieder (keine Abgabe über den Buchhandel).

B. Im Druck erschienen:

a) Die fröhliche Sprechschule, A. Rösler und G. Geißler, Berlin, 1955.
b) Rat und Hilfe bei Sprachstörungen, mit 46 Bild- und Arbeitstafeln von O. Lettmayer, S. Haas, F. Maschka und A. Spanner, 2. Auflage, Birken-Verlag, Wien, 1965.
c) Sprechfibel, Wegweiser zum richtigen Sprechen für die Kleinen. Zusammengestellt von J. Wulff, illustriert von H. Rothenbach, Ernst Reinhardt Verlag, München/Basel, 1964.
d) Sprachfördernde Spiele für hörgeschädigte Kleinkinder, mit 51 Bildern. Von A. Löwe, Carl Marhold Verlagsbuchhandlung, Berlin-Charlottenburg, 1964[1].
e) Phonetisches Bilder- und Wörterbuch von M. Cerwenka, Zeichnungen von H. Demmer, Verlag für Jugend und Volk, Wien, 1968.
f) Logopädische Bilderreihen für die Behandlung von Sprachfehlern. Von M. Cerwenka, Verlag für Jugend und Volk, Wien, 1968.
g) O. Lettmayer und S. Rumler, Anleitung zum Erkennen von Sprachstörungen, Jos. Feichtingers Erben, Linz, 1961.
h) Übungsblätter zur Sprachbehandlung, 18 Hefte. Herausgegeben von der Deutschen Gesellschaft für Sprachheilpädagogik[2]:
1. Für Lispler (J. Wulff). 2. Für Sch-Stammler und Sch-Lispler (J. Wulff). 3. Für K- und G-Stammler (J. Wulff). 4. Für R-Stammler (zur Erlernung des Zungenspitzen-R, J. Wulff). 5. Für leicht- und schwerstammelnde Kinder (J. Wulff). 6. Für Heisere und Stimmschwache (J. Wulff). 7. Für die Behandlung des geschlossenen Näselns (J. und H. Wulff). 8. Für die Behandlung des offenen Näselns (J. und H. Wulff). 9. Spiele und Übungen zur Sprachbildung (Lehrgang für agrammatisch sprechende Kinder, Heinrich Staps). 10. Für die pädagogische Behandlung von Stimmstörungen und die Erziehung zum gesunden und mühelosen Sprechen (J. und H. Wulff). 11. Stimmeinsatzübungen für Stotterer und Stimmgestörte (J. Wulff). 12. Die sprachheilpädagogische Spielserie, Spiel-, Beschäftigungs- und Übungsserien für stotternde Kinder und Jugendliche (Arno Schulze). 13. Für Kehlkopfektomierte, Sprachlehrgang zur Ausbildung der Ruktussprache (Emil Rees). 14. Für die Beseitigung von Stimmbildungsfehlern (J. und H. Wulff). 15. Für die Beseitigung von Lautbildungsfehlern (J. und H. Wulff). 16. Anregungen zur Stottererbehandlung (J. und H. Wulff). 17. Hilfen für die Behandlung von Stotterern für Kleinkinder und Grundschüler (J. Wiechmann). 18. Hilfen für die Behandlung von Stotterern für Schüler und Jugendliche (J. Wiechmann).
Die Übungsblätter zur Sprachbehandlung bieten eine Fülle von Wortreihen und Satzübungen und bringen darüber hinaus viele wertvolle methodische Winke und Anregungen.

---

[1] Auch für hörende Kinder sehr gut verwendbar.
[2] Vertrieb durch Wartenberg & Söhne, 2 Hamburg-Altona.

*Arbeitsbehelfe*

Im selben Verlag sind erschienen: M. Friedländer, Ratschläge für die Eltern eines stotternden Kindes. – P. Lücking, A-Streifen (Lautstreifen zur Registrierung des Stammelns). – P. Lücking, Merkblatt zum Lautstreifen. – P. Lücking, B-Streifen (Lautstreifen zur Registrierung des Stotterns). – P. Lücking, Die Symptome des Stotterns und ihre Registrierung.
i) Bilddiktat-Karten (64 Blätter) mit Beschreibung und Lösungen von Franz Schubiger, Winterthur, Schweiz.
k) Die „Ravensburger Spiele", Verlag Otto Maier, Ravensburg, Baden/Württemberg. (Auf Verlangen sendet der Verlag ein Gesamtverzeichnis zu.)
l) „Die Kinderwelt von A bis Z." Österreichischer Bundesverlag, Wien, und Ensslin und Laiblin, Reutlingen.
m) Logopädische Bilderlottos. Systematisches Sprechübungsspiel für Familien, Heime, Schulen und Kindergärten, von H. Sulser, Bilder von W. Walser. Verlag Franz Schubiger – Winterthur, 1967.
n) H. Thorwarth: Wir sprechen in Bildern – Arbeitsmittel zur Sprachförderung. 49 Bildergeschichten in zwei- bis zwölfteiligen Szenenfolgen, Großformat, 4 Farben, 1 Abdeckblatt, 60 Seiten, kartoniert. Verlag und Vertrieb: Ingeborg Thorwarth, Hamburg 90, Koboldweg 48.

## C. Dreidimensionale Arbeitsmittel:

In den letzten Jahren wurden Spielserien aus verschiedenen Sachgebieten geschaffen, die sehr gut geeignet sind, das Kind zum Sprechen anzuregen.
a) Die Spielserien im Sonderkindergarten der Stadt Wien, 1140 Wien, Auer-Welsbach-Park (ständige Ausstellung).
b) Über eine reiche Auswahl von Arbeitsmitteln dieser Art, die laufend ergänzt und neu gestaltet wird, verfügt die Sonderschule für sprachgestörte Kinder in Wien 1170, Kindermanngasse 1.
c) Desgleichen verfügt auch die Spezial-Sonderschule, 1030 Wien, Paulusgasse 9, über sehr viele Anschauungs- und Arbeitsmittel. Von diesen dienen viele der Behandlung mehrfach gestörter Kinder.

(Es wird gebeten, nichterwähnte Behelfe, die erhältlich sind, den Verfassern zur Ergänzung der Liste bekanntzugeben.)

# LITERATURVERZEICHNIS

Abbott J. A., Repressed Hostility as a Factor in Adult Stuttering, in „The Journal of Speech Disorders", Vol. 12, 1947/4.
Adler A., Praxis und Theorie der Individualpsychologie, F. J. Bergmann, München, 1927.
Appelt A., Fortschritt in der Stotterbehandlung, in „Heilen und Bilden" von A. Adler und C. Furtmüller, F. J. Bergmann, München, 1927.
Appelt A., Das stotternde Kind, Verlag „Am anderen Ufer", Dresden, 1926.
Arnold G. E., Über seltene Rhotazismen, in: Archiv für Sprach- und Stimmphysiologie, Bd. 5, 1941.
Arnold G. E., Die nasalen Sigmatismen, Archiv für Ohren-, Nasen- und Kehlkopfheilkunde, 153. Bd., 1/2, Berlin, 1943.
Arnold G. E., Der Sigmatismus lateroflexus, Monatsschrift für Ohrenheilkunde, 1944.
Arnold G. E., Die traumatischen und konstitutionellen Störungen der Stimme und Sprache, Urban & Schwarzenberg, Wien, 1948.
Arnold G. E., Die Sprache und ihre Störungen. 2. Teil des Lehrbuches der Stimm- und Sprachheilkunde von R. Luchsinger und G. E. Arnold, Springer-Verlag, Wien, 1971
Aronsohn O., Der psychologische Ursprung des Stotterns, C. Marhold, Halle/Saale, 1914.
Aschenbrenner H., Aus der Praxis der Rhotazismusbehandlung, „Die Sprachheilarbeit", 1959/4.
Aschenbrenner H., Ein neuer Weg zur Erlernung des Zungenspitzen-R, in: „Heilpädagogik", 1964/5.
Aschenbrenner H., Die Behandlung von Sigmatismus und Rhotazismus mit einer physiologischen Methode im Gruppenunterricht, in: „De therapia vocis et loquelae" (XIII. Kongreß der Internationalen Gesellschaft für Logopädie und Phoniatrie), Wien, 1965.
Aschenbrenner H., Der Gruppentherapiespiegel, in: „Die Sprachheilarbeit", 1966/3.
Aschenbrenner H., Lautschulung in der Vorschulklasse, in: „Der Sprachheilpädagoge", 1970/1.
Asperger H., Heilpädagogik, Springer-Verlag, Wien, 1961.
Atzesberger M., Spracherwerb und Sprachbildung bei Hilfsschulkindern, C. Marhold, Berlin, 1962.
Atzesberger M., Sprachaufbauhilfe bei geistig behinderten Kindern, C. Marhold, Berlin, 1967.
Axhausen, G., Über das sprachliche Ergebnis bei 300 Gaumenplastiken, in: „Deutsche Kieferchirurgie", Bd. 9, Heft 1.
Bach H., Allgemeine Heilpädagogik, C. Marhold, Berlin, 1968.
Backus O. L. and Dunn H. M., Intensive Group Therapie in Speech Rehabilitation, in: „The Journal of Speech Disorders", Vol. 12, 1947/1.
Balser – Eberle V., Sprechtechnisches Übungsbuch, Österr. Bundesverlag, 9. Auflage, Wien, 1969.

Barczinski L., Über die Bedeutung der Bißanomalien für die Bildung der Zischlaute, Vortrag beim V. Kongreß der Internationalen Gesellschaft für Logopädie und Phoniatrie, Wien, 1932.

Bartsch E., Untersuchungen zur Pathogenese des Stotterns, in: Zeitschrift für angewandte Psychologie, Verlag Joh. Ambrosius Barth, Leipzig, 1964.

Bauer E., Beiträge zur Erfassung der sondererzieherischen Aufgabe am sprachleidenden Kinde, Juris-Verlag, Zürich, 1950.

Becker, K. P., Zur Frage der Brauchbarkeit der ambulanten Behandlung von stotternden schulpflichtigen Kindern und Jugendlichen, in: „Die Sonderschule", 1959/2.

Becker K. P., Die komplexe Behandlung von stotternden Kindern im Sprachheilkindergarten, in: „Bericht über die Gemeinschaftstagung für allgemeine und angewandte Phonetik", Hamburg, 1960.

Becker K. P., Gedanken zu einer Theorie der Logopädie, in: „Wissenschaftliche Zeitschrift der Martin-Luther-Universität", Halle-Wittenberg, 1962.

Becker K. P., Bildung, Erziehung und Therapie stotternder Schüler, in: „Die Sonderschule", Berlin, 1965, 2. Beiheft.

Becker K. P., Das Verhältnis von Heilpädagogik und Medizin in der Sprachheilkunde, in: „Die Sonderschule", 1960/1.

Becker K. P., Zur Methodik der Sprachübungsbehandlung stotternder Vorschulkinder, in: „Die Sonderschule", 1961/4.

Becker K. P. und Brockel B., Stottertherapie nach sowjetischen Erfahrungen im Sprachheilkindergarten, in: „Die Sonderschule", 1960/2.

Becker K. P. und Sowák M., Lehrbuch der Logopädie, VEB Verlag Volk und Gesundheit, Berlin, 1971.

Becker K. P., Die logopädische Behandlung im System des Sprachheilwesens, 1970, 1. Beiheft. Volkseigener Verlag, Berlin.

Becker R., Notwendigkeit und Möglichkeit der Früherfassung und Frühbehandlung Sprachgestörter, in: „Die Sonderschule", 1961/5.

Becker R., Zur Rehabilitation des sprachgestörten Kindes, in: „Zeitschrift für die gesamte Hygiene und ihre Grenzgebiete", 8. Jg., 1962/11.

Becker R., Die Lese-Rechtschreib-Schwäche aus logopädischer Sicht, VEB Verlag Volk und Gesundheit, Berlin, 1967.

Becker R., Die Entwicklung der Schriftsprache bei frühbehandelten Sprachgestörten, in: „Die Sonderschule", 1969/1.

Beebe H. H., Paragrammatism in Children, in: „Speech and Voice Correction" von E. Froeschels, Philosophical Library, New York, 1948.

Beger A., Logopädische Rhythmik, in: „Die Sonderschule", 1961/4.

Beger A., Zur rhythmischen Auffassungsfähigkeit stotternder Kinder, in: „Die Sonderschule", 1967/1.

Bendikowski H., Über die Bedeutung des Sprachlabors in der Arbeit mit Stotterern, in: „Die Sprachheilarbeit", 1971/3.

Berendes J., Einführung in die Sprachheilkunde, J. A. Barth, Leipzig, 1963.

Berg K. H., Zur Diagnostik, Typologie und Behandlung stotternder Kinder und Jugendlicher, in: „Die Sprachheilarbeit", 1965/1 und 2.

Bernart E., Die heilpädagogische Bedeutung der Sprechspur, in: „Praxis der Kinderpsychologie", 1960/9.

Birnbaum F., Die seelischen Gefahren des Kindes, S. Hirzel, Leipzig, 1931.

Böck G., Vereinfachung und Intensivierung der Sprachheilarbeit, in: „Der Sprachheilpädagoge", 1970/2.

Böhme G., Stimm-, Sprach- und Hörstörungen (Ätiologie, Diagnostik, Therapie) VEB G. Fischer Verlag, Jena 1969.
v. Bracken H., Über die Bedeutung der Linkshändigkeit für die Sonderpädagogik, in: „Zeitschrift für Heilpädagogik", 1960/6.
v. Bracken H., Erziehung und Unterricht behinderter Kinder, Akademische Verlagsgesellschaft, Frankfurt/Main, 1968.
Brämer W., Sprachstörungen bei Zahnstellungsanomalien, Diss., Münster/Westfalen, 1935.
Brandenstein W., Einführung in die Phonetik und Phonologie, Gerold & Co., Wien, 1950.
Brankel O., Fehlatmung bei Sprachstörung, im besonderen bei Stottern, in: „Die Sprachheilarbeit", 1959/3.
Brankel O., Versuch einer pathophysiologischen Gesamtschau des Stotterns, Bericht über die 1. Hauptversammlung der Arbeitsgemeinschaft für Sprachheilpädagogik in Deutschland, Hamburg, 1955.
Brankel O., Pneumotachographische Studien bei Stotterern, Kongreßbericht der Gemeinschaftstagung für allgemeine und angewandte Phonetik, Hamburg, 1960.
Breu H., Zur Anatomie im Bereiche von Oberlippe, Oberkiefer und Gaumen, in: „Der Sprachheilpädagoge", 1969/2.
Bühler K., Die geistige Entwicklung des Kindes, Otto Fischer, Jena, 1930.
Bühler K., Sprachtheorie, G. Fischer, Jena, 1934.
Busau M. und Dieckmann O., Sprachheilunterricht bei Spaltkindern, in: „Die Sonderschule", 1971/3, Volkseigener Verlag, Berlin.
Callies G., Ein Fall von Hospitalismus als Ursache frühkindlicher Sprachstörungen, in: „Die Sprachheilarbeit", 1961/1.
Cervenka M., Demmer H., Phonetisches Bilder- und Wörterbuch, Verlag für Jugend und Volk, Wien, 1968.
Corse G., Die Internatsschule als Erziehungseinheit bei der Behandlung milieugeschädigter Kinder, in: „Die Sprachheilarbeit", 1963/3.
Cypriansen L., Group Therapy for Adult Stutterers, in: „The Journal of Speech Disorders", Vol. 12, 1948/4.
van Dantzig B., Zur Frage des Zungenspitzen-R, in: „Mitteilungen über Sprach- und Stimmstörungen" aus dem logopädischen Ambulatorium der Wiener Universitätsklinik für Ohren-, Nasen- und Kehlkopfkrankheiten, 1935.
Daskalow D., Unsere Erfahrungen bei der klinischen Therapie des Stotterns, in: „Die Sonderschule", 1959/3.
Daskalow D., Die Logopädie als medizinische und pädagogische Wissenschaft, in: „Die Sonderschule", 1960/1.
Dauer G., Vorschlag zur Ergänzung der Lautprüfungsverfahren, in: „Die Sprachheilarbeit", 1967/3.
Denhardt R., Das Stottern – eine Psychose, Verlag Keils Nachfolger, Leipzig, 1890.
Dohse W., Die allgemein pädagogischen Belange der Sprachkrankenschule, in: „Die Sprachheilarbeit", 1963/3.
Dohse W., Kritische Betrachtungen zum Begriff „Sprachkrankheit", in: „Die Sprachheilarbeit", 1964/3 und 4.
Domenig K., Die Akzente der Sprache aus phonetischer, sprachpsychologischer und logopädischer Sicht, in: „Der Sprachheilpädagoge", 1972/1.

Dosuzkow Th., Die drei Grundformen des idiopathischen Stotterns, in: „Die Sonderschule", 1963/1. Beiheft.
Doubek F. und Pakesch E., Zur komplexen Therapie des Stotterns, in: „Wiener medizinische Wochenschrift", 102. Jg., Nr. 35/36, 1952.
Drach E., Sprecherziehung, Diesterweg, Frankfurt/M., 1935.
Elstner W., Gedanken über die rhythmische Erziehung sprachgestörter Kinder, in: „Mitteilungen der Arbeitsgemeinschaft der Sprachheilpädagogen in Österreich", 1968/1.
Elstner W. und Enenkel K., Sprachheilpädagogik im Schullandheim als Möglichkeit sprachtherapeutischer Arbeit in der Sonderschule, in dem Bericht über die 8. Arbeitstagung der Deutschen Gesellschaft für Sprachheilpädagogik, München, 1968.
Elstner W., Sprachstörungen bei blinden Kindern, in: „Der Blindenfreund", 1966/2.
Elstner W., Blindheit und Sprachstörungen, in: „Heilpädagogische Forschung" (Herausgeber: Prof. Dr. Dr. H. v. Bracken, Prof. Dr. L. Trent, Prof. Dr. Dr. H. Wegener), 1971/2, Verlag C. Marhold, Berlin.
Elstner W., Rhythmische Erziehung sprachgeschädigter Kinder, in: Schulische Betreuung sprachbehinderter Kinder (zusammengestellt von W. Orthmann), Verlag C. Marhold, Berlin-Charlottenburg, 1972.
Ernst F., Chirurgische und sprachliche Erfolgsmöglichkeiten der Nachoperation unzulänglicher oder mißglückter Gaumenplastiken, in: „Deutsche Kieferchirurgie", Bd. 4, 1937/1.
von Essen O., Allgemeine und angewandte Phonetik, Akademie-Verlag, Berlin, 1962.
von Essen O., Die Laute der III. Artikulationszone aus phonetischer Sicht, in: „Der Sprachheilpädagoge", 1970/3.
von Essen O., Grundbegriffe der Phonetik, ein Repetitorium der Phonetik für Sprachheilpädagogen, C. Marhold, Berlin, 1972.
Fernau-Horn H., Behandlung des Lispelns, in: „Die medizinische Welt", 7. Jg., 1933/22.
Fernau-Horn H., Entstehung und Aufbau der Sprachneurosen, Zeitschrift für praktische Heilkunde und für die Einheit der Medizin, Hippokrates-Verlag, Stuttgart, 1936, Heft 27.
Fernau-Horn H., Hemmungszirkel und Ablaufzirkel in der Pathogenese und Therapie des Stotterns, in: „Medizinische Monatsschrift", 1952/5.
Fernau-Horn H., Ruhe- und Ablauftraining in der Behandlung schwerer Sprachangstneurosen, in: „Bericht über die 1. Hauptversammlung der Arbeitsgemeinschaft für Sprachheilpädagogik in Deutschland", Hamburg, 1955.
Fernau-Horn H., Über die Beziehungen zwischen Symptom und Ursache beim Stottern, in: „Archiv für Ohrenheilkunde", Bd. 169 (Kongreßbericht 1956).
Fernau-Horn H., Rhythmus als therapeutischer Faktor bei Sprachgehemmten, Hippokrates-Verlag, Stuttgart, 1958/18.
Fernau-Horn H., Über die traumatischen Symptome des Stotterns, in: „Die Sprachheilarbeit", 1962/3.
Fernau-Horn H., Neue Gesichtspunkte für die Behandlung von Sprechneurosen, in: „International Association of Logopedics and Phoniatrics", Padua, 1962.
Fernau-Horn H., Die Sprechneurosen, Hippokrates-Verlag, Stuttgart, 1969.

Fernau-Horn H., Pathogenese und Therapie des Stotterns in heilpädagogischer Sicht, im Bericht über den 4. Heilpädagogischen Kongreß in Wien, 1969.
Fiege A., Prüfmaterial für Agrammatiker, in: „Die Sonderschule", 10. Jg., Berlin, 1965.
Fitz O., Schach dem Stottern, Lambertus-Verlag, Freiburg/Breisgau, 1961.
Fremel F., Der Lernprozeß, in: „Der Sprachheilpädagoge", 1972/3.
Friedländer M., Milieu und Stottertherapie, in: „Bericht über die 1. Hauptversammlung der Arbeitsgemeinschaft für Sprachheilpädagogik in Deutschland", Hamburg, 1955.
Froeschels E., Psychologie der Sprache, F. Deuticke, Leipzig und Wien, 1925.
Froeschels E., Einige einfache Behandlungsmethoden wichtiger Sprach- und Stimmstörungen, in: „Eos", Zeitschrift für Heilpädagogik, Wien, 1926/3.
Froeschels E., Lehrbuch der Sprachheilkunde, F. Deuticke, Leipzig und Wien, 1931.
Froeschels E., Pathology and Therapy of Stuttering, in: „Twentieth Century, Speech and Voice Correction", Philosophical Library, New York, 1948, Chapter XV.
Froeschels E., Angst. Eine philosophisch-medizinische Betrachtung, Basel – New York, 1950.
Froeschels E., Die Wesenseinheit der Kau- und Artikulationsbewegungen, in: „Wiener klinische Wochenschrift", 64, 35/36, 1952.
Froeschels E., The Core of Stuttering, Acta Oto-Laryngologica, Vol. 45/2, 1955.
Froeschels E., Grammar, a Basic Function of Language Speech, in: „American Journal of Psychotherapy", Vol. IX/1, 1955.
Froeschels E., Psychological Treatment of Speech and Voice Disorders, in: „American Journal of Psychotherapy", Vol. XI/3, 1957.
Früh K. F., Kybernetik der Stimmgebung und des Stotterns, Verlag E. Rentsch, Zürich und Stuttgart, 1965.
Führing M. und Wurst F., Ein Beitrag zur Diagnose des Sigmatismus lateralis, in: „Eos", Zeitschrift für Heilpädagogik, 1930/4 und 5.
Gal H., Über das Lutschen aus der Sicht des Kieferorthopäden, in: „Der Sprachheilpädagoge", 1971/2.
Gaßner F., Untersuchung sprachgestörter Hilfsschüler, in: „Heilpädagogik", 1959/4.
Göllnitz G., Die Bedeutung der frühkindlichen Hirnschädigung für die Kinderpsychiatrie, Leipzig, 1954.
Grewel F., Cluttering and its Problems, in: „Folia Phoniatrica", 1970, No. 4-5.
Griner W. A., Kurze Darstellung des Lehrganges der logopädischen Rhythmik für Volksschulkinder, in: „Die Sonderschule", 1960/4.
Gumpertz F., Moderne Betrachtungen zum Stotterproblem, in: „Die Sprachheilarbeit", 1961/1.
Gutzmann H., Das Stottern und seine gründliche Beseitigung, Verlag E. Staude, 6. Auflage, Berlin, 1906.
Gutzmann H., Sprachheilkunde, H. Kornfeld, Fischers Mediz. Buchhandlung, Berlin, 1924.
Gutzmann H., Übungsbuch für Stotternde, Verlag E. Staude, Berlin, 1926.
Haas S., Der Paragrammatismus, in: Lettmayer O., Rat und Hilfe bei Sprachstörungen, Birken-Verlag, Wien, 1965.

Hanselmann H., Einführung in die Heilpädagogik, Rotapfelverlag, Zürich – Leipzig, 1953.
Hartig H. und Werner L., Biokybernetisches Übungskompendium zur Stotterertherapie, G. Schindele Verlag, Neuburgweier/Karlsruhe, 1972.
Hartlieb K., Sprachstörungen aus kybernetischer Sicht, in: „Die Sprachheilarbeit", 1969/4.
Hartlieb K., Praktikum der Stimm- und Sprachheilkunde aus biokybernetischer Sicht, Ernst Reinhardt Verlag, München/Basel.
Hartmann N., Probleme der Mehrfachschädigung sprachbehinderter Kinder, in: „Die Sprachheilarbeit", 1971/1.
Hartz G., Zur Frage des Zusammenhangs zwischen Intelligenz und Stottern, in: „Die Sprachheilarbeit", 1970/4.
Heese G., Zur Verhütung und Behandlung des Stotterns, C. Marhold, Berlin-Charlottenburg, 1962.
Heese G., Dysgrammatismus als Leitsymptom der verzögerten Sprachentwicklung, in: „Süddeutsche Schulzeitung", 1963/1.
Heese G., Sprachgeschädigtenpädagogik, in: Handbuch der Heilpädagogik in Schule und Jugendhilfe, Kösel-Verlag, München, 1967.
Heese G., Der Zeitfaktor in der Stottertherapie, in: „Zeitschrift für Heilpädagogik", 15. Jg., 1964/4.
Heese G. und Wegener H., Enzyklopädisches Handbuch der Sonderpädagogik und ihrer Grenzgebiete, C. Marhold, Berlin-Charlottenburg, 1969.
Heidelberger H. J., Gedanken zur sprachheilpädagogischen Gruppenarbeit in der Oberstufe der Sprachheilschule, in: „Die Sprachheilarbeit", 1968/3.
Heidrich C., Die Persönlichkeit des Sprachtherapeuten, Bericht über die 1. Hauptversammlung der Arbeitsgemeinschaft für Sprachheilpädagogik in Deutschland, 1955.
Hennig W., Beiträge zur Erforschung des Stotterns, E. Reinhardt, München – Basel, 1959.
Hennig – Ringsdorf, Hinweise für Eltern und Erzieher stotternder Kinder, E. Reinhardt, München, 1959.
Hennig – Ringsdorf, Hinweise für die Lehrer stotternder Kinder, E. Reinhardt, München, 1959.
Hess M., Die Sprachprüfung in der logopädischen Praxis, Universitätsverlag, Freiburg/Schweiz, 1959.
Hess M., Der Rhotazismus und seine Behandlung, Antonius-Verlag, Solothurn/Schweiz, 1970.
de Hirsch K., Stuttering and Cluttering, Developmental Aspects of Dysrhythmic Speech, in: Folia Phoniatrica, 1970, 4-5.
Hoepfner Th., Stottern als assoziative Aphasie, in: „Zeitschrift für Psychopathologie, Bd. 1, W. Engelmann, Leipzig, 1912, Heft 2 und 3, S. 448 bis 552.
Hoepfner Th., Psychologisches über Stottern und Sprechen, in: „Zeitschrift für Psychotherapie und medizinische Psychologie", 1911, Bd. 3, 5. Heft, S. 264 – 289.
Hoepfner Th., Über assoziative Aphasie, in: Archiv für Psychiatrie und Nervenkrankheiten, Julius Springer, Berlin, 1923, Bd. 70, Heft 1, S. 17 bis 57.
Hofmann W., Das sprachkranke Kind in der Hilfsschule und die Behandlung seiner Sprachfehler, in: „Zeitschrift für Heilpädagogik", 1953/1.

Hofmann W., Sprachbildung und Sprecherziehung des lernbehinderten Kindes auf phonetischer Grundlage, Neckar-Verlag, Villingen, 1969.
Hofstätter P. R., Einführung in die Tiefenpsychologie, Verlag Braumüller, Wien, 1948.
Holm C., Das Segment im Einzellaut, Wort und Satz, seine Bedeutung für die Therapie von Sprachstörungen, im Bericht über den 4. Heilpädagogischen Kongreß in Wien, 1969.
Homburg G., Sprechhilfen für Stotterer, in: „Die Sprachheilarbeit", 1968/3.
Hoppe H., Unterrichtsmittel als Sprechhilfen, Bericht über die 1. Hauptversammlung der Arbeitsgemeinschaft für Sprachheilpädagogik in Deutschland, 1955.
Hulick – Beebe, Practical Aspect of Chewing Therapy, in: Folia Phoniatrica IV, Nr. 2.
Jakobson R., Kindersprache, Aphasie und allgemeine Lautgesetze, Uppsala Universitets Arrskrift, Uppsala und Leipzig, 1942.
Jespersen O., Lehrbuch der Phonetik, B. G. Teubner, Leipzig und Berlin, 1932.
Jeßler F., Stottererbehandlung durch Bewegungstherapie, Atem- und Stimmsicherung, in: „Die Sprachheilarbeit", 1966/4.
Josef K., Wirkungen von Musikbetätigung und Musikhören auf Soziabilität und Sprechhemmungen bei Stotterern, in: „Die Sprachheilarbeit", 1966/1.
Josef K. und Böckmann G., Spracherziehungshilfen bei geistig behinderten und sprachentwicklungsgestörten Kindern, C. Marhold, Berlin, 1969.
Jürgensen H., Schulleistung und Stottererbehandlung, Bericht über die 1. Hauptversammlung der Arbeitsgemeinschaft für Sprachheilpädagogik in Deutschland, Hamburg, 1955.
Jussen H., Das Problem des Stotterns in der amerikanischen Fachliteratur, in: „Die Sprachheilarbeit", 1964/2.
Jussen H., Der sprachwissenschaftliche Aspekt in der Sprachheilpädagogik, in: „Die Sprachheilarbeit", 1964/3.
Jussen H., Gehörlosen- und Schwerhörigenpädagogik, Handbuch der Heilpädagogik in Schule und Jugendhilfe, Kösel-Verlag, München, 1967.
Kainz F., Psychologie der Sprache, 4 Bände, Stuttgart, Enke-Verlag.
I. Bd. Grundlagen der allgemeinen Sprachpsychologie (1954),
II. Bd. Vergleichende genetische Sprachpsychologie (1960),
III. Bd. Physiologische Psychologie der Sprachvorgänge (1954),
IV. Bd. Spezielle Sprachpsychologie (1967).
Kainz F., Linguistisches und Sprachpathologisches zum Problem der sprachlichen Fehlleistungen, Verlag R. M. Rohrer, Wien, 1956.
Kaleja H., Logopädische Rhythmik, in: „Die Sonderschule", 1964/2.
Kassian A., Klinische Psychologie im Rahmen der Rehabilitation sprachgestörter Kinder, im Bericht über den 4. Heilpädagogischen Kongreß in Wien, 1969.
Keese A., Selbst- und Fremdbild des stotternden Kindes, in: „Sonderpädagogik" (Herausgeber Prof. Dr. G. Heese und Prof. Dr. A. Reinartz), 1971/4 und 1972/1, Verlag C. Marhold, Berlin.
Keese A., Das stotternde Kind und seine Behinderung in sozial-psychologischer Sicht, in: „Die Sprachheilarbeit", 1972/1.
Kluge E., Medizinisch-pädagogische Zusammenarbeit bei der Behandlung von Sprach- und Stimmgestörten aus der Perspektive der außerschulischen Praxis, in: „Die Sonderschule", 1958/1.

Kluge G., Erfahrungen in der stationären Stotterbehandlung, in: „Die Sonderschule", 1962/4.
Kluge G., Zur Diskussion um die Verbesserung der sprachtherapeutischen Arbeit, in: „Die Sonderschule", 1963/5.
Knura G., Experimentelle Untersuchung des Lernerfolges bei stotternden und nicht stotternden Volksschulkindern, in: „Die Sprachheilarbeit", 1970/1.
Knura G., Das Problem der gestörten Konzentrationsleistung bei stotternden Schülern, in: „Die Sprachheilarbeit", 1970/5.
Knura G., Einige Besonderheiten des schulischen Verhaltens sprachbehinderter Kinder, in: „Die Sprachheilarbeit", 1971/4.
Knura G., Zur Motivierung des sozialen Verhaltens sprachbehinderter Kinder, in: „Schulische Betreuung sprachbehinderter Kinder" (Zusammengestellt von W. Orthmann), C. Marhold Verlag, Berlin Charlottenburg, 1972.
Körber W., Denksprechübungen bei Stotterern, Bericht über die 1. Hauptversammlung der Arbeitsgemeinschaft für Sprachheilpädagogik in Deutschland, Hamburg, 1955.
Kramer J., Der Sigmatismus, St.-Antonius-Verlag, Solothurn, 1967.
Kramer J., Sigmatismus und Schwerhörigkeit, in: „Der Sprachheilpädagoge", 1971/1.
Kramer J., Linkshändigkeit, Wesen, Ursachen, Erscheinungsformen. Mit Übungen für linkshändige und gehemmte Kinder und Jugendliche. Antonius-Verlag, Solothurn, 1970.
Krech H., Die Behandlung gestörter S-Laute, 2. Auflage, VEB Verlag Volk und Gesundheit, Berlin, 1969.
Krieg R., Die logopädische Behandlung der Kinder mit spastischen Sprachstörungen, in: „Heilpädagogik", 1960/2.
Kriens O. und Wulff J., Die submuköse Gaumenspalte, ein Beitrag zu Diagnose, Anatomie, operativer und sprechpädagogischer Behandlung. Sonderdruck aus „Chirurgia Plastica et Reconstructiva", Band 6 (1969), Springer-Verlag, Berlin.
Kröhnert O., Die Ausbildung der Sprachheillehrer, in dem Bericht über die 8. Arbeitstagung der Deutschen Gesellschaft für Sprachheilpädagogik, München, 1968.
Kubale S., Die sonderpädagogischen Einrichtungen in der Bundesrepublik Deutschland, C. Marhold, Berlin, 1964.
Kuchner S., Stottererbehandlung aus verhaltenstherapeutischer Sicht, in: „Die Sprachheilarbeit", 1970/4.
Kussmaul A., Die Störungen der Sprache, F. C. W. Vogel, Berlin, 1912.
Lang H., Zur Frage der Sprachentwicklungsverzögerung bei Kindern, in: „Die Sprachheilarbeit", 1970/6.
Lebrun Y. und Boers M., Stottern und Aufmerksamkeit, in: „Der Sprachheilpädagoge", 1972/4.
Leites K., Die Hör-Sprechanlage in der Therapie Sprach- und Stimmkranker, in: „Die Sprachheilarbeit", 1960/1, 2, 3.
Leites K. u. E., Die Technik in der Logopädie. Aus der Entwicklung und Arbeit des Hamburger Sprachheilwesens, herausgegeben von der Schulbehörde der Stadt Hamburg, 1962.

Leites K. und E., Sprachrückkoppelung mit und ohne Verzögerung, in dem Bericht über die 8. Arbeitstagung der Deutschen Gesellschaft für Sprachheilpädagogik, München, 1968.

Leites K., Programmierung in Unterricht und Therapie Sprach- und Hörgeschädigter, in: „Die Sprachheilarbeit" 1968/4.

Leites E., Das Berufsbild des Sprachheilpädagogen, in: „Die Rehabilitation der Sprachgeschädigten und das Bundessozialhilfegesetz", Marburg, 1964.

Lettmayer O., Die Häufigkeit des „dorsalen S" im Verhältnis zum „apicalen S", in: „Zeitschrift für Heilpädagogik", 1936/2.

Lettmayer O., Die Korrektur falscher Laute im Bereich der Vorderzunge durch Ableitung aus einem benachbarten richtigen Laut, in: „Zeitschrift für Heilpädagogik", 1937/3.

Lettmayer O., Die Abnormitäten in der Zahnstellung und ihre Bedeutung für das richtige S, in: „Deutsche Zahn-, Mund- und Kieferheilkunde", Bd. 4, 1937.

Lettmayer O., Die Ableitungsmethoden bei der Behandlung des Stammelns im Bereich der zweiten Artikulationszone, Festschrift zum 25jährigen Bestand der Heilkurse und Sonderklassen für sprachgestörte Kinder in Wien, 1947.

Lettmayer O., Sprachstörungen im Kindesalter, in: Mitteilungen der Österreichischen Sanitätsverwaltung, 1960/3.

Lettmayer O. und Rumler A., Anleitung zum Erkennen von Sprachstörungen, Josef Feichtingers Erben, Linz, 1961.

Lettmayer O., Entstehen und Werden der logopädisch-didaktischen Methoden bei der Behandlung des Stammelns, in: „Heilpädagogik", 1964/3.

Lettmayer–Haas–Maschka–Spanner, Rat und Hilfe bei Sprachstörungen, 46 Bild- und Arbeitstafeln, Birken-Verlag, Wien, 1965.

Lettmayer O., Die medizinischen Grundlagen für eine Methodik der Sigmatismusbehandlung, in: Die Sprachheilarbeit, 1966/3.

Lettmayer O., Die Sprachübungstherapie bei der Behandlung des Stotterns im Laufe der letzten Jahrzehnte, in: „Der Sprachheilpädagoge", 1971/3.

Lieb G., Gebißanomalien und ihre Behandlung zur Verbesserung der Sprechfunktion, in dem Bericht über die 8. Arbeitstagung der Deutschen Gesellschaft für Sprachheilpädagogik, München, 1968.

Liebmann A., Vorlesungen über Sprachstörungen, 10 Hefte, Verlag O. Coblentz, Berlin, 1900–1925.

Loebell E., Experimentelle Untersuchungen über die Wirkung der verzögerten Sprach- und Atemrückkoppelung bei Normalpersonen, Polterern und Stotterern, in dem Bericht über die 8. Arbeitstagung der Deutschen Gesellschaft für Sprachheilpädagogik, München, 1968.

Lotzmann G., Die verzögerte Sprachrückkoppelung als mögliche Variante der Stotterer-Therapie, in: „Die Sprachheilarbeit", 1962/2.

Lotzmann G., Über die Einwirkung der verzögerten Sprachrückkoppelung auf Sprachgestörte (Stotterer), in dem Bericht über die 8. Arbeitstagung der Deutschen Gesellschaft für Sprachheilpädagogik, München, 1968.

Lotzmann G., Notwendigkeit, Möglichkeit und Grenze der Behandlung von Sprachstörungen in der Sprecherziehung, in: „Die Sprachheilarbeit", 1969/3.

Löwe A., Sprachfördernde Spiele für hörgestörte Kleinkinder, C. Marhold, Berlin, 1964.

Luchsinger R. und Arnold G. E., Lehrbuch der Stimm- und Sprachheilkunde, Springer-Verlag, Wien, 1971.
Luchsinger R., Poltern (Erkennung, Ursachen und Behandlung), C. Marhold, Berlin, 1963.
Lücking P., Die Symptome des Stotterns und ihre Registrierung (Der B-Streifen), in: „Die Sprachheilarbeit", 1957/1.
Lücking P., Das didaktische Verfahren im Therapieplan bei der Behandlung stotternder Kinder, in: „Die Sprachheilarbeit", 1958/3.
Lücking P., Probleme und Grenzen der Sprachkrankenschulen in der Stottererbehandlung. Ein Diskussionsbeitrag, in: „Die Sprachheilarbeit", 1962/2.
Luick K., Deutsche Lautlehre, F. Deuticke, Wien, 1923.
Maschka F., Das Korrelationsprinzip in der Behandlung des Stotterns, in: „Die Sprachheilarbeit", 1957/4, 1958/1, 2.
Maschka F., Die Therapie des Stammelns in systematischer Schau, in: „Heilpädagogik", 1958/5, 1959/1.
Maschka F., Eine lohnende Möglichkeit der Ableitung des S- und Sch-Lautes: Entwicklung aus dem Pfeifen, in: „Mitteilungen der Arbeitsgemeinschaft der Sprachheilpädagogen in Österreich", 1959/4.
Maschka F., Zahl und Art der Sprachstörungen in den Volks- und Hauptschulen Wiens, in: „Heilpädagogik", 1961/1.
Maschka F., Das Problem des Stotterns im Rahmen der Reflexlehre, in: „Die Sprachheilarbeit", 1961/2.
Maschka F., Die Thematik des Stotterns unter anthropologischen Aspekten, in: „Die Sprachheilarbeit", 1962/4.
Maschka F., Prägungswirksame unbewußte Einflüsse der Eltern auf ihre Kinder und deren Bedeutung für die Entstehung des Stotterns, in: „De therapia vocis et loquelae", 1965, B. 11.
Maschka F., Zur Problematik der häuslichen Übung, in: „Die Sprachheilarbeit", 1967/2.
Maschka F., Der logopädische Rhythmus in der Behandlung des Stotterns, in: „Die Eigenständigkeit der Sprachheilpädagogik", Tagungsbericht der Deutschen Gesellschaft für Sprachheilpädagogik, München, 1968.
Maschka F., Der Strukturwandel im Sprachbehindertengut der Wiener Pflichtschulen, im Bericht über den 4. Internationalen Kongreß für Heilpädagogik in Wien, 1969.
Maschka F. und Enenkel K., „Mein Kind hat Schwierigkeiten beim Sprechen", Verlag Jugend und Volk, Wien und München 1969.
Maschka F., Stottern als Resozialisierungsproblem, in: „Der Sprachheilpädagoge", 1971/2.
Maschka F., 50 Jahre Heilkurse und Sonderklassen für sprachgestörte Kinder in Wien, in: „Der Sprachheilpädagoge", 1971/3.
Maschka F., Die Wertigkeit von Theorie und Praxis und ihre Entsprechung in der Wiener Sprachheilschule, in: „Der Sprachheilpädagoge", 1971/3.
Meixner F., Sprach- und Sprechübungen in Bildern, in: „Der Sprachheilpädagoge", 1969/3.
Meixner F., Über den Wert der Spiele in der logopädischen Behandlung, in: „Der Sprachheilpädagoge", 1971/3.
Meixner F., Zur Therapie des Polterns, in: „Der Sprachheilpädagoge", 1972/1.
Mercurialis H., De puerorum morbis, Frankfurt, 1584.
Meyer Ch., Die 3. Artikulationszone – anatomische und physiologische Betrachtungen, in: „Der Sprachheilpädagoge", 1970/3.

Möhring, H., Ein Umriß für Stotterer (Stottererprofil), in: „Die Deutsche Sonderschule", 1935/9.
Möhring H., Lautbildungsschwierigkeiten im Deutschen, in: Zeitschrift für Kinderforschung, Berlin, 1938.
Moravek M. und Langova J., Sensorische Rückkoppelung beim Stottern, in: „De therapia vocis et loquelae", Wien, 1965.
Mühler G., Probleme der Gaumenspaltenoperation, in: „Die Sonderschule", 10. Jg., Berlin, 1965.
Mühler G., Die chirurgische Behandlung der angeborenen Gaumenspalten, in: „Die Sonderschule", 1966/4.
Mühlgassner H., Gedanken zum Problem der Sprachheilklassen, in: „Der Sprachheilpädagoge", 1970/3.
Nadoleczny M., Lehrbuch der Sprach- und Stimmstörungen, F. C. W. Vogel, Leipzig, 1926.
Neundlinger H., Statistik über die soziologische Bedingtheit von Sprachstörungen, in: „Der Sprachheilpädagoge", 1971/3.
Neuner O., Korrekturen bei Lippen-, Kiefer-, Gaumenspalt-Patienten mit Berücksichtigung der Verbesserung der Sprachfunktion, in: „Der Sprachheilpädagoge", 1972/2.
Nießner H., Die Gesellschaft „Lebenshilfe" – ein Aufgabenbereich für Sprachheilpädagogen, in: „Der Sprachheilpädagoge", 1971/2.
Offergeld K., Hörstumm? Ein Beitrag zur Behandlung von Sprachentwicklungsstörungen, in: „Die Sprachheilarbeit", 1969/6.
Orthmann W., Sprechkundliche Behandlung funktioneller Stimmstörungen, Halle/Saale, 1956.
Orthmann W., Prophylaktisch-therapeutische Aspekte sublingualer Faktoren, in: „De therapia vocis et loquelae", Wien, 1965.
Orthmann W., Die Stimmbildung in der Stotterertherapie, Tagungsbericht der Arbeitsgemeinschaft für Sprachheilpädagogik, Köln, 1966.
Orthmann W., Von der Erziehung des Sprachgeschädigten, in: „Die Sprachheilarbeit", 1967/4.
Orthmann W., Zur Rehabilitation der Sprachgeschädigten, in der Zeitschrift „Die Rehabilitation", Stuttgart, 1968/2.
Orthmann W., Die Eigenständigkeit der Sprachheilpädagogik, in dem Bericht über die 8. Arbeitstagung der Deutschen Gesellschaft für Sprachheilpädagogik, München, 1968.
Orthmann W., Zur Struktur der Sprachgeschädigtenpädagogik, Verlag C. Marhold, Berlin, 1969.
Orthmann W., Zur Nomenklatur der Sprachstörungen, in: „Die Sprachheilarbeit", 1969/6.
Orthmann W., Bildung und Heilung bei sprachbehinderten Kindern, im Bericht über den 4. Internationalen Kongreß für Heilpädagogik in Wien, 1969.
Orthmann W., Wesen und Erscheinungsformen von Sprachgestaltungsstörungen aus pädagogischer Sicht, in: „Die Sprachheilarbeit", 1970/3.
Orthmann W., Schulische Betreuung sprachbehinderter Kinder, Verlag C. Marhold, Berlin-Charlottenburg, 1972.
Panse – Kandler – Leischer, Klinische und sprachwissenschaftliche Untersuchungen zum Agrammatismus, Verlag G. Thieme, Stuttgart, 1952.
Pavlová-Zahálková A., Komplexe Schlaftherapie des Stotterns, in: „Die Sonderschule", 1970/1. Beiheft, Volkseigener Verlag, Berlin.

Peschl J., Die Anwendung der Flüstersprache in der Therapie der Sigmatismen, in: „Zeitschrift für Heilpädagogik", 1936/3.
Petermann G., Aus der Praxis der muttersprachlichen Erziehung bei Stotterern, in: „Die Sonderschule", 1970/5 und 6, Volkseigener Verlag, Berlin.
Petersen H., Verstehen und Mißverstehen, in: „Pro infirmis", Zürich, 1967/9, S. 273.
Pschyrembel W., Klinisches Wörterbuch, Verlag Walter de Gruyter & Co., Berlin, 1964.
Reckling H. J., Rhythmisch-musikalische Erziehung in der Sprachheilschule, C. Marhold, Berlin-Charlottenburg, 1965.
Reichenbach E., Experimentelle Untersuchungen über Aussprachefehler bei Zischlauten und deren Behandlung, Bericht über den 2. Kongreß für Heilpädagogik in München, 1924.
Resch D., „Dynamischer Gehalt" des Sprechens und Berücksichtigung „sprachlicher Elemente" als Prinzipien des Unterrichts für Stotterer, in: „Schulische Betreuung sprachbehinderter Kinder" (zusammengestellt von W. Orthmann), Verlag C. Marhold, Berlin-Charlottenburg, 1972.
Richter E., Rhythmus als ausdrucksfördernder Faktor in der Übungsbehandlung des Stotterns, in: „Die Sprachheilarbeit", 1967.
Richter E., Die Übungstherapie des Stotterns in der Sprachheilschule und Ambulanz, in: „Die Sprachheilarbeit", 1968/1.
Richter E., Über die Fremd- und Selbststeuerung in der Therapie des Stotterns, in: „Die Sprachheilarbeit", 1970/6.
Richter E., Zur Frage der reizbaren Schwäche der peripheren Sprechorgane beim Stottern, in: „Die Sprachheilarbeit", 1972/4.
van Riper Ch. und Irwin J. V., Artikulationsstörungen. Diagnose und Behandlung, in: „Die Sonderpädagogik des Auslandes", 1970, Heft 4, C. Marhold Verlagsbuchhandlung, Berlin.
van Riper Ch., Stuttering and Cluttering, The Differential Diagnosis, in: „Folia Phoniatrica", 1970, No. 4-5.
Rosenthal W., Pathologie und Therapie der fötalen Gesichts- und Kieferspalten, in: Deutsche Kieferchirurgie, Bd. 2, Heft 3, 1935.
Rösler A. und Geissler G., Die fröhliche Sprechschule, C. Marhold, Berlin-Charlottenburg, 1964.
Rothe K. C., Pädagogische, didaktische und logopädische Winke für Lehrer an Sonderklassen für sprachkranke Kinder, in: Beiträge zur Kinderforschung und Heilerziehung, Langensalza, 1920.
Rothe K. C., Die Sprachheilkunde, Österreichischer Schulbücherverlag, Wien, 1923.
Rothe K. C., Das Stottern, die assoziative Aphasie und ihre heilpädagogische Behandlung, Österreichischer Schulbücherverlag, Wien, 1925.
Rothe K. C., Die Umerziehung, Verlag Marhold, Halle/Saale, 1929.
Rothe K. C., Die Organisation der Fürsorge für sprachgestörte Kinder, in: Zeitschrift für Kinderforschung, Berlin, 1931.
Rumler A., Beschreibung, Gegenüberstellung und Vergleich der gebräuchlichsten Lautprüfungsmittel für Stammler, in: „Der Sprachheilpädagoge", 1970/1.
Rumler A., Poltern, in: „Der Sprachheilpädagoge", 1972/1.
Sauvage, Nosologie methodique (zit. nach Ssikorski), 1771.

Schenk-Danzinger L., Handbuch der Legasthenie im Kindesalter, Verlag J. Beltz, Weinheim-Berlin, 1968.
Schilling A., Neue Erfahrungen zur Stottertherapie unter besonderer Berücksichtigung des „Autogenen Trainings", Kongreßbericht der Gemeinschaftstagung für allgemeine und angewandte Phonetik, Hamburg, 1960.
Schilling A., Akustische Faktoren bei der Entstehung von Sprachstörungen, Kongreßbericht der 5. Arbeitstagung der Arbeitsgemeinschaft für Sprachheilpädagogik, Hildesheim, 1962.
Schilling A., Die Behandlung des Stotterns, Folia phoniatrica 17, 1965.
Schilling A., Sprech- und Sprachstörungen, Handbuchartikel in: Berendes J. – Link R. – Zöllner F., Hals-, Nasen- und Ohrenheilkunde, ein kurzgefaßtes Handbuch, Bd. II, Teil 2, Stuttgart, 1963.
Schilling R., Das kindliche Sprechvermögen, Lambertus-Verlag, Freiburg/Breisgau, 1956.
Schneider E., Über das Stottern, H. Huber, Bern – Stuttgart, 1953.
Schneider H., Über die sprachheilpädagogische Behandlung von Kindern mit operierten Gaumenspalten, „Zeitschrift für Heilpädagogik", 1964/10.
Schneider H., Über die Bedeutung des darstellenden Spieles in der Stottererbehandlung in der Sprachheilschule, Zeitschrift für Heilpädagogik, 1964/10.
Schneider H., Die Rehabilitation von Kindern mit Gaumenspalten, Referat im Internationalen Haus Sonnenberg, 1968.
Schneider H., Beratung und Betreuung der Eltern von Kindern mit Gaumenspalten, in: „Der Sprachheilpädagoge", 1969/2.
Schneider H., Vertiefte Sprachbildung im muttersprachlichen Unterricht in der Sprachheilschule, im Bericht über den 4. Internationalen Kongreß für Heilpädagogik, Wien, 1969.
Schneider P., Wenn dein Kleinkind anfängt zu stottern, E. Klett, Stuttgart, 1950.
Schöler W., Einführung in die Audiologie, in: „Der Sprachheilpädagoge", 1971/1.
Schomburg E., Die Sonderschulen in der Bundesrepublik Deutschland (Geschichtliche Entwicklung und gegenwärtiger Stand), Verlag Hermann Luchterhand, Berlin-Spandau, 1963.
Schönhärl E., Das physiologische Stottern bei Kleinkindern aus der Sicht des Phoniaters, Kongreßbericht der Gemeinschaftstagung für allgemeine und angewandte Phonetik, Hamburg, 1960.
Schröder F., Operative Maßnahmen bei LKG-Spalten als Voraussetzung für eine normale Sprechfunktion, in dem Bericht über die 8. Arbeitstagung der Deutschen Gesellschaft für Sprachheilpädagogik, München, 1968.
Schultheis J., Tiefenpsychologische Aspekte des Stotterns, in: „Die Sprachheilarbeit", 1971/3.
Schultz J. H., Das autogene Training, G. Thieme, Stuttgart, 1960.
Schulze A., Die sprachheilpädagogische Spielserie, in: „Die Sprachheilarbeit", 1959/1.
Schulze A., Ergänzungen zur Spiel-, Beschäftigungs- und Übungsserie für stotternde Kinder, in: „Die Sprachheilarbeit",1962/3.
Schulze A., Zur Bedeutung von Erziehung und Unterricht bei der Behandlung schwer sprachgestörter (stotternder) Schulkinder, in: „Die Sprachheilarbeit", 1967/2.

Schulze A., Die sprachheilpädagogische Spielserie. Beschäftigungs- und Übungsserie für stotternde Kinder und Jugendliche, 12. Folge der Schriftenreihe der Deutschen Gesellschaft für Sprachheilpädagogik, Hamburg 50.
Schwarz C., Die Zunge. Ihre Funktion und Bedeutung in sprachheilpädagogischer Sicht, P. G. Keller, Winterthur, 1955.
Schwarz G., Zur „kombiniert-psychologischen Übungsbehandlung" bei Stimm- und Sprachstörungen nach Krech, in: „Die Sprachheilarbeit", 1971/4.
Schweckendiek W., Die Spaltbildung der Lippe, des Kiefers und des Gaumens aus heilpädagogischer Sicht, Zeitschrift für Heilpädagogik, 1966/2.
Seeman M., Sprachstörungen bei Kindern, Verlag Volk und Gesundheit, Berlin – Jena, 1969.
Seeman M., Relations Between Motorics of Speech and General Motor Ability in Clutterers, in: „Folia Phoniatrica", 1970, No. 4-5.
Segre R., Die prothetische Behandlung der Gaumenspalten, in: Monatsschrift für Ohrenheilkunde und Laryngo-Rhinologie, 70. Jg., Urban & Schwarzenberg, Wien, 1936.
Siebs Th., Deutsche Hochsprache-Bühnenaussprache, herausgegeben von H. de Boor und P. Diels, W. de Gruyter, Berlin, 1970.
Sovak M., Neue Wege in der Logopädie, in: „Die Sonderschule", 1960/5.
Sovak M., Vergleichsschema der Gaumenspaltensprache, in: „Die Sonderschule", 1962/2.
Sovak M., Die Rehabilitation der akustischen Agnosie, in: „Die Eigenständigkeit der Sprachheilpädagogik", VIII. Arbeits- und Fortbildungstagung 1968 in München.
Spiel O., Am Schaltbrett der Erziehung, Verlag Jugend und Volk, Wien, 1948.
Ssikorski J. A., Über das Stottern, Verlag August Hirschwald, Berlin, 1890.
Staabs, G. von, Der Sceno-Test, S. Hirzel, Stuttgart, 1951.
Stange G., Erziehung, Bildung und Therapie stotternder Kinder in einem Kinderheim, in: „Die Sonderschule", 1970/1. Beiheft. Volkseigener Verlag, Berlin.
Staps H., Spiele und Übungen zur Sprachbildung (Lehrgang für agrammatisch sprechende Kinder), 9. Folge der Schriftenreihe der Deutschen Gesellschaft für Sprachheilpädagogik, Hamburg 50.
Staps H., Probleme und Grenzen der Sprachkrankenschule in der Stottererbehandlung, in: „Die Sprachheilarbeit", 1961/4.
Stein L., Sprach- und Stimmstörungen und ihre Behandlung in der täglichen Praxis, Weidmann & Co., Wien, 1937.
Steinig K., Heimbehandlung stotternder Kinder, Bericht über die 1. Hauptversammlung der Arbeitsgemeinschaft für Sprachheilpädagogik in Deutschland, Hamburg, 1955.
Stekel W., Nervöse Angstzustände und ihre Behandlung, Urban & Schwarzenberg, Wien, 1924.
Stern Cl. und W., Die Kindersprache, Verlag J. A. Barth, Leipzig, 1928.
Suhrweier H., Störungsbewußtsein bei Stotterern, in: „Die Sonderschule", 1971/5, Volkseigener Verlag, Berlin.
Teumer J., Zur Struktur der Sonderschule für Sprachbehinderte (oder: Sind Sprachbehinderte in die Gesamtschule integrierbar?), in: „Die Sprachheilarbeit, 1972/1.

Thomann O., Die Pathologie und Therapie der Sigmatismen, Referat in der Sonderschulkonferenz, Wien, 1934.
Thomann O., Über die Behandlung des Rhotazismus, Referat in der Sonderschulkonferenz, Wien, 1933.
Thomann O., Das Wesen seelisch bedingter Sprachstörungen, Festschrift zum 25jährigen Bestand der Heilkurse und Sonderklassen für sprachgestörte Kinder in Wien, 1947.
Thomas C., Musikalisch-rhythmische Sprech-, Klang- und Bewegungsformen (Orff-Schulwerk) als Medien für eine elementare Spracherziehung und Musiktherapie, in: „Die Sprachheilarbeit", 1971/5.
Thorwald H. und Wiechmann J., Einrichtungen des Sprachheilwesens in der Bundesrepublik Deutschland und Berlin-West, Verlag Wartenberg und Söhne, 1970.
Trauner R., Zur Technik der Gaumenspaltenoperation, in: „Bruns Beitrag zur klinischen Chirurgie", 1943.
Trenschel W., Wege und Schwierigkeiten bei der sprachlichen Rehabilitation von Spaltträgern, in: „Das Deutsche Gesundheitswesen", 15. Jg./13, Universität Rostock, 1960.
Trojan F., Zeichen, Silbe und Laut in entwicklungsgeschichtlicher Sicht, in: „Phonetica", S. Karger, Basel und New York, 1957.
Trojan F. und Weihs H., Die Polarität der sprach- und stimmheilkundlichen Behandlung, in: Die Sprachheilarbeit, 1964/2.
Veau V., La fissure palatine, Masson, Paris, 1931.
Vietor W., Elemente der Phonetik, Verlag Reisland, Leipzig, 1923.
Villiger E., Sprachentwicklung und Sprachstörungen beim Kinde, W. Engelmann, Leipzig, 1911.
Voigt P., Beitrag zur geschichtlichen Entwicklung der Sprachheilschulen in Deutschland, C. Marhold, Halle/Saale, 1954.
Wageneder F., Stottern: Eine Indikation für die cerebrale Elektrotherapie, in: „Der Sprachheilpädagoge", 1971/2.
Wängler H. H., Leitfaden der pädagogischen Stimmbehandlung, C. Marhold, Berlin-Charlottenburg, 1961.
Wängler H. H., Atlas deutscher Sprachlaute, Akademie-Verlag, Berlin, 1967.
Wängler H. H., Grundriß einer Phonetik des Deutschen, N. G. Elwert-Verlag, Marburg/Lahn, 1967.
Wegener H., Das sprach- und gehörgeschädigte Kleinkind in entwicklungspsychologischer Sicht, Kongreßbericht der Gemeinschaftstagung für allgemeine und angewandte Phonetik, Hamburg, 1960.
Wegener H. und Heese G., Enzyklopädisches Handbuch der Sonderpädagogik und ihrer Grenzgebiete, C. Marhold, Berlin-Charlottenburg, 1964 bis 1969.
Weinert H., Die Bekämpfung von Sprechfehlern, C. Marhold, Berlin, 1966.
Weiss D., Stottern – assoziative Dysphasie, in: Mitteilungen über Sprach- und Stimmheilkunde, Aus dem logopädischen Ambulatorium der Wiener Universitätsklinik für Ohren-, Nasen- und Kehlkopfkrankheiten, Wien, 1936.
Weiss D., „Cluttering", Prentice Hall, 1964.
Weiss – Beebe, The Chewing Approach in Speech and Voice Therapy, Basel – New York, 1954.
Wendlandt W., Resozialisierung im Rahmen eines Selbsthilfeprojektes erwachsener Stotterer, in: „Die Sprachheilarbeit", 1971/2.

## Literaturverzeichnis

Wendlandt W., Resozialisierung stotternder Erwachsener, Verlag C. Marhold. Berlin 1972.

Werner L., Die biokybernetische Sprachtherapie Hartliebs unter besonderer Berücksichtigung des Polterns und des Polter-Stotterns, in: „Die Sprachheilarbeit", 1970/5.

Westrich E., Der Stotterer (Psychologie und Therapie), Verlag Dürrsche Buchhandlung, Bonn – Bad Godesberg, 1971.

Wiechmann J., Statistische Angaben über Einrichtungen des Sprachheilwesens in Deutschland, Herausgegeben von der Arbeitsgemeinschaft für Sprachheilpädagogik in Deutschland, Hamburg-Altona, 1964.

Wiechmann J., a) Hilfen für die Behandlung von Stotterern für Kleinkinder und Grundschüler,
b) Hilfen für die Behandlung von Stotterern für Schüler und Jugendliche,
in: Übungsblätter zur Sprachbehandlung, 17. und 18. Folge, bei Wartenberg & Söhne, Hamburg, 1965.

Winkler Chr., Deutsche Sprechkunde und Sprecherziehung, Düsseldorf, 1969.

Wirth G., Ätiologie und Symptomatik von Sprachgestaltungsstörungen (Dysgrammatismus, Stammeln, Poltern und Polter-Stottern) aus medizinischer Sicht, in: „Die Sprachheilarbeit", 1970/5.

Wolf H., Offener Biß und Sprachstörungen, in: „Der Sprachheilpädagoge", 1971/2.

Wulff J., a) Fragen zur äußeren und inneren Umgestaltung der Stotterertherapie in der Sprachkrankenschule,
b) Die Früherfassung und Frühbehandlung stotternder Kinder,
in: Bericht über die 1. Hauptversammlung der Arbeitsgemeinschaft für Sprachheilpädagogik in Deutschland, Hamburg, 1955.

Wulff J., Erfahrungen bei der Sprecherziehung von Gaumenspaltenpatienten, in: „Fortschritte in der Kiefer- und Gesichtschirurgie", Bd. I., G. Thieme, Stuttgart, 1955.

Wulff J., Die Sprecherziehung bei Patienten mit Pharynxplastiken, in: „Die Sprachheilarbeit", 1957/4.

Wulff J., Die Behandlung von Gaumenspaltenpatienten im Team, Kongreßbericht der Arbeitsgemeinschaft für Sprachheilpädagogik, Berlin, 1958.

Wulff J., Zur Rehabilitation der operierten Gaumenspalten, in: „Die Sprachheilarbeit", 1959/1.

Wulff J., Rhythmisch-melodisch-gymnastische Faktoren in der Sprachbehandlung, in: „Die Sprachheilarbeit", 1962/3.

Wulff J., Gebißanomalien und Sprechfehler (unter Mitarbeit von E. Hausser, G. Lieb und G. Mühlhausen), E. Reinhardt, München – Basel, 1964.

Wulff J. und Rothenbach H., Sprechfibel, Ernst-Reinhardt-Verlag, München – Basel, 1964.

Wulff J., Die ganzheitliche Sicht in der Sprach- und Stimmbehandlung und deren sprach- und entwicklungsgeschichtlichen Grundlagen, in: „Die Sprachheilarbeit", 1964/3 und 4.

Wulff J., Übungsblätter zur Sprachbehandlung, 1–8, 14/15/16, Schriftenreihe der Deutschen Gesellschaft für Sprachheilpädagogik, Verlag Wartenberg & Söhne, Hamburg 50.

Wulff J., Psychische, soziale, funktionelle und logopädische Behandlung der operierten LKG-Spalten, in dem Bericht über die 8. Arbeitstagung der Deutschen Gesellschaft für Sprachheilpädagogik, München, 1968.

Wulff J. und H., Die Sprachbehandlung der Lippen-, Kiefer-, Gaumenspaltenpatienten, in: „Der Sprachheilpädagoge", 1969/2.
Wulff J., Die Sprachbehandlung der rückverlagerten Gaumenverschlußlaute bei spät- und reoperierten Gaumenspaltenpatienten, in: „Der Sprachheilpädagoge", 1972/2.
Wulff J., Bilanz in der derzeitigen Stotterertherapie, in: „Die Sprachheilarbeit, 1972/4.
Wunderer S., Die Lippen-Kiefer-Gaumenspalten, in: „Der Sprachheilpädagoge", 1969/2.
Zelenka F., Zur Gewinnung von S und Sch, in: „Zeitschrift für Heilpädagogik", 1937/3.
Zeller W., Dyslalien im Bereich der dritten Artikulationszone und ihre Behandlung, in: „Der Sprachheilpädagoge", 1970/3.
Zeller W., Die sprachliche Entwicklung des Kindes, in: „Der Sprachheilpädagoge", 1970/4.
Zeller W., Die Sprache als auszeichnendes Wesensmerkmal des Menschen, in: „Der Sprachheilpädagoge", 1972/4.
Zimmermann A., Die Sprachentwicklung im Kindesalter unter Berücksichtigung auftretender Störungen, in: „Die Sprachheilarbeit", 1970/2.
Zuckrigl A., Sprachschwächen (Der Dysgrammatismus als heilpädagogisches Problem), Neckar-Verlag, Villingen, 1964.
Zuckrigl A., Wenn Kinder stottern, Ernst-Reinhardt-Verlag, München – Basel, 1966.
Zuckrigl A., Linkshändige Kinder in Familie und Schule, aus der Heilpädagogischen Schriftenreihe „Bedrohte Jugend – Drohende Jugend", Heft 51, Ernst Reinhardt Verlag, München/Basel, 1967.
Zuckrigl A., Eigene Bildungspläne für Sprachbehinderte?, im Bericht über den 4. Internationalen Kongreß für Sprachheilpädagogik, Wien, 1969.

# NAMENVERZEICHNIS

Abbott James A. 106
Adler Alfred 99, 100, 104, 116
Appelt Alfred 103, 104
Aristoteles 74
Arnold Gottfried Eduard 28, 29, 53, 72, 80, 137, 144, 154
Aschenbrenner Hannes 38, 39, 57, 58
Asperger Hans 78
Axhausen Georg 61, 63

Backhus Ollie L. 106
Bauer Ernst 142
Becker Klaus-Peter 120–123
Beebe Helene H. 95, 145
Beger Annelies 124
Berendes Julius 119
Berg Karl-Heinz 102
Bernat Emanuel 115
Birnbaum Ferdinand 102
Böck Gertrude 38
Brankel Otto 131, 132
Braun Anni 125
Bühler Karl 21

Cerwenka Maria 156
Cicero 74
Cypreansen Lucile 107

Dantzig, Branco van 33, 56
Daskalov Dimiter 123
Demmer Helga 156
Demosthenes 74
Denhardt Rudolf 74
Dieffenbach Johann Friedrich 75
Doubek Franz 107, 118
Dunn Harriet M. 106

Eisenberger Ernestine 155
Elstner Walter 124, 155
Ernst Franz 63
Essen, Otto von 115
Eustis R. S. 154

Fernau-Horn Helene 37, 38, 109–113, 118, 119
Forchhammer G. 67
Freund H. 135
Friedländer Martha 157
Froeschels Emil 5, 12, 14, 27, 28, 29, 31, 33, 34, 40, 54, 61, 64, 79, 83, 84, 86, 92–95, 98, 117, 119, 135, 145, 146
Führing Maximilian 30, 34, 37, 48, 57
Furtmüller G. 104

Geißler Gerhard 156
Göllnitz Gerhard 122
Griner Wera Alexandrowna 124
Günther W. 134
Gutzmann Hermann 22, 23, 25, 27, 29, 31, 33, 36, 40, 48, 49, 51, 52, 53 54, 55, 66, 68, 75, 78, 89–91, 136, 145

Haas Susanne 156
Hahn K. H. 134
Hartmann Inge 155
Hausser Erich 46
Heese Gerhard 113, 114, 115, 149
Held W. 149
Hippokrates 74
Hoepfner Theodor 82, 83, 86
Hofstätter Peter R. 97, 98

Itard 75

Jakobson R. 11
Jespersen Otto 21, 47
Jussen H. 79, 80

Kainz Friedrich 115
Kaleja Heinz 125
Klein Otto 125
Kramer Josefine 38, 46
Krech Hans 118
Kretschmer 118
Kußmaul Adolf 75, 78, 79, 136

Langova Irina 133
Lee B. S. 131, 132, 133 ,134
Leites Erika 134
Leites Konrad 134
Lettmayer Otto 26, 33, 34, 37, 45, 50, 56, 147, 156
Lieb Günter 46
Liebmann Albert, 32, 33, 40, 49, 77, 79, 91 – 92, 136, 138, 139
Link R. 119
Lotzmann Geert 131, 132, 133
Löwe Armin 156
Luchsinger Richard 28, 72, 137, 140, 144, 154
Lücking Paul 18, 157
Luick Karl 21, 68

Maas O. 78
Maschka Franz 35, 36, 103, 122, 124, 125 – 128, 156
Meixner Friederike 155
Mercurialis Hieronymus 74
Möhring Heinrich 18
Moravek Milan 133
Moses 74
Mühlhausen Gerd 46
Nadoleczny Max 27, 53, 54, 55, 79, 137
Neundlinger Hans 51

Orff Carl 125
Orthmann Werner 95

Pakesch Erich 107, 118
Peschl Josef 16

Rakowetz Pauline 37
Reckling Hans Joachim 125
Rees Emil 156
Rosenthal Wolfgang 63
Rösler A. 156
Rothe Karl Cornelius 5, 79, 83, 86, 95 – 97, 107, 120, 122
Rothenbach H. 156
Rumler Anton 147, 156
Ryker Anny 155
Ryker Karl 155

Sauvage 74
Scheiblauer M. 126
Schilder P. 78
Schilling Anton 77, 78, 115 – 119, 123, 124, 132
Schilling Rudolf 123, 126
Schneider Hildegard 115
Schubiger Franz 157
Schultz I. H. 110, 118, 119
Schulze Arno 123, 129, 130, 156
Seeman Miloslav 13, 15, 33, 34, 61, 78, 102, 107 – 109, 116, 118
Segre R. 64
Siebs Theodor 54
Spanner Alfred 156
Spiel Oskar 104 – 107
Ssikorski J. A. 74
von Staabs 123
Stange Günter 123
Staps Heinrich 147, 156
Stein Leopold 29, 40, 54, 55, 56, 79, 83, 87
Stekel Wilhelm 98, 99
Stern Clara 141, 142, 150, 151
Stern William 141, 142, 150, 151
Sulser Hedwig 157

Thomann Oskar 33, 35, 41, 51, 57
Thorwarth H. und J. 157
Trauner Richard 63
Trojan Felix 37, 78

Veau V. 63
Viëtor W. 25

Wängler H. H. 21
Weinert Herbert 14, 16, 32, 35, 52, 55, 57, 59, 66, 67
Weihs H. 37
Weiss Deso 83, 84, 93, 95
Wiechmann Joachim 156
Winkler Christian 126
Wlassowa N. A. 117, 124
Wulff Johannes 18, 46, 58, 59, 124, 156
Wurst Franz 30, 48

Zelenka Franz 33, 34, 50
Zöllner F. 119
Zuckrigl Alfred 144, 145, 146, 149